普通高等教育应急管理类专业系列教材

灾害经济学

主　编　项　勇　舒志乐
副主编　李亦博　杨　倩　杨　顺　杜荷花
参　编　罗　彦　陈　慧　刘朝镁

机械工业出版社

本书结合灾害发生的规律和特点编写，书中针对灾害发生前的预防、发生过程和灾后产生的宏观、微观经济影响，突出差异化特点；紧密结合灾害经济学的特点，从基本原理和基本方法角度解读灾害经济学。全书共9章，分别为灾害经济学概论、灾害经济学的基本规律与原理、灾害经济的宏观解析、灾害经济的微观解析、灾害短期经济影响与长期经济增长、灾害损失与经济补偿、减灾与经济效益分析、灾害风险与转移经济学分析、灾害与经济的可持续性发展等。

本书内容注重学生实践能力的培养，具有较强的综合性、实用性和可操作性。书中每章章前设置"本章主要知识点""本章重点和难点"，章后附有一定数量的思考题，引导和帮助学生加深理解和巩固所学知识。

本书可作为高等院校应急管理、应急技术与管理、安全工程等专业的教材，也可作为从事防灾减灾、应急管理相关工作人员的业务学习和培训用书。

本书配有PPT电子课件和章后思考题答案，免费提供给选用本书作为教材的授课教师，需要者请登录机械工业出版社教育服务网（www.cmpedu.com）注册下载。

图书在版编目（CIP）数据

灾害经济学 / 项勇，舒志乐主编 .—北京：机械工业出版社，2022.3
普通高等教育应急管理类专业系列教材
ISBN 978-7-111-70213-9

Ⅰ.①灾… Ⅱ.①项… ②舒… Ⅲ.①灾害经济学－高等学校－教材 Ⅳ.① F062.2

中国版本图书馆 CIP 数据核字（2022）第 031605 号

机械工业出版社（北京市百万庄大街22号　邮政编码 100037）
策划编辑：刘　涛　　　　　责任编辑：刘　涛　单元花
责任校对：王　欣　王明欣　封面设计：马精明
责任印制：李　昂
北京富博印刷有限公司印刷
2022年4月第1版第1次印刷
184mm×260mm・12印张・267千字
标准书号：ISBN 978-7-111-70213-9
定价：39.90元

电话服务　　　　　　　　网络服务
客服电话：010-88361066　机 工 官 网：www.cmpbook.com
　　　　　010-88379833　机 工 官 博：weibo.com/cmp1952
　　　　　010-68326294　金 书 网：www.golden-book.com
封底无防伪标均为盗版　机工教育服务网：www.cmpedu.com

前言

为了防范和化解重特大安全风险,健全公共安全体系,整合优化应急力量和应急资源,推动形成统一指挥、反应灵敏、上下联动、平战结合的中国特色应急管理体制,提高防灾、减灾、救灾能力,确保人民群众的生命财产安全和社会稳定,2018年3月,按国务院机构改革方案,整合和优化国家安全生产监督管理总局的职责、国务院办公厅的应急管理职责、公安部的消防管理职责、民政部的救灾职责,国土资源部的地质灾害防治、水利部的水旱灾害防治、农业部的草原防火、国家林业局的森林防火相关职责、中国地震局的震灾应急救援职责以及国家防汛抗旱总指挥部、国家减灾委员会、国务院抗震救灾指挥部、国家森林防火指挥部的职责,组建应急管理部。它的主要职能是组织编制国家应急总体预案和规划,指导各地区、各部门应对突发事件工作,推动应急预案体系建设和预案演练,建立灾情报告系统并统一发布灾情,统筹应急力量建设和物资储备并在救灾时统一调度,组织灾害救助体系建设,指导安全生产类、自然灾害类应急救援,承担国家应对特别重大灾害指挥部工作,指导火灾、水旱灾害、地质灾害等防治,负责安全生产综合监督管理和工矿商贸行业安全生产监督管理等。

根据应急管理部发布的统计数据,仅在2020年上半年,全国各种自然灾害共造成4960.9万人次受灾,271人死亡失踪,91.3万人次紧急转移安置;1.9万间房屋倒塌,78.5万间房屋不同程度损坏;农作物受灾面积6170.2千公顷;直接经济损失812.4亿元。与2019年同期相比,受灾人次上升41.5%,因灾死亡失踪人数、倒塌房屋数量分别下降26.2%、53.7%,直接经济损失上升15.3%。与近5年同期均值相比,受灾人次、因灾死亡失踪人数、倒塌房屋数量和直接经济损失分别下降18.6%、32.4%、75.6%和16.9%。因此,做好应急管理,实施有效的防灾减灾方案,培养应急管理、灾害管理方面的专业化人才成为当前预防各种灾害性突发事件、减少灾害损失的关键环节。

根据国家应急管理事业发展需要,适应国家应急管理新格局,部分高校开始构建学科型学院——应急学院,旨在主动融入新时代应急管理和民生建设的重大战略部署,开展应急管理领域理论和实践问题的科学研究,加快应急管理领域专业人才培养,为推进应急管理事业高质量发展提供智力支持和人才支撑。在应急管理人才培养计划中,"灾害经济学"课程是应急管理、安全工程、公共管理(应急管理方向)专业培养计划课程体系中的一个重要组成部分,是从经济学的角度对灾害发生后产生的影响进行研究的一门学科。做好灾害的应对与管理工作,对于提高整个社会的经济效益、企业的经济效益和完善政府相关职能部门的防灾与减灾管理,起着十分重要的作用。

本书在编写时充分考虑行业特点和灾害对经济影响的特殊性,将相关内容融入其中,体现了本书与其他行业经济学知识的区别。与目前已经出版的"灾害经济学"相关的书籍相比,本书体现出以下特色:

(1) 紧密结合灾害活动规律及产生的影响,从经济学角度进行内容的阐释。立足于区别其他经济学,针对灾害发生前的预防、发生过程和灾后产生的宏观、微观经济影响进行编写,突出差异化特点。

(2) 内容上,以灾害经济学的原理为主,通俗易懂。本书主要面向大学2年级或者3年级的本科生,其在经济学方面的基础知识和前期积累相对较少,而目前出版的多数"灾害经济学"方面的书籍偏重于理论分析和研究,作为本科教学的专业课程教材具有一定的局限性。因此,本书内容紧密结合灾害经济学的特点,从基本原理和基本方法的角度解读灾害经济学的相关内容,力争做到条理清晰,内容易懂。

(3) 结合灾害发生后的实例从经济学方面分析。本书结合近几年发生的灾害(自然灾害)实例解读经济学原理各部分的内容,以便教师和学生能够更加直观地理解灾害所带来的经济影响,能够从实际案例角度去解读灾害经济学中的原理和方法,增加本书的可用性。

本书结构体系完整,构架思路清晰;知识点讲解中配有大量的实例,知识点分析详略得当;各章附有一定数量的思考题,以帮助学生加深理解、巩固所学知识;并为任课教师提供电子课件。

全书大纲及编写原则由西华大学项勇教授、舒志乐教授和杨顺老师提出并进行整体构思。各章具体内容编写人员为:第一章由李亦博和罗彦编写,第二章和第四章由舒志乐和陈慧编写,第三章由陈慧和刘朝镁编写,第五章和第八章由项勇、杨倩和杨顺编写,第六章由舒志乐、李亦博和杜荷花编写,第七章和第九章由刘朝镁和罗彦编写。全书的整理、校核工作由项勇、罗彦和杜荷花负责。

在编写本书时,参考了部分学者的研究成果,在此深表谢意!

由于编写团队水平有限,书中难免会有缺点、纰漏和不足之处,恳请读者和用书教师提出问题、批评指正,以便再版时修改、完善。

西华大学应急学院教材编写团队
2022年2月

目录

前言

第一章 灾害经济学概论 ········· 1
- 第一节 灾害及其基本属性 ········· 1
- 第二节 灾害的社会经济根源 ········· 5
- 第三节 灾害经济学的研究历程与研究领域 ········· 12
- 第四节 灾害经济学的研究任务与方法 ········· 17
- 第五节 灾害经济学的地位与理论框架 ········· 21
- 思考题 ········· 23

第二章 灾害经济学的基本规律与原理 ········· 24
- 第一节 灾害经济学的基本规律 ········· 24
- 第二节 灾害经济学的基本原理 ········· 42
- 思考题 ········· 56

第三章 灾害经济的宏观解析 ········· 57
- 第一节 灾害致因的经济学分析 ········· 57
- 第二节 灾害与经济发展 ········· 63
- 第三节 农业灾害经济 ········· 66
- 第四节 工业灾害经济 ········· 72
- 第五节 其他产业灾害经济 ········· 78
- 第六节 灾害与财政经济 ········· 80
- 思考题 ········· 82

第四章 灾害经济的微观解析 ········· 83
- 第一节 灾害经济微观解析的基本观点 ········· 83
- 第二节 灾害与企业经济 ········· 87
- 第三节 灾害与家庭经济 ········· 92
- 第四节 灾害与社会公共组织 ········· 95
- 思考题 ········· 98

第五章　灾害短期经济影响与长期经济增长 ·········· 99
第一节　灾害短期经济影响 ·········· 99
第二节　灾害与长期经济增长 ·········· 109
思考题 ·········· 117

第六章　灾害损失与经济补偿 ·········· 119
第一节　灾害损失的理解 ·········· 119
第二节　灾害直接经济损失的计量 ·········· 126
第三节　灾害损失补偿及经济学分析 ·········· 134
思考题 ·········· 141

第七章　减灾与经济效益分析 ·········· 143
第一节　减灾的一般经济学分析 ·········· 143
第二节　减灾投入分析 ·········· 149
第三节　减灾决策分析 ·········· 154
第四节　减灾效益的评价 ·········· 159
思考题 ·········· 163

第八章　灾害风险与转移经济学分析 ·········· 164
第一节　灾害风险的理解 ·········· 164
第二节　灾害风险态度分析 ·········· 170
第三节　灾害风险转移的经济学分析 ·········· 172
思考题 ·········· 178

第九章　灾害与经济的可持续性发展 ·········· 179
第一节　灾害对经济持续发展的制约 ·········· 179
第二节　减灾与经济持续发展 ·········· 182
思考题 ·········· 185

参考文献 ·········· 186

第一章

灾害经济学概论

 本章主要知识点

灾害及其基本属性，主要包括：灾害本质及其分类、灾害的双重属性；灾害的社会经济根源，主要包括：市场失灵、政府失灵；灾害经济学的产生与发展，主要包括：灾害经济学的产生、灾害经济学的发展；灾害经济学的研究任务与方法，主要包括：灾害经济学的研究目标与任务、灾害经济学的研究对象与方法；灾害经济学的地位与理论框架，主要包括：灾害经济学与一般经济学、灾害经济学的基本理论框架。

 本章重点和难点

灾害本质及其分类、灾害的社会经济根源、灾害经济学的研究任务与方法。

第一节 灾害及其基本属性

一、灾害本质及其分类

（一）灾害的本质

人类对灾害的认识经历了如下历史过程：

在古代，人类主要依据对自然力量的特征和自然力量对人类造成的影响及损失的粗浅认识来界定灾害。如远古时代至古代，人类对灾害实质的理解多为灾害是上天或神灵对人类的惩戒。在中国古代，"灾"原指自然发生的火灾。《左传·宣公·宣公十六年》："凡火，人火曰火，天火曰灾。"后来泛指水、火、荒、旱所造成的祸害。同时，认为诸如洪涝、山崩、地震、日月食等自然变异是上天对人类的示警或惩罚。由于"灾"对于人类的生存和生活造成了难以抵御的危害，所以将"灾""害"两字并列使用，"灾害"由此而来。

近代以来，随着人类社会的进步尤其是随着科学水平的提高，关于灾害的研究和阐释也有了长足进展，人类对灾害的理解由不可思议的自然现象为中心转到从自然和社会共同作用的角度来理解灾害。早期，由于缺乏对灾害明确、统一的认识，人们常常把"自然灾害"等同于灾害。如日本学者金子史朗在其撰写的《世界大灾害》中，给灾害定义为："它是一种自然现象，与人类关系密切，常会给人类生存带来危害或损害人类生活环境。这样的自然现象就称为灾害。"1976年某国际研讨会上将灾害定义为："灾害是某些大大超过人类预期的极端地球物理事件，无论其规模和频率如何，均给人类带来明显的物质破坏与生命损失，进而使人类处于惨痛的境界。"

20世纪80年代以后，随着经济和社会的发展，不断出现新的灾害，灾害发生的频度不断提高，已突破纯自然发生的范围。在此情况下，人类进一步拓宽了对灾害的认识。例如，陈先达从哲学视角分析了灾害的本质，认为：从表面上看，生态失衡、"全球危机"是自然系统内平衡关系的严重破缺，实际上是人与世界关系的严重失衡，因为这种危机是由人的实践活动进入自然系统而导致的。即生态失衡、"全球危机"是以"天灾"形式表现出来的"人祸"。日本自然灾害综合研究所的专家，也从人类社会角度阐述了对灾害的认识：灾害是在人类生活环境里发生的，与社会环境的变化相关，即随着社会环境的复杂变化，一方面灾害激化，同时也有可能发生新类型的灾害现象。一种自然灾害有社会和人为两方面的问题。《牛津简明社会学词典》中在解释"灾害研究"时指出：自然灾害（火山爆发、地震、海啸）打乱整体或局部社会的秩序，造成人员逃亡、导致生产和分配系统瘫痪，并加剧对资源的争夺。而包含着社会原因的人为灾害（尤其是战争），也会带来同样的后果，不过是可以避免的。所谓"灾害研究"，就是研究这些事件对于当事者产生的社会和心理影响。肖和平则认为灾害是由于不能控制或未予控制的自然界和人为活动破坏性因素引发的，突然或短时间内发生的，超越本地区或本团体、个人防御能力所造成的人员伤亡与物质财产损失的事件。

人类通过对灾害的不同认识，对灾害的本质有了比较全面的理解。首先，从灾害的产生原因来看，源于自然因素、人为因素或二者的叠加。例如，人与水争地，水最终与人争地，从而造成水灾；二氧化硫过量排放造成的南极臭氧空洞等，此类灾害就与人的活动有关，或者是人类活动与自然相互作用产生的灾害，或者是纯粹的人为灾害。但是地震、台风、太阳黑子之类的自然灾害，是很难从人的活动中找到原因的，即使人类处于非劳动非实践的静止状态，这些灾害也无法避免。其次，灾害的结果都具有社会性。灾害是一种威胁人类生存和发展的现象和过程，其发生的后果会导致社会财富的灭失、人员伤亡以及社会系统失调。这也正是"害"的本质所在，如果有"灾"无"害"，也很难是真正意义上的灾害。例如，北极圈的风暴、无人孤岛的陆沉等都只是自然现象，不能称之为灾害。

由此可见，灾害的本质只能在自然和社会的相互作用中才能得到正确的理解。通过对灾害本质的认识，可以进一步把灾害定义为：由于某种不可控制或未能预料的破坏性因素作用，使人类赖以生存的环境产生突发性或累积性的破坏或恶化，并超越当地社会经济系统容忍限度而引起人群伤亡和社会财富灭失的现象和过程。

（二）灾害的分类

任何灾害都由两个因素构成：致灾因子和承灾体。承灾体是人类社会，而致灾因子则有自然变异和人为影响。由于致灾因子的差异，可以把灾害分成三大类：自然灾害、人为灾害和自然－人为复合型灾害。

由单纯的自然力在一定时间内积聚爆发所致的灾害，称为自然灾害，其形成机制为：自然变异→社会→灾害。此类灾害有地震、风暴潮、火山爆发、海啸、寒流、小行星碰撞地球等，其特点是致灾因子中没有人为影响，是真正意义上的自然灾害。

经济活动中人为影响造成的灾害，称为人为灾害，它的形成机制为：人为影响→社会→灾害。此类灾害如战争、飞机失事、沉船、毒气泄漏等，其特点与纯自然灾害相反，致灾因子中没有自然变异，是真正意义上的人为灾害。

最后一类灾害的致灾因子是自然变异和人为影响结合而成的，称为自然－人为复合型灾害，此类灾害如滥伐森林引起的水土流失、过量开采地下水引起的地面沉降、沙漠化等。

此外，灾害还可以按照其他标准分为不同类型。如根据灾害持续期的长短分为突变型、暂变型和缓变型；根据产生灾害的不同因子，可分为天文灾害、气象灾害、水文灾害、地质灾害、生物灾害、经济灾害、工程技术灾害、政治灾害、文化科技灾害等；根据孕灾环境与承灾体的不同，可分为城市灾害、农村灾害、海洋灾害、陆地灾害等；根据灾害影响的区域，可分为全球性灾害、洲际性灾害、国家性灾害、地区性灾害、局部性灾害等；根据灾害过程及发生体的物理状态，可分为固体灾害、流体灾害、气体灾害；根据灾害出现时间的先后（主次），可分为原生灾害、次生灾害与衍生灾害；根据灾害的损失程度，可分为特大灾害、大灾害、中灾害和小灾害。

二、灾害的双重属性

灾害是社会和自然矛盾、社会内部人与人之间矛盾的一个交汇点，灾害问题和社会问题不可分割地连在一起。因此，任何灾害都是自然属性和社会属性的辩证统一。

（一）灾害的自然属性

在灾害产生以前，地球系统完全按照自己固有的规律演化和发展。在漫长的历史进程中，经过频繁发生的地震、火山、岩浆运动等，才形成了适宜生物生存的环境条件，产生了各种生物乃至人类。人类的产生和人类社会的发展并不能改变地球的自然进程，也不能在很大程度上改变地壳运动和大气运动。地震、火山、狂风暴雨、生物灭绝、陨石撞击依然发生，这些原本天然的、正常的自然现象对人类来说已成为灾害。所以，灾害是从纯自然的地球系统向人类生态系统演化而来的，它具有客观必然性，即灾害的自然属性。

根据灾害的形成机制，自然环境与自然条件是各种灾害的主要致灾因子或重要的背景因素。天气异常变化导致暴雨、洪水、风暴、寒潮等气象灾害；海水异常运动导致风暴潮、海啸等海洋灾害；地壳内能量急骤释放和岩石、坡体的位移导致地震、火山以及岩崩、滑坡、地陷等地质灾害等。许多人为灾害也与一定的自然条件有直接或者间接关系，比如森林和草原火灾多发生在气候干燥的季节；交通事故的多发与雨雪、浓雾密切相关等。

自然环境对灾害的时间分布、空间分布、强度等方面有巨大影响。

在空间分布上，沿海地区会有风暴潮、海啸等灾害；山区会有泥石流、滑坡之类的灾害；地质断裂带地区往往是地震多发地带。自然环境的易损性和稳定性不同，造成灾害的损失程度也不同，在干燥气候环境下，森林火灾、草原火灾严重；在温热环境下，一些农作物和森林农虫害多发；在海陆交汇地区由于复杂的海气循环与互馈作用，成为海洋气象灾害最严重的地区。

灾害的自然属性还使许多灾害在时间分布上具有密切的联系性和不规则周期性特点。例如，以我国 5000 年来的灾害发展史而论，有关专家指出公元前 2000 年左右、公元前 1000 年前后和 17 世纪左右有三次异常严重的灾害群发期。具体灾种也存在明显的韵律性。以地震为例，最近 500 年来我国有两个地震活跃期。第一个活跃期 1480—1730 年，历时 250 年；第二个活跃期从 1880 年至今。除了自然灾害外，很多人为灾害的周期发展特征也非常显著，如工伤事故高峰期间隔为 15 年左右。

（二）灾害的社会属性

灾害除具有自然属性外，还具有社会属性，而且随着人类活动的不断发展，对自然改造能力的迅速提高，灾害的社会属性越来越显著。可以从四个层次上分析灾害的社会属性，即灾害的存在、致灾原因、发展过程和最终结果。

1）灾害的存在是以人类社会的存在为前提。现代科学研究成果表明，人类的产生源于自然演化的巨大变异。在人类产生以前，天翻地覆的情形数不胜数，却无所谓灾害的存在，尽管发生了如中生代晚期曾导致恐龙灭绝的巨大灾变，也仅仅是灾变，而不是灾害。如果那些灾变发生在今日人口密集、高楼成群的大都市里就会造成严重的灾害。由此可见，灾害具有相对性，同样一种现象，并不是在任何时候、任何空间发生都可以称为灾害。只有在人类社会，灾害的影响施加于人类和人类社会的时候，才有了灾害。人类的产生不仅赋予自然界以环境的意义，同时为灾害存在提供了前提。

2）灾害产生原因的社会性。人类产生后，从远古时代到工业文明时代，经历了采集天然动植物、游牧、定居和耕种土地、手工业和工场手工业、现代化大工业等谋生方式。由谋生方式的演变可知，人类为了生存和发展的需要，不断加深了对自然的认识和理解，不断增强了对自然的改造和征服。工业化以来，人类用各种方式向自然界无限制地索取各种资源，并产生越来越多的废物，这些不合理活动的积累都直接或间接地对灾害的形成产生了越来越大的影响。随着影响范围大，后果严重，不但诱发了许多人为灾害，加剧了自然灾害发生的频率，而且使大部分灾害的发生反映出明显的人为化诱因，且有从自然态向人为态、混合态发展的趋势。统计和研究表明，在现代灾害中人为因素致灾的比例日益增多，已经占全部致灾原因的 80% 以上。总之，在当今社会，几乎可以从所有的灾害中找到人类行为的烙印。

3）灾害过程的社会性。人类活动作为一种动力因素对灾害产生双重效应。一方面，人类对灾害的科学防治，在一定区域内或程度上使灾害得到减轻甚至消除。如都江堰水利工程使成都地区由水患严重的地区变成"天府之国"；人工降雨技术的应用缓解了局部地区的旱情等。另一方面，由于不同程度的社会原因，灾害的烈度和破坏性也可能被强化和放大。如塑料薄膜被用来抑制低温灾害对农作物的影响，但因它难以腐烂，大规模应用造成严重的"白色污染"。进而会带来新的灾难性后果。人类对灾害的这种减轻和放大效应，一方面取决于生产力和科技发展水平，一方面取决于社会制度、社会管理水平和社会成员的素质。灾害过程的社会性表明，在灾害危害社会的过程中，社会完全可以有所作为，为防范灾害和减轻灾害提供可能性空间。

4）灾害最终结果的社会性。灾害的概念强调了灾害的社会后果，凡是对人类和人类社会产生危害作用的事件，不论是自然发生还是人为产生的，也不论是突发的还是迟缓的，都是灾害。灾害强调的就是对人类和人类社会的有害影响，离开主体就无所谓害与利。因此，灾害不仅是一种自然变异过程，而且必须是能给人类和人类社会带来灾难性后果的自然变异过程。

灾害对人类和人类社会的危害方式主要包括 4 个方面：①人员的损害和伤亡——造成人员伤亡以及灾民流离失所和生活困难，危害人类生命、健康和正常生活；②物质财富的损失——破坏各种工程设施及物资、物品，造成财产损失，破坏农业、工业、交通运输等，造成经济损失；③社会功能的失调——阻碍社会进步，甚至影响经济稳定；④资源环境危害——破坏国土资源和生态环境。

灾害的危害及造成损失程度的大小除了受灾变程度影响外，与灾害影响区的社会经济条件密切相关。这也是灾害社会属性的主要表现方式。例如，对于相同情况的受灾体而言，8 级地震造成的灾害大于 5 级地震造成的灾害。另外，灾害造成的损失程度又取决于人类社会经济活动和社会生活的特定方式、社会的组织程度以及防灾救灾准备程度。

第二节　灾害的社会经济根源

一、市场失灵：资源配置扭曲导致灾害发生

（一）经济主体的有限理性

20 世纪 40 年代，赫伯特·西蒙（Herbert A. Simon）在其研究中总结出有限理性的概念。从经济学角度，有限理性指的是由于经济活动的复杂性、人类认识能力的局限性，经济人不可能对未来经济状况做出全智全能的洞悉，全面理性不能成为经济分析的

出发点和归宿点。

1)人们对自然的认识是一个历史过程,是在对其利用和开发的过程中逐渐演变和发展的。人们在对自然还没有足够的科学认识以前,非理性的人类行为难以避免。依据人类社会发展过程中占主导地位的经济发展形式及在此基础上产生的人类社会结构形态,可将人类社会经济发展划分为采猎时代、农业时代、工业时代、信息化时代四个阶段。由于每个发展阶段的经济活动模式存在差别,人类与自然之间的关系也有所区别,这种区别又决定了人类对待自然态度的差异性。由表1-1可知,在古代社会,由于生产力极为落后,人类在各种自然灾害面前无能为力,形成"听天由命"的观念。随着科学技术的迅速发展,特别是到了工业时代,人类改造自然的能力空前提高,人类逐渐产生"人定胜天"的思想,在此种非理性思想的误导下,人类向自然界施加自己要做的一切,结果严重破坏了生态环境,灾害频繁发生。

表1-1 社会经济系统的阶段演变

阶 段	采猎时代	农业时代	工业时代	信息化时代
时间	约1万年以前	公元前1万年—公元1700年	1700年至今	未来
人地关系	基本协调	紧张	恶化	平衡和谐
人类对待自然的态度	崇尚自然	改造自然	征服自然	尊重自然
环境的破坏程度	局部出现环境问题	缓慢退化	生态大破坏	生态和谐
社会易损性	弱	较强	强	弱

2)即使人们已经认识到灾害问题的严峻性和重要性,由于受经济发展条件的约束,被迫采取以毁坏环境为代价的生产模式。因为在一定条件下,经济发展与环境之间存在着一定的替代关系,有时要取得较高的经济发展速度,必须以一定的环境牺牲为代价,反过来,要使环境得到较高程度的保护,则必须以经济发展速度的减缓作为代价。因为,前者可以通过负外部性来降低生产成本,提高利润率,从而促进经济扩张;后者则会提高生产成本,降低利润率而抑制经济增长。虽然这种反比关系不能无限维持下去,但在一定范围内,这种反比关系存在并且起作用,所以在这个限度内,若要取得较快的经济发展速度,就必须以一定的环境做牺牲才有可能。只有在超过这个限度时,经济发展才需要以环境的改善为前提,这种环境与经济发展之间的关系可以用环境的库兹涅茨曲线表示,如图1-1所示,该曲线与发达国家的经济发展历史相符合。

3)由于经济主体的机会主义行为倾向,会做出有损环境和浪费资源的行为,最终引发灾害。从个体立场,经济主体的机会主义行为能为个体带来短期利益;但从社会整体立场,经济主体的机会主义行为是以损害他人的利益为前提,给社会环境带来了损害和压力,因而同时也损害了自己的长期利益。但大多数经济主体在现实中看到的是短期利益,这种有限理性就是产生机会主义行为的原因。机会主义行为的经济主体可以大到一个国家，也可以小到一个自然人。例如，尽管世界各国都意识到大气污染、臭氧空洞等会带来人类社会毁灭性的灾变；尽管一个企业和单位会考虑废物废水排泄会污染河流，最终造成鱼类的死亡，甚至对人类健康造成巨大的影响；尽管一个牧民会考虑过度放牧最终会使草地荒漠化，但河边企业和牧民放牧所产生的收益均为本位利益，经济主体不愿意为了公共利益和长远利益而放弃这些眼前利益，因此灾害必然就有愈演愈烈之势。

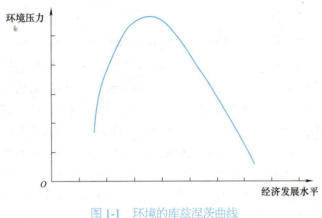

图 1-1　环境的库兹涅茨曲线

（二）环境资源的公共性

1. 公共资源的性质

灾害加剧的另一个原因是由资源环境的公共资源（public goods）特性决定的。1954年，萨缪尔森（Paul A. Samuelson）发表了论文《公共支出的纯理论》(*The Pure Theory of Public Expenditure*)，给出了公共物品的经典定义，他认为："私人物品的总消费量等于全部消费者对私人物品消费的总和，而公共物品的消费总量则等于任何一位消费者的消费量。"根据萨缪尔森的定义，相对于私人物品，公共物品具有两个基本特征：一是消费上的非排他性，即不可能阻止不付费者对公共物品的消费；二是消费上的非竞争性，即一个人对公共物品的消费不会影响其他人从该公共物品的消费中获得效用。具有以上两个基本特征的物品称为纯公共物品。

在现实生活中，大量的公共物品为纯公共物品以外的准公共物品（quasi-pubic goods），如图 1-2 所示，只具备纯公共物品的部分特征。当消费上具有排他性和非竞争性时，称为俱乐部产品（club goods），如公园、图书馆等。而公共资源难以界定排他性产权，且是消费中存在竞争性的物品。排他性产权没有界定，因此无法向公共资源的使用者（或破坏者）直接收费，从而也就无法排除任何人对公共资源的使用。但公共资源却具有竞争性，即一个人对公共资源的使用会影响他人对公共资源的使用。例如，海洋中的鱼是一种竞争性物品：当一个人捕到鱼时，留给其他人捕的鱼就减少了。

图 1-2 公共物品的分类

2. 公共地的悲剧与灾害

在资源环境经济系统中,资源环境具有许多功能,当环境作为废弃物的接受者和自然资源的提供者时,就是公共资源。由于公共资源的使用具有非排他性,从而使公共资源存在被过度使用的潜在危机。加勒特·哈丁(Garrett Hardin)分析了一块对所有人都开放的草地的最后结果:"让我们想象一块对所有人都开放的草地,在这块公共地上每一个牧人都会尽可能多地放牧他的牲畜。此模式也许会令人满意地持续几个世纪,因为部落争斗、偷猎和疾病一直使人口及牲畜数量都大大低于土地的承受程度。但随后人类学会了计算,即一个可以长期追求社会稳定这一目标的时代来临了。此时,对公共草地出于本能的逻辑思维就会产生无情的悲剧。"这个例子证明了如下的观点:如果一种资源没有排他性的所有权,就会导致对这种资源的滥用,最终导致公共资源的毁灭并进而回报到曾经受益者的身上。

由于公共资源的竞争性,使用者普遍有一种"先下手为强"的想法,而不考虑选择的公正性和整个社会的意愿。因此,当一些环境资源如清洁空气、开阔空间、耕地甚至阳光变得日益稀缺的时候,结局可能是所有人无节制地争夺有限的资源,每个人追求个人利益最大化的最终结果将使全体成员的长期利益受到损害甚至造成毁灭性的损失。如草场的过度放牧导致草地的荒漠化;过度捕鱼导致一些鱼类的灭绝等灾害。

(三)经济活动的负外部性

1890年,马歇尔(Alfred Marshall)在《经济学原理》中分析个别厂商和行业经济运行时提出了"外部经济"和"内部经济"概念。后来,庇古(Arthur Pigou)从社会资源最优配置的角度,根据私人成本与社会成本、私人收益与社会收益的比较,确立了外部性理论,在马歇尔提出的"外部经济"概念基础上扩充了"外部不经济"的概念和内容。庇古认为当私人成本与社会成本、私人收益与社会收益不一致时就会产生外部性经济。如果除了投资者获得私人净产值之外,其他人也可以得到一部分利益,则边际社会净产值就大于边际私人净产值,此时,私人边际成本大于社会边际成本是正的外部性,如果厂商使其他人受到损失而没有支付相应的成本,那就是负的外部性。厂商的私人边际成本小于整个社会的边际成本,社会边际成本超过厂商内部边际成本的部分就是外部边际成本。

经济活动负外部性在灾害问题上最典型的应用,就是对污染灾害的分析。由于环境资源具有非排他性，产权界定不清，自利的个人或组织具有产生负外部性行为的冲动倾向，如果某个厂商把废物排入环境，可以将运行成本转嫁到环境资源上，从而进一步转嫁到其他厂商，其他厂商为了维持原有产量，必须增加一定的成本支出（如安置治污设备），这就是外部边际成本（MEC）。如图1-3所示，图中P为厂商产品价格，Q为生产量。由于负外部性的存在，完全竞争厂商按利润最大化原则（私人边际收益等于私人边际成本，MPC=MR）确定的产量（Q^*）与按社会福利最大化原则（社会边际收益等于社会边际成本，MSC=MR）确定的产量（Q^{**}）严重偏离，这种偏离就会造成资源过度利用、污染物过度排放、有污染的产品过度生产的低效率产出，甚至这些污染还会衍生其他灾害。例如，废气排放对臭氧层的破坏，臭氧层变薄将增加紫外线的入侵，引起对人体皮肤和眼睛、免疫系统的损坏，还会导致粮食作物的严重减产，甚至是海洋、江河表面浮游生物的灭绝，进而破坏整个水生态和湿生生态环境的食物链。

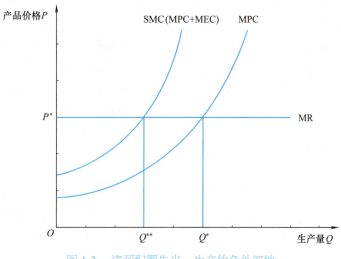

图1-3　资源配置失当：生产的负外部性

除了环境污染以外，煤矿生产也具有负外部性。煤矿企业的生产属于高危行业，如煤矿的企业主在组织煤矿生产时一旦发生安全事故，会直接威胁到矿工的生命。矿工是煤矿伤亡事故负外部性最大受害者，因为在矿难中矿工付出的是生命的代价。煤矿企业的负责人在矿难发生之后也要付出代价，但是其私人成本通常小于由于煤矿的非安全生产所致的社会成本。

（四）信息的稀缺性和不对称性

信息是生态经济系统中稀缺的重要组成要素之一，因为：①生态经济系统就像一只"黑箱"，人类对其了解极少。与人类对信息的需求相比，信息的供给极少。②信息一旦公之于众，一部分人的信息消费就不能排除其他人的信息消费，即信息一旦公开就成了公共物品。因此，人们总是进行"信息封锁"，以保证自身的信息优势。信息稀缺的程度一般用获取信息所需要支付的价格来表示，信息越稀缺，获取信息的价格就越高，信息的价格与数量的乘积之和就是信息成本。信息成本高昂也是部分单位及个人面对资源破坏和污染灾害束手无策的一个重要原因。

一方面是信息稀缺，另一方面是信息不对称。信息不对称是以人们获取信息能力的差异为基础，即某些参与人拥有另一些参与人不拥有的信息，其中，拥有信息优势的参与人为代理人，处于信息劣势的为委托人。信息不对称一般会导致逆向选择和道德风险。在信息不对称情况下，拥有相对信息优势的代理方在交易前为了获取更大的收益和预期收益，会故意隐瞒不利于自己的真实信息，甚至向委托方提供失真乃至虚假的信息。利用对方不知情来做出有利于自己而不利于对方的行为称为逆向选择。逆向选择是"合同前的机会主义"行为，会干扰市场机制的有效运行。例如，在装饰材料市场，有些卖方在交易过程中可能会故意少显示装饰材料的非环保性或有害性，从而使买方进住新房后身体受损。

对应逆向选择，道德风险则是"合同后的机会主义"行为。由于信息不对称，在合同签订后，如果委托人的利益还要取决于代理人的行动，委托人的利益实现就可能面临着"道德风险"。道德风险之所以存在，是因为合约双方无法在合约中明确限定代理人的行为选择，而且由于监督成本太高，以致代理人的行为具有隐藏性，合约的监督只能依赖于代理人的道德自律，这便形成道德风险。以火险为例，一旦人们办理了保险，则会不自觉地忽视日常的防火工作，而让保险公司承担更大的风险。

二、政府失灵：干预不当加重灾害程度

从资源环境角度看，政府失灵是指一些政府政策的执行，使生产者的生产成本偏离生产要素的真实成本，导致生产要素的无效率使用和过度使用，引起资源退化和环境污染的一种社会经济现象。是为了解决市场失灵而提出了政府干预。但是，现实中的各个政府，并不是中立的，其做出的决定经常存在公众目标和政府目标不一致的情况，具有一定的阶级属性。同时，政府做决策时，政府管理者又是有限理性，因而在缺乏有效的制度约束下，政府失灵难以避免。政府失灵的原因主要有信息不对称、政策实施的时滞、公共决策的局限性、寻租活动的危害、政府目标函数的非利润最大化等。

（一）政府体系自身的组织缺陷

政府体系自身的组织缺陷体现在以下几方面：

1）多部门管理体制导致低效率。许多国家采取部门分管的管理体制，它的缺点之一就是导致政策无法有效运行。由于部门分管，具体的法规政策的执行部门难以确定，使企业和消费者的利益在受到损害时无法快速找到解决机构，或者由于部门分割而不能及时有效地得到解决，而降低了政府工作的效率。

2）政策实施过程存在时滞。政府体系由一系列的科层组织构成，由于信息传递层级流转等因素，政府在管理问题上存在着时滞。一是认识时滞，即从问题产生到被纳入

政府议事日程的时间间隔；二是决策时滞，即从政府认识到某一问题到政府最后得出解决方案的时间间隔；三是执行与生效时滞，即从政府公布某项决策到付诸实施以致引起市场反应的时间间隔。时滞问题在对灾害问题的影响较明显地体现在对突发性灾害的处理，每当有重大灾害发生时，要求政府有迅速的应急能力。如果时滞较长，则影响抗灾和救灾的效果，甚至导致更大的灾害，造成更大的损失。

3）监督机制的缺陷。虽然政府出台了一系列有关环境保护的政策，但是监督机制不健全，监督形式软弱无力，无法保障政策的有效实施。这主要是由于与市场机制相比，政府组织的监控机制存在许多困难。在市场运行过程中，市场组织行为的结果是由消费者直接检验，消费者按照自己的标准对产品进行评判和检验。但是由于公众缺少足够的必要的政务信息，对公共机构的活动，难以进行有效的度量和检验，造成治理生态环境的政策无法发挥应有的作用。

（二）政府公共决策的局限性

政府公共决策的局限性是由信息的不对称性、政府的有限理性等造成的。

1）信息的不对称性。政府信息不对称主要表现在两个方面：一是政府组织内部存在严重的信息不对称性。由于行政组织内部存在着不同的职能等级，不同职位的政府官员获取信息的方式、范围不同。上级人员掌握着大量宏观信息，却丢失了大量微观信息，做出的决策适应性差；下级人员面临大量事务信息，却难以获取足够多的宏观信息，做出的决策前瞻性差、预测性不够。因此，部门与部门、上级与下属之间存在着信息不对称，使政府决策、内部协调与执行都存在信息障碍，出现多头决策、决策失当等问题。有时，与环境无关的政策通常比环境政策对环境的影响更大。例如，对资本投资的补贴刺激了对森林的过度开发。二是政府和被管理者往往处于不对称的信息结构中，管理者一般很难获得被管理者的财务、会计、需求结构和动向以及技术等方面的详细资料。在二者处于不对称信息结构状态下，资源就会出现低效率配置，并且被管理者可以通过隐瞒真实信息而获得超过收支平衡状态的收入。例如，造纸厂安装了废水治理设施，但为了控制其生产成本，当环境监察人员检查时，才开动污染治理设备；当环境监察人员离开后，关闭污染治理设备。这时，信息的不对称就为企业的机会主义行为提供了滋生的土壤。

2）政府的有限理性。政府决策者的有限理性是指由于管理者偏好、路径依赖、信息稀缺、知识技术有限、环境改变等因素形成决策执行结果与现实发生较大偏离，导致政府失灵。政府有限理性的典型案例为"计划失灵"。所谓"计划失灵"是指由于高度集权的计划体制导致资源配置低效率。其主要表现为：政府以补贴和税收等形式对价格进行干预，导致自然资源价格偏离真正的资源成本，不能真实地反映资源的稀缺程度。因此，生产者和消费者在应该使用资源问题上可能会受到误导，阻碍了自然资源市场机制的正常运行，结果就是造成自然资源遭到过度使用和开发。例如，由于政府对农业的过度保护，或者采取价格支持，或者在化肥、农药的价格上给以补贴，导致耕地等农业自然资源过度使用，化肥、农药等物资过度投入，农业产品过度产出。结果是由于农民的掠夺式经营，一方面造成土地资源过度开垦、耕地急剧减少、土地肥力锐减、水土流失严重、荒漠化面积迅速扩大等土地资源衰竭的灾害问题；另一方面，化肥农药的过度使用导致农产品含药物量过多，对人体健康造成严重的危害，并使多种疾病的发病率提高。

（三）政府管理过程中的寻租

在现代寻租理论中，租金是由于缺乏供给弹性所产生的差价收入，但是这里的供给弹性不足，已不是因为某种生产要素的自然性质所致（如土地所有权垄断或经营权垄断产生的地租），而是由于政府干预和行政管制等人为因素（如政府颁发许可证、配额、执照等），阻止了供给增加所形成的。而寻租是指利用各种合法或非法的手段（如游说、疏通、拉关系、走后门等），以寻求人为短缺资源的租金。公共选择学者认为，寻租得到的利润并非是生产的结果。浪费在寻租活动中的资源本来可以在其他经济活动中用来生产更重要的货物和服务，而在寻租过程，这些资源却没有生产出纯粹价值，没有任何社会报酬，是社会资源的严重浪费。

在现实经济生活中，寻租行为增加了灾害发生的风险。例如，污染者为了维护有污染时的既得利益，会采取各种方式，以期获得主管部门对其环保标准要求的降低和继续污染的默许，如果主管部门人员存在卖租行为，则污染者向主管部门的寻租活动就会成功。污染者就可以较小的寻租成本（行贿额）获得较大的收益（免交或少交排污费），而把污染造成的外部成本转嫁给受污染者。

（四）政府机构及人员缺乏追求利润的动机

由于企业具有创新激励机制，使企业管理者具有降低成本追求利润的动机。但是政府作为公权机构，没有创新激励机制，工作人员也无利润动机，正是因为政府机构及人员不能把利润占为己有，加上公共物品的成本与收益难以测定，所以，与企业管理者的动机不同。这决定了政府行动并不一定按成本——收益原则来选择最优方案。

第三节 灾害经济学的研究历程与研究领域

一、灾害经济学的研究历程

灾害经济学作为一门独立的经济学分支学科的历史虽然很短，但是灾害问题被纳入经济学家的研究视野可以追溯到一些古典经济学家。

马尔萨斯（Thomas Robert Malthus）是第一个论述人口与贫困的经济学家。1798年，马尔萨斯在其代表作《人口原理》中提出"马尔萨斯人口论"，指出人类必须控制人口的增长，否则贫穷是人类不可改变的命运。马尔萨斯提出了人口增长呈几何级数增长而生活资料却以算术级数增加的假说。他认为，由于人口增长率与土地生产力的不平衡，人口增长与生活资料增长的差距会越来越大，解决此矛盾的关键在于抑制人口的过快增长，如果人类不能主动节制生育，那么抑制人口增长的途径就只有通过具有"正面"作用的贫困、饥饿、瘟疫、战争等手段来解决，由此会带来无穷的灾难。

英国经济学家约翰·穆勒（John Stuart Mill）较早关注到灾害现象，在1848年出版的《政治经济学原理》一书中提到，为何国家会迅速从灾难状态恢复过来：地震、洪水、飓风和战争所造成的一切破坏迹象在短时间内会消失，国家会迅速从灾难状态中恢复过来。穆勒认为大部分资本是人力在最近生产出来的，资本的消费和再生产过程会在短时间内把灾难毁坏的财富生产出来。大约一个世纪以后，经济学家加尔布雷斯（John K. Galbraith）的研究成果与穆勒的观察基本一致。

庇古（Arthur Pigou）运用外部性理论来解释环境恶化的原因。在1920年出版的《福利经济学》中提出纠正环境污染外部性的办法是对引起外部性的活动征税或补贴。但由于当时环境问题并不严重，并没有引起太多的关注。由科斯等人创立的产权理论对分析环境污染等外部性问题提供了新的工具，按照产权理论，环境问题不是由于市场缺陷而是由于产权不明确所致。

20世纪五六十年代以来，随着人口急剧增加和经济迅猛发展，工业废物和农药污染日趋严重，甚至发生生物灭绝、气候变暖和全球生态环境恶化等问题，新鲜的空气、洁净的水和安宁的环境变成稀缺资源。1962年，美国女生物学家莱切尔·卡逊（Rachel Carson）的科普著作《寂静的春天》对公众的环境意识产生了重大影响，在世界范围内引发人类对环境与发展前景的关注。哈丁（Garrett Hardin）在《公地的悲剧》中提到牧民与草场的故事引起人们的思考，并成为经济学中的经典案例。在严峻的环境现实面前，越来越多的经济学者开始关注环境问题，环境保护意识和可持续发展理念逐步渗透到主流经济学中，旨在通过反思传统经济增长方式研究人类社会与自然协调可持续发展的人口、资源、环境经济学等新兴交叉学科，被人们忽视的影响经济增长方式和社会可持续发展的自然灾害、环境污染等问题逐渐得到经济学家的足够重视，各国学者都开始探讨经济发展和污染控制的关系。研究主要集中在：污染防治技术的经济分析；污染控制的成本效益分析；污染控制最佳水平的确定；控制环境污染的经济政策等。

尽管一些古典经济学家关注到了灾害现象，但在经济学发展过程中，灾害问题被经济学家视为经济研究的外围领域而被排除在研究对象之外，即便是进入经济学家研究视野的灾害现象，也作为一种外生的经济变量加以研究。随着大量的有关灾害经济研究成果，如各种关于灾害问题的学术论文、研讨会、期刊、教科书等的快速增加，灾害经济学在20世纪60年代形成，并且随着灾害变化与人们对灾害问题认识的不断深化而得以迅速发展。1966年，美国宾夕法尼亚州大学沃顿商学院的霍华德·科隆特（Howard Kunreuther）在其与菲奥雷（Fiore）合作发表的论文《阿拉斯加地震：灾害经济学案例研究》中首次提出灾害经济学的说法。1967年，科隆特教授在其论文《特殊的灾害经济学》中，对1952年渥斯特飓风、1940年伦敦爆炸、1953年荷兰大洪水、韦科和圣安格鲁飓风等灾害短期内应急物资价格变化进行实证分析，并在理论上运用经济学的供求分析模型加以分析，指出由于外部援助的存在，受灾地区大多数供给和需求问题会在短期内得到解决。此外，由于互助行为的存在，受灾地区商品的价格不会上升很高。在 1964 年美国发生阿拉斯加大地震和 1968 年美国政府通过国家洪水保险法的背景下，道格拉斯·戴西（Douglas C. Dacy）和霍华德·科隆特于 1969 年出版具有开创意义的关于灾害经济学的第一本论著《自然灾害经济学》，阐明灾害保险体系可以成为当时联邦政府"家长式"政策的一种替代。此后，阿兰·索尔金（Alan Sorkin）于 1982 年出版《自然灾害的经济因素》，阿尔巴拉·伯川德（Albala Bertrand）于 1993 年出版《重大自然灾害政治经济学》，这两部论著中，作者提出灾害分析的一般框架，并且进行实证分析。

经济学家赫舒拉发（Hirshleifer）较早开展灾害经济相关研究，涉及的范围包括战争损失保险、战争灾害和恢复、黑死病的经济影响和灾害行为。

二、灾害经济学的理论研究领域

早期的灾害经济研究主要集中在自然灾害对社会、经济的影响上。20 世纪七八十年代，自然灾害经济学得到初步发展。我国著名经济学家于光远于 20 世纪 80 年代提出从经济学的角度研究灾害的重要性，后来明确提出应该建立灾害经济学这个学科。灾害经济学的研究领域包括经济体的直接经济损失，或者商业中断产生的损失度量。防灾减灾措施主要指对自然灾害的预测和修正以及灾害保险的运用。

20 世纪 90 年代以来，随着自然灾害经济学的研究内容逐渐深入，关于灾害对经济的影响不再停留在直接经济损失评估，而是涉及灾害损失对区域经济产生的影响；关于防范风险的策略除了传统的购买灾害保险的个人保护措施外，金融工具的创新发展，如灾害风险证券化等为灾害管理提供新的思路。灾害经济研究方法也有所创新，许多学者开始运用计量经济学的分析方法分析灾害的经济影响。目前，灾害经济学的研究领域大多集中在以下四个方面。

（一）灾害损失评估方法与技术

灾害不同程度地破坏交通、通信、供水、供电等基础设施，影响社会的正常运转，恶化生活环境。致灾因子是通过影响效用水平而影响人们的福利，因此，衡量灾害损失的大小就转化为福利变化的问题。一方面，灾害可能影响商品的供给或需求，进而通过影响价格的方式影响人们的福利；另一方面，灾害可能影响人们的收入水平。此外，灾害对人类社会的影响还表现在可能影响物品和劳务的数量或质量上，如自来水的质量、交通、空气质量等。灾害是通过影响这些物品的数量和质量来影响人们的生活的。福利经济学成为灾害损失评估的理论基础。衡量福利变化的指标包括消费者剩余和生产者剩余、补偿变差和等效变差、补偿剩余和等效剩余等。

及时准确地评估灾害损失可以判断灾害发生的空间范围、严重程度和损失的分布情况，了解受灾对象和比例，无论对应急救援、恢复重建还是风险管理等多方面都具有重要意义。这部分研究成果主要是许多国际组织、国家、机构或学者论述灾害损失评估的基本概念和评估框架。比较有影响的有美国国家研究委员会（National Research Council，NRC）于 1999 年完成的报告《自然灾害影响——损失评估框架》；联合国拉丁美洲和加勒比地区经济委员会和世界银行于 1991 年完成的《自然灾害社会经济影响评估手册》，并于 2003 年进行了修订，修订后的题目是《灾害社会经济和环境影响评估手册》，该手册对灾害损失的基本概念和分类方法、分部门损失评估方法进行了说明。

相对于直接损失，间接损失评估更加难以识别和评估，研究人员通常采用一些复杂的模型预测和评估灾害间接损失，但模型复杂，需要的数据量较大。在评估方法方面，国外较多利用投入产出法（IO Model），可计算的一般均衡模型（Computable General Equilibrium Model，CGE）等经济模型评估电力、供水、交通等生命线工程的间接损失。近年来，社会核算矩阵（SAM）、产业间时间序列模型（SIM）及区域计量经济投入产出模型（REIM）也得到了一定的应用。

评价资源环境等非市场影响的价值，评估方法主要包括显示性偏好方法（Revealed Preference Theory）和叙述性偏好方法（Stated Preference Theory）两类。此外特征价格法（Hedonic Pricing Method）、旅行成本法（Travel Cost Approach）和条件价值法（Contingent Valuation Method）应用较多。美国联邦紧急事务管理局（Federal Emergency Management Agency，FEMA）于 1997 年发布基于 GIS 的 HAZUS 风险分析工具软件包，可以对地震、洪水和飓风三种灾害风险进行直接损失、间接损失及影响人口进行预测和评估，是较为成熟的脆弱性分析、风险和灾害损失评估系统。欧盟也开发了不同于 HAZUS 的针对生命线和重要设施的 RISK-UE 评估系统。

（二）生命价值评估

各种自然灾害和人为灾害可能会造成大量的人员伤亡，在社会资源有限的情况下，当决定是否采取某种减灾措施减少伤亡时，就面临着对生命价值做出评价的问题。许多涉及人身安全与健康的公共政策，如各种社会政策、公共卫生政策和环境保护政策等，在对政策收益进行量化评估时，都需要对生命价值进行评估。

美国早在 20 世纪 70 年代晚期和 80 年代早期就有文献开始评估生命价值，但政策的制定者长期以来一直把评估生命价值看成是不道德的，因此一直采用人力资本法通过计算收入的损失来进行评估，这种情况一直延续到里根政府时期。在此期间，美国职业安全与卫生管理局（Occupational Safety and Health Administration，OSHA）提出一项耗资巨大的提案，要求在工作场所对危险化学品增加警示标志。美国职业安全与卫生管理局认为生命是神圣的，不能进行价值评估，转而计算"死亡的成本"，实际上是采用人力资本法计算收入的损失和医疗支出。由于采用较低的死亡成本来计算收益，美国行政管理和预算局（The Office of Management and Budget，OMB）认为成本超过收益，所以否决该提案。为了解决这两个部门的争议，美国职业安全与卫生管理局接受经济学家维斯库斯（W.Kip Viscusi）的观点，采用支付意愿方法计算生命统计价值，使该项建议的收益超过成本，提案得以通过。此后，生命统计价值方法也被美国其他部门所采用。目前，支付意愿法已经成为国内外学者进行生命价值评估的主流方法。

（三）灾害经济影响模型

近年来，基于传统的经济理论框架，采用模型处理区域、空间经济影响技术得到显著的发展。2004 年，奥山育英（Yasuhide Okuyama）和斯蒂芬妮·常（Stephanie E. Chang）出版了《灾害的空间经济影响模型》，该书集中论述了灾害损失评估的经济理论，间接灾害损失的投入产出方法、可计算的一般均衡模型、动态恢复理论框架等。

投入产出模型是应用最为广泛的模型框架，可以用于评估自然灾害损失和人为灾害损失。1974 年，美国科罗拉多州立大学经济学教授科克伦（Harold Cochrane）采用投入产出法评估地震灾害损失。评估人为灾害可以追溯到第二次世界大战中对于战略轰炸的研究，一直延续到对美国纽约世贸中心遭恐怖袭击的研究。投入产出模型应用广的原因主要在于它能够反映区域经济内部的相互依存关系，而且相对比较简单。美国联邦紧急事务管理局和美国国家建筑科学研究院联合开发了 HAZUS 灾害损失评估系统，该系统采用投入产出法评估间接损失。

尽管投入产出模型存在不足，但国内外许多学者还是广为应用投入产出模型并且不断加以改进，使其更有效地评估灾害的间接损失。近年来，以基本的投入产出模型为框架，国外学者不断对投入产出模型进行改进，先后开发出滞后支出模型（Lagged Expenditure Model）、社会核算矩阵（SAM）、产业间时间序列模型（SIM）及区域计量经济投入产出模型（REIM）使模型的形式更为复杂，求解需要的计算技术要求也更高。

鉴于投入产出模型存在的不足，人们开发出可计算的一般均衡模型。可计算的一般均衡模型克服投入产出法的部分不足，如它是非线性的，可以解决数量和价格之间的相互作用，考虑资源限制，可以实现效用最大化的问题等。

（四）灾害保险

进入 21 世纪，人类社会在科学技术方面取得巨大的进展，对自然致灾因子等极端事件的理解程度提高，相应的灾害管理制度也有了根本性的改进，由灾害分布图、建筑标准、政府应急预案和商业保险组成的自然灾害管理制度，在有效预防灾害和减少损失方面发挥越来越重要的作用。保险业转移风险和降低风险危害的独特优势在灾害管理中得到高度的重视，已成为保持社会经济持续和稳定发展的"减震器"和"稳定器"。

由于地震灾害、洪水灾害等自然灾害风险具有损失大、范围广、概率小等特性，被作为一种特殊的财产险险种来对待，完全商业化运作存在巨大的困难。在应对自然灾害中，国家财政、保险公司、再保险公司和投保人共同组成完整的灾害预防和救助体系，保险业成为灾害救助体系的一个重要组成部分。

第四节 灾害经济学的研究任务与方法

一、灾害经济学的研究目标与任务

（一）灾害经济学的研究目标

根据灾害的发生与发展规律，灾害经济学的主要研究目标，应当且只能是寻求灾害损失的最小化。因为灾害事故不仅在总体上无法避免，而且在个体上也在不断发展，国家财富的形成过程同时也是需要付出灾害（因各种灾害事故导致付出）经济代价的过程，人类无法从根本上消除这种代价，只能在一定的程度上努力缩小这种代价。因此，灾害经济学的研究目标只能是寻求缩小灾害事故的损害后果，这是由灾害事故的客观性、普遍性等决定的，也是灾害经济学之所以有别于常规经济学科的最根本的标志。

具体而言，灾害经济学的上述研究目标包含下列涵义：

1）肯定灾害事故客观存在，具有不可避免性。灾害损失是社会经济发展与经济增长过程中必须付出的经济代价。

2）确认经济发展与灾害损失是人类社会发展进程中永久存在的基本矛盾，它们之间存在着相互制约关系，并表现出相当的复杂性。换言之，既要使经济不断地得到发展，以便使财富得到增长，使人民的生活水平与生活质量得以提高，同时又面临着各种灾害事故的威胁。经济发展与灾害事故的运动相对，产生结果也相反，它们之间的矛盾运动会伴随着人类社会的发展进程，所以研究经济发展问题必须充分考虑灾害问题。

3）明确灾害的后果有三种：一是在完全不设防或防控措施完全不合理的情况下，灾害的后果是损失最大化，大到可以导致民贫国弱，小到造成企业破产和城乡居民家庭倾家荡产；二是在有限设防或防控措施部分有效的情况下，灾害的后果是介于最大与最小之间的损失，但仍然能够给整个社会经济和企业、家庭带来较大的影响；三是在充分防控且防控措施科学、合理、有效的情况下，灾害的后果是损失最小化，它虽然无法从根本上避免各种灾害事故的发生，但可以避免个体的灾害事故发生或使灾害事故的损害后果得到最有效的控制，从而使灾害的冲击与破坏性影响降到最低。尽可能地避免灾害损失的最大化，争取灾害损失的最小化，即是灾害经济研究目标的主要内容。

4）追求灾害损失的最小化既是社会经济发展微观的、现实的目标，更是宏观的、长远的目标；既是企业乃至家庭与个人的基本目标，更是政府与社会的基本目标。

5）实现灾害损失的最小化，意味着经济发展、经济增长与国家财富、国民财富积累的最大化。在灾害损失最大化的条件下，由于很大一部分财富要被各种灾害事故毁灭掉，财富的积累速度必然会减慢，财富的积累数额必然会减少；在灾害损失最小化的条件下，通过生产等活动创造的财富便可以最大限度地得到积累，整个社会经济会不断地向前发展。因此,从宏观意义上讲,探索灾害损失最小化即灾害经济问题,也是探求财富的积累与增长问题。

(二)灾害经济学的基本任务

1)灾害经济学需要阐述灾害经济问题的基本规律,这是认识灾害经济问题并妥善解决灾害经济问题的基础,也是灾害经济学的首要任务。它主要包括两个方面:一是总结并阐述灾害问题的客观发展规律,如灾害的总体结构与区域组合规律,灾害的总体趋势与个体趋势等;二是发现并阐述灾害经济的基本原理,如灾害经济发展周期问题,利害互变问题等。

2)灾害经济学需要重点研讨灾害与经济的基本关系。灾害经济学是从经济学角度研究灾害问题,它关注的是灾害与经济的关系问题,并通过从理论上处理灾害与经济的关系问题来为社会经济的正常、健康发展服务。为此,灾害经济学既需要研讨灾害与整个经济发展的宏观关系,也需要研讨灾害与各部门经济发展的关系,还需要研讨灾害与企业和家庭或个人的经济关系。

3)灾害经济学应当探求实现灾害损失最小化目标的正确路径。要使灾害经济理论能够指导灾害经济实践,还必须在理论上提供合理的路径。研究灾害经济问题,必须研究实现灾害损失最小化目标的正确路径。实现灾害损失最小化的正确路径,即是通过采取科学、合理的措施与手段,使灾害损失的代价在总体或个体上降低,或在大范围内进行分散。例如,通过相应的预防措施使灾害事故得以避免,进而使该种(次)灾害事故可能导致的经济损失得以避免;通过相应的经济手段使灾害事故的损失在遭受灾害事故者与未遭受灾害事故者之间进行分摊,以使遭受灾害事故者的损失得以避免或转移。

4)灾害经济学应当提供有关具体的灾害经济技术方法。尽管灾害经济学必须解决自身的基础理论问题,但灾害经济学主要是作为一门应用经济学发挥对实践的指导作用,因此提供有关具体的灾害经济方法也成为灾害经济学中至关重要的任务。例如,在灾害损失的计量方面,即包括对物质财富、人力资本、自然资源等的计价等;在防灾方面,就需要解决灾害经济投入、产出的构成和评价方法与决策方法,以及减灾效益评估方法;在灾害损失补偿方面,则需要研究补偿的经济成本与补偿的方式组合等。即使是在现行经济行为中,也包含着损失计量问题。

此外,经济发展与灾害发展及其相互关系问题的研究,也是灾害经济学的基本任务之一。灾害经济学应当研究经济发展对灾害发展的影响,尤其是不当的经济增长方式对灾害问题的影响,以及灾害问题对经济发展与经济增长的影响。

二、灾害经济学的研究对象与方法

(一)灾害经济学的研究对象

灾害经济学是以人类社会的灾害经济关系及其运行为研究对象的一门特殊的、新型的经济学科。

　　灾害经济学研究对象的第一层次，是各种灾害，即灾害经济学具体指向的事物是客观存在且不断发展的各种自然灾害与人为或社会灾害，大到波及世界的厄尔尼诺现象和大范围的水、旱、风灾，小到某个企业或家庭失火和自然人的意外受伤，都是灾害经济研究中关注的对象。在此，灾害经济学中提到的灾害，是包括各种自然灾害与人为灾害在内的一个整体，而非单独指自然灾害，无论是自然灾害还是人为灾害，其后果都是可以量化的经济损失，都与经济发展存在着同质的制约关系。例如，一方面，地震和火灾可能造成巨大的经济损失，或者使遭灾的企业破产，或者使受灾的居民陷入生存危机。另一方面，生产发展带来了许多新的人为灾害，如汽车的产生带来了交通事故等；生产的发展也在使环境不断恶化，进而使自然灾害趋向恶化，如土壤沙漠化、臭氧空洞的形成、厄尔尼诺现象的不断出现、海洋赤潮的加剧，以及因砍伐森林加剧水土流失所带来的更加严重的水旱灾害等。不论是自然灾害，还是人为灾害或社会灾害，都会给经济和人民的生活带来负面影响，在现实中只有危害大小之分，不存在性质上的差异。因此，灾害经济学研究对象的第一层次是指一切给人类社会造成可以计量的经济损失的灾害。在灾害经济学的研究中，任何割裂自然灾害与人为灾害的行为，都会损害灾害经济学的完整性和科学性。

　　灾害经济学研究对象的第二层次，是灾害对经济的直接与间接影响。一方面，各种灾害都能够在不同层面上对经济造成直接打击，如大的水、旱灾害可能导致一个国家进入灾荒时期，使整个国民经济陷入灾难境地，小的意外事故则可能导致一个家庭的经济陷入困境甚至出现生存危机；另一方面，各种灾害还对经济的不同层面造成间接性打击，甚至留下十分严重的后遗症，如一个家庭的主要劳动力受伤致残，不仅影响了个人的经济收入与生活质量，而且会使整个家庭陷入经济困境中。在灾害对经济的直接与间接损害方面，水、旱灾害对农业的影响最为显著。大范围的水、旱灾害首先是造成农作物的歉收或绝收，对农业经济产生直接的、严重的打击；其次是农业的歉收，必定会直接影响人民的生活质量，不仅需要居民付出更高的经济代价，而且即使付出更高的代价也未必能够维持原有正常生产条件下的生活质量；再次是导致以农产品及其副产品为原料的工业生产陷入困境，进而使其生产缩小、产值下降、收益减少，这是农业灾害的间接损失，但对整个国民经济而言，却又是直接损失；最后，农业遭灾还会使正常的农产品交换、分配中断，进而影响流通领域与分配领域和未来的经济发展等。可见，在灾害经济学研究中，不能只关注灾害对经济的直接影响，还必须关注灾害对经济的间接影响；不能只关注灾害对经济的即期影响，还必须关注灾害对经济发展的长远影响，即从不同的层面去探索灾害对经济的影响。

　　灾害经济学研究对象的第三层次，是经济对灾害的影响。灾害是影响经济的重要因素，但经济并非总是被动地受灾害的影响。在一定条件下，经济对灾害也发挥着主动的影响作用。经济发展水平的高低，能够对灾害问题产生直接或间接的影响，不同的经济增长方式也对灾害产生直接或间接的影响。经济对灾害的影响会有两种后果：一是加重灾害，成为灾害恶化的助长因素，如以牺牲环境为代价的经济增长方式，它虽然能够产生短期的经济效益，却必然带来严重的灾难后果。二是减轻灾害，成为灾害恶化的有效制约因素，如植树造林不仅能够生产木材，而且可以防止水土流失和土地沙漠化，进而有效地遏制水、旱、风灾；再如兴修三峡工程，既能够使中国的电力工业得到发展，又通过巨大电力的提供来促进工农业生产的发展，还能够有效地防范长江的水患，使长江流域的水灾得到有效遏制。因此，经济对灾害的影响包含积极与消极两个方面，是取积极的影响还是取消极的影响，主要在于人类自身的行为是否适当，这应当成为国家或地区、企业乃至家庭在开展经济建设与各种经济活动时考虑的重要内容。

灾害经济学研究对象的第四层次，则是灾害与具体的部门经济等的相互关系。例如，灾害与工业经济、农业经济、运输经济、建筑经济等及企业、家庭经济的关系，它们之间的关系实质上是灾害经济关系的具体化，也是灾害经济学研究中应当特别关注的对象。

灾害经济学研究对象的第五层次，是灾害经济关系的运行。例如，防灾的投入与产出、灾害的损失与补偿等具体的灾害经济活动，就是灾害经济关系运行的具体形式和内容，也是灾害经济学研究的客观内容。

可见，灾害经济学研究的既不是直接生产中的经济关系，也不是常规经济学所研究的交换、分配和消费关系，而是有悖常规的、不确定的灾害经济关系。由于灾害是消极的，灾害经济学研究的也是经济发展过程中的消极的一面。但是，灾害经济学研究的目的虽然不是经济效益的增长方面，却是寻求减少损失的经济规律与方法，其着眼点是在"灾害损失最小化"，这表明灾害经济学以消极的内容为研究对象，追求的却是积极的东西。于光远先生曾经指出："从经济增长来看，灾害起的是消极的或负的作用，灾害经济学属于'消极经济学'或'负'经济学的范畴""然而，对灾害的研究，建立和发展灾害经济学的目的和可以起到的作用都完全是积极的"。

（二）灾害经济学的研究方法

1. 逆向思维研究方法

尽管灾害经济学的研究也需要运用一些常规经济学原理，但更需要逆向思维。因为灾害经济学研究的是如何缩小灾害的损失问题，它实质上并非直接的经济发展与增长，而是如何维护现有财富免遭损失或少遭损失，所以被有的学者称为"守业"经济学。除类似于三峡工程这样的兼具水利、电力、防灾多功能的工程外，灾害经济的投入一般不会有正常的产出，所以不适用常规经济学中的投入产出法；灾害经济学中所追求的效益不是经济的发展和物质财富的增长，而是减少可以计量的灾害损失，所以不适用常规经济学中的经济效益评价；在发展规律方面，常规经济发展问题接受计划的调控，或者接受市场的调控，而灾害经济既不完全受计划调控，更不是市场调控的对象等。由此可见，在灾害经济学研究中，需要采用逆向思维法，而不能与常规经济学的思维方法相提并论。

2. 宏观与微观相结合的研究方法

灾害经济学不是宏观经济学，但必须研究宏观层面的灾害经济问题；灾害经济学也不是微观经济学，但必须研究微观的灾害经济问题。例如，河流流域的分洪，就是以牺牲局部利益来换取整体利益的控制灾害损失的方略，它必然会损害一个流域的利益而维护另一个流域的利益，这种灾害经济问题便是灾害经济学应当研究的宏观经济问题。可见，灾害经济学是宏观与微观相结合的经济学，它需要在研究中采取宏观与微观相结合的研究方法。

3. 机会成本法

要实现避免或减少灾害损失的目标，就必须为此付出一定的经济代价，但这种代价是否会避免或减少相应的灾害损失则又取决于多种因素，尤其是灾害自身。例如，要防止河流水患，则必须兴修堤防并经常维护河堤，代价付出的结果是可以避免或减少河流水灾对沿河城市的危害，但若河堤达不到防灾标准或重点防护地段未重点防护，仍然可能发生水灾损失。可见，在灾害经济学研究中，需要运用机会成本法，即在灾害经济中如何缩小机会成本而获取更大的机会"收益"。

此外，因灾害发生的不确定性使灾害经济的运行也具有不确定性，灾害经济的关系具有复杂性，灾害经济的影响更是具有多层次性，所以灾害经济学的研究还需要运用概率论方法、多学科综合研究的方法等。

灾害经济学研究方法的独特性，从另一个侧面表明了灾害经济学是一门有别于常规经济学的经济学，它不可能被纳入传统经济学的范畴，而是伴随社会经济的发展和灾害问题的发展而产生、发展的特殊经济学科。

第五节　灾害经济学的地位与理论框架

一、灾害经济学与一般经济学

于光远先生指出：一般经济学研究的是生产（包括直接生产、交换、分配和消费在内的生产，不仅是直接生产）。研究的着眼点是现有社会生产力的发挥与新的社会生产力的获得（从而社会生产力就得到了发展），是同社会生产力的发挥与发展密切相关的社会生产关系的运动、变化和发展，是社会生产关系如何对社会生产力起积极作用，又如何不能满足社会生产力进一步发挥和发展对它的要求。当然，一般经济学也要研究社会生产关系同社会生产力不相适应时这种生产关系的消极作用，但这种经济学研究的是正的经济效益，因为生产总是谋取正的经济效益，只是在某种情况下得不到正的经济效益，有时甚至得到负的经济效益罢了。经济学的任务仍是一方面从客观视角考虑社会生产关系变化要与社会生产相适应的可能性与必然性，另一方面从主观视角探讨如何改善、改进、改革生产关系，乃至在特定的历史条件下从根本上破坏原有的旧的生产关系，建立新的生产关系。在一般的经济学中，还包括对社会经济生活某一个侧面或者对某些经济活动、某些经济工作、某些经济技术的系统研究，都是从社会经济效益——包括各当事者的经济效益与全社会的经济效益的获得与提高着眼的。研究的基本出发点和归宿都是积极的、"正"的经济效益。而灾害经济学研究的是对已经获得的社会经济效益的破坏和损害，其基本出发点和归宿是如何减少不可抵抗的灾害给社会经济效益带来的破坏和损害，如何在灾害发生的损害已经造成之后，努力去谋取有所补偿，即灾害经济学研究的是"负"的经济效益。减少破坏仍属于"负"的经济效益的减少，不属于谋取"正"的经济效益的范围。因此，经济学分为积极的经济学和消极的经济学，或者分为"正经济学"和"负经济学"，而把灾害经济学归入"消极经济学"和"负经济学"范畴。因此，灾害经济学研究的经济效益是"负"的经济效益，即损失。灾害统计也是"负"的经济效益的统计。于光远先生的论述从研究内容上划清了灾害经济学与一般经济学的界限。

需要补充的是，一方面，灾害经济学研究的内容是消极的，但追求的目标（即灾害损失最小化）和所起的客观作用是积极的，它能够指导人们通过自己的努力来主动防止、避免、减轻灾害损失的发生，而不是被动地等待灾害损失的发生；它还能够指导具体的各种减轻灾害损失的活动，来避免减灾活动中损失的扩大化。另一方面，研究消极内容的经济方面又并非单纯是灾害经济学的任务，还有一些经济学科也部分地包含有关灾害经济方面的内容，如生态经济学中对生态问题的研究，环境经济学中对环境污染防治问题的研究，农业经济学中对农业灾害问题的研究，水利经济学中对防洪工程问题的研究，保险经济学中对保险利益损失赔偿问题的研究等，都属于有别于常规经济学中"积极的"或"正"的经济效益的内容。

灾害经济学是一门相对独立的、肩负特殊使命的经济学科，在研究中需要吸收政治经济学的一般原理和理论经济学中的经济地理学、区域经济学等内容，还需要吸取技术经济学、生态经济学、资源经济学、农业经济学、财政经济学、保险经济学、统计学等学科的知识，因此，灾害经济学还是一门交叉的边缘经济学科。

二、灾害经济学的基本理论框架

由于灾害经济学有为解决特殊问题的一般理论和指导灾害经济实践的双重任务，其基本理论框架可以划分为基础理论研究、方法理论研究和灾种经济学理论研究三个层次。

第一层次是灾害经济学科的基础理论，其目的是解决灾害经济的基本理论问题，它主要包括灾害经济学的基本原理或规律和灾害经济关系。其中，灾害经济学的基本原理或规律是灾害经济发展的固有规律，通过灾害经济学研究可以发现并得到理论概括；灾害经济关系则主要是灾害与整个经济的发展和工业经济、农业经济、企业经济乃至家庭经济的内在关系，通过灾害经济学的研究与探索，是能够加以科学总结并得到妥善处理的内容；灾害经济学基本原理和灾害经济关系都是指导其他两个层次的理论基础和理论依据。

第二层次是灾害经济学科的技术与方法理论,其任务是研究灾害经济中的具体实践问题,提供具体的解决灾害经济问题的方法与路径,直接指导灾害经济实践。例如,灾害统计学、灾害防御经济学(投资决策)、经济补偿学、损失评估学、灾害保障学等,都是需要专门研究的处于应用层次的灾害经济方法理论,它们为解决灾害经济中的具体问题提供科学的方法与手段。

第三层次是灾害经济学科中的灾种经济理论,它以灾害经济学科的基础理论和方法理论为基础,以某一类或某一种灾害的经济问题为研究对象,解决的是某一灾种的灾害经济问题,从而是针对性极强的灾害经济理论。它与灾害经济学科中的方法理论一样,能够作为政府、社会、企业、家庭或个人解决有关灾害经济问题的依据。例如,自然灾害经济学、水灾经济学、防洪经济学、地质灾害经济学、公害经济学、生态灾害经济学、农业灾害经济学、安全经济学、火灾经济学、交通事故经济学、职业病经济学等。

上述三个层次缺一不可,共同构成灾害经济学科的有机整体。

思 考 题

1. 简述灾害的本质及其分类。
2. 举例说明自然灾害、人为灾害和自然-人为复合型灾害。
3. 如何理解灾害的双重属性?
4. 如何理解市场失灵情况下资源配置扭曲导致灾害发生?
5. 如何理解政府失灵情况下干预不当加重灾害程度?
6. 简述灾害经济学的研究目标。
7. 简述灾害经济学的基本任务。
8. 简述灾害经济学的研究对象与方法
9. 简述灾害经济学的基本理论框架。

第二章

灾害经济学的基本规律与原理

  /**本章主要知识点**/

灾害经济学的基本规律,主要包括:不可避免规律、不断发展规律、人灾互制规律、区域组合规律;灾害经济学的基本原理,主要包括:周期发展原理、害利互变原理、连锁反应原理、负负得正原理、标本兼治原理。

本章重点和难点

灾害经济学的不可避免规律、不断发展规律、人灾互制规律、区域组合规律;灾害经济学的周期发展原理、害利互变原理、连锁反应原理、负负得正原理、标本兼治原理。

第一节 灾害经济学的基本规律

各种灾害是不以人的主观意志为转移的客观自然现象、社会现象,灾害经济首先不是取决于一国或一地区或一企业或一家庭的经济,而是取决于一国或一地区或一企业或一家庭所遭受或可能遭受的灾害,即取决于各种灾害的发生与发展规律,灾害经济服从于灾害的发生与发展规律。因此,研究灾害经济就特别需要研究灾害的发生与发展规律及其所表现的灾害经济规律。灾害与灾害经济的发生与发展规律可概括为如下规律:不可避免规律、不断发展规律、人灾互制规律和区域组合规律。这四个规律是灾害与灾害经济最基本的规律,从根本上决定大到一个国家、小到一个家庭的灾害经济关系。

一、不可避免规律

(一)灾害与灾害损失不可避免

1. 自然灾害

自然灾害是指由各种客观自然现象直接导致的各种灾害,是自然界按其自身运行规律运行的客观结果，是影响社会经济发展的最为重要的灾害现象。如地震、火山喷发、泥石流、滑坡等各种地质灾害是地质运动的客观结果；干旱、洪水、高温灾害、低温灾害、龙卷风、干热风、雪灾等各种气象灾害是气候发展变化的客观结果；风暴潮、台风等是海洋或水文变化的客观结果；各种危害农林牧渔业的生物灾害是生物圈变化的客观结果；太阳黑子、陨石等则是天体运行的客观结果等。灾害种类繁多，危害严重，是危及人类安全和影响经济发展的重大负面因素，但又不以人的主观意志为转移的客观自然现象。人类不能避免也不能消灭各种自然灾害，人类社会的发展史从根本上讲就是与各种自然灾害相斗争的发展史。

2. 人为或社会灾害

人为或社会灾害是指由于人类自身的行为直接导致的各种灾害事故，是由人类在生产、生活活动中的过错或过失造成的灾害（一般称为事故或事故灾害），在总体上也具有不可避免性。即任何人为事故灾害，无论怎样防范或控制，都不可完全避免，有的人为灾害还会不断恶化。例如，车祸是最常见的人为事故灾害之一，尽管建立了交通警察队伍，配备了先进的交通监察工具，制定了规范的交通管理规则，不断改善道路质量并尽可能地提高驾驶员的技术素质和责任心等，但也只能防范某一个体的交通事故发生，不可能消灭车祸这种类型的灾害。例如，我国在2017年全国发生涉及人员伤亡的交通事故203049起，死亡人数为63772人。由于一般人为事故灾害都具有局域性，其影响范围较自然灾害尤其是大的地震、洪水灾害要小，人们往往对此不够重视。事实上，人为事故灾害对人身安全的威胁要大大超过自然灾害，对经济的直接影响也不亚于自然灾害。

尽管人为灾害一定是人为原因造成的，个别人为灾害可以通过人的努力加以避免或控制，但不能据此否认人为灾害的客观性及其损失的不可避免性。在灾害经济学研究中，同样需要从事先防范与事后补救的双重角度来研究人为灾害的经济问题。

3. 人为–自然灾害

人为–自然灾害是指人为因素与自然因素相互作用条件下导致的灾害现象。例如，人的生产与生活活动造成环境污染，进而造成严重的环境灾害，如大气污染、酸雨、赤潮等即是典型的人为–自然灾害。这些灾害虽然通过保护环境运动会得到一定程度的减轻，但作为一种类型的灾害仍然具有不可避免性。由于人类生活方式日益现代化以及生产的工业化带来的污染在相当长的时期内不可避免，汽车的大众化和人类为追求发展而对资源的过量消耗所带来的污染，以及土地的荒漠化等都难以逆转。例如，荒漠化是一个世界性的生态环境问题，根据联合国的统计数据，全球防止荒漠化继续蔓延的成绩并不乐观。已经退化或正在退化的土地面积所占比例从1991年的15%上升到2008年的24%。其中，超过20%的耕地面积、30%的天然森林和25%的草地正在经受不同程度的退化。由于农田遭侵蚀，每年有大约240亿t肥沃土壤流失。全世界有15亿人直接受到沙漠化、土地退化和干旱的影响。由此可见，人为–自然灾害也是一种对人类生存和发展产生重大影响的灾害，对发展中国家的社会经济发展的影响尤其严重，并很难完全避免。因此，人为－自然灾害的损失也具有不可避免性，是灾害经济学必须关注并加以高度重视的灾害种类。

无论是自然灾害，还是人为灾害或人为－自然灾害，都是不可绝对避免的、客观的自然、社会现象，人类减轻灾害的行为是利用灾害的不可避免规律来寻求有效地减轻灾害与损失的路径和方法。

（二）灾害与灾害损失可以减轻

尽管各种灾害与灾害损失在总体上是无法避免的，尽管人类的繁衍和财富的积累使灾害危害的对象与价值在总量上急剧增加，灾害损失不断扩大的趋势几乎不可逆转，但人类通过自己的努力仍然可以对灾害与灾害损失进行适度的控制，或者使灾害与灾害的损失得到减轻，或者会有效地缓和灾害损失上升的趋势。例如2000—2017年，我国通过一系列生态修复工程来进行绿地恢复，大地实现了"由黄变绿"，贡献了全球25%的绿色增加量。十多年来，我国土地净恢复面积占全球的18.24%，位列世界第一，对全球土地退化零增长做出了重要贡献，沙漠化得到了有效控制，在部分地区还出现了人进沙退的局面。这一实例说明，在灾害与灾害损失不可避免的条件下，人类的减灾行为是重要的和必需的。

从人类社会发展的过程来看，人类是在与各种灾害的斗争中成长起来的，减轻灾害与灾害损失一直是人类追求的重要发展目标，并获得了无数成功的实例。具体而言，人类使灾害与灾害损失得以减轻的行为主要包括：

1）通过在灾害发生前采取有效的预防性措施，能够使个别灾害或灾害损失得以避免。例如，禁止酒后驾车、禁止不合格驾驶员驾车等，能够有效地避免个体车祸事故的发生；对滑坡灾害进行及时的监测和预报，通过在滑坡灾害发生之前转移危险地区的人口、财产等，即使不能制止滑坡灾害的发生，也必定能够避免滑坡灾害造成的损失，或将其造成的损失降到最低。至于利用植树造林来防止水土流失和控制水灾，利用水利工程来减轻水、旱灾害等，均是自古以来就被人类高度重视的减灾方式。实践证明，有效的预防措施是减轻灾害与灾害损失的必要且主要的途径。

2）通过在灾害发生时或灾害发生后采取有效的抢救性措施，能够有效地减轻灾害的危害程度及其损失。例如，在旱灾发生时，通过人工降雨来缓解旱情；当农作物病虫害发生时，通过喷洒农药或采取天敌扑灭等措施，可以保证农作物不受损害或少受损失；当火灾发生时，通过及时扑救，可以使火灾熄灭；当地震发生后，迅速组织救援，会使众多受伤害的人员得到救治，人员的伤亡率必定得以减轻等。类似行为尽管不能避免灾害的发生，但能够减轻灾害的损害程度。

3）通过牺牲局部利益来维护整体利益，也能够减轻灾害的总量损失。例如，建立分洪区、蓄洪区等可以大幅度地减轻水灾的损失，但以牺牲分洪区、蓄洪区内的财产为代价，此代价相对整体利益是必要的，它虽然不能避免灾害发生，甚至在局部地区加重了灾害的损害后果，但总体上却可能收到减轻灾害总损失的效果。

4）利用分散灾害风险和灾后救助或保险的手段，也可以使灾害危害的区域、单位和居民家庭尽快从灾害的打击中恢复正常的生产与生活秩序，从而可以最大限度地避免灾害的间接损失。例如，政府救灾、灾害保险等措施都可以对受灾对象进行经济上的补偿，使受灾单位或家庭在灾后迅速恢复重建，从而在一定程度上使灾害的连锁反应得到抑制，结果虽然不是从总体上减少了灾害与灾害的直接损失，但可以在总体上减少灾害的间接损失，同时使部分受灾单位与家庭得到灾害损失的补偿。

人类社会的上述行为，都可以产生良好的减轻灾害与灾害损失的效果，都具有积极的灾害经济意义，从而是灾害与灾害损失不可避免规律下的积极对策。

（三）不可避免规律下的灾害经济

灾害的不可避免规律，包含灾害与灾害损失不可绝对（或完全）避免和可以相对减轻两个方面的内容，它是制约灾害经济关系的最基本的规律。一方面，尽管人们通过事先防范，能够使灾害与灾害损失在一定程度上得以减轻，但灾害与灾害损失的不可避免仍然是总体的、基本的规律，这一规律决定任何时代、任何国家或地区的灾害经济关系，均不能只有单纯地灾前防范（防灾投入与防灾效益）关系，而是必然包含灾时的抢险与灾后的救援、补偿问题；另一方面，既然通过人类自身的努力，可以使灾害与灾害损失在一定程度上得以减轻，也不能被动地等待灾害与灾害损失的降临，或者只是消极地采取灾后的补救措施，而是应当以主动的、积极的姿态来防范各种灾害。

灾害与灾害损失的不可避免规律，决定灾害经济研究的出发点，必须是在灾害与灾害损失不可绝对避免的基本前提下，着眼于灾害与灾害损失的相对减轻，寻求灾害损失的最小化。换言之，灾害与灾害损失的不可避免规律，决定了灾害经济的基本内容应当是被动的、消极的救灾（灾后救助）经济关系与主动的、积极的防灾（灾前防范）经济关系的有机结合，防救结合、防重于救应当成为当代社会治理灾害经济问题的基本原则。

二、不断发展规律

人类社会不断发展，灾害与灾害损失也不断发展。灾害的发展受多种因素影响，有些因素无法控制，有些因素却是可控的，但总体上不断发展规律仍然是灾害问题的基本规律。

（一）影响灾害不断发展的因素

由于地球是一个复杂的开放系统，人类为了生存与发展需要开展各种生产、生活活动，因此灾害的形成是自然变异与人的影响等多种因素相互作用的结果。按照系统论的观点，各种灾害的形成都来源于"天、地、生、人"四大系统，其中："天"是指地球以外的宇宙天体和空间；"地"是指地球，包括大气圈、水圈、岩石圈及地球内部，是各种自然灾害的主要来源；"生"指地球上的生物，包括各种动物、植物等；"人"是指人类社会，即人类社会自身的各种生产与生活活动均是导致灾害的重要来源。因此，能够对灾害问题的发展产生影响的因素又可以概括为自然因素和人为因素，以及人口增长、财富积累等的影响。

在自然因素方面，大至天体运行，小至微观世界的物质运动，都有其客观发展规律，都会对各种自然灾害与各种人为－自然灾害产生深刻影响，有时甚至助长一些人为事故的形成。对灾害产生影响的自然因素又具体包括：一是天体原因，它来自地球外部的宇宙空间，如太阳黑子活动会引起气象灾害和地震灾害，陨石降落会造成直接的人畜伤亡或导致火灾等；二是地质运动，它是引起地震、地陷、地火、地热、火山喷发及滑坡灾害等的直接原因；三是地理与气候原因，它是由于降雨、气温、风速的异常等导致的各种气象灾害（如水灾、旱灾等）和生物灾害（如动物病害、植物病虫害等）的直接原因，也是对人类社会的发展威胁最大、损失最大的灾害原因；四是海洋原因，即海洋因素会导致台风、风暴潮、海水入侵等自然性灾害和各种海难事故灾害等；五是沙漠化、水土流失等。此外，还有多种因素综合引起的灾害，如地质运动引起地震灾害。地震灾害加上适当的气候、地理等条件会进一步引起火灾、水灾、滑坡、泥石流等现象。天体运动与自然界的各种物质运动都是客观的、持续的、渐变的，在运动过程中会同时酝发着多种自然灾害。

在人为因素方面，人类社会的生产与生活活动是引起各种人为事故灾害和人为－自然灾害的影响因素。它们包括：①生产原因，即人类社会的生产活动使自然环境不是按照自然规律而是按人为法则演化和发展的，从而导致严重的后果。恩格斯在《自然辩证法》中指出：动物也进行生产，但是它们的生产对周围自然界的作用在自然界面前只等于零。只有人才办得到在自然界打上自己的印记，因为他们不仅迁移动植物，而且也改变了他们居住地的面貌、气候，甚至还改变了动植物本身，以致他们的活动结果只能和地球的普遍灭亡一起消失。②过失原因，如各种人为事故灾害几乎都有人的过失因素的影响，如苏联切尔诺贝利核电站事故和中国大兴安岭森林火灾，一起车祸或一起医疗事故等，都有人的过失在内。③发展原因，即人类社会在发展进程中所必须付出的代价，如航天事故就是人类社会走向发展过程中必然出现的损失，各种工业或科技产品的出现都会带来一种或多种新的事故风险，例如大型建筑工程的建筑作为人类发展的一个方面，会对周围环境产生影响甚至直接引起灾害。④道德原因，如纵火、抢劫、投毒等均会带来严重的灾害后果。⑤人类活动范围的不断扩大助长灾害的不断发展，如航天事业的发展使人类活动的空间扩展到了太空，太空事故即成为人类面临的新兴风险；海洋石油开发则使更多的海洋自然现象演变为灾害现象等。因此，人的生产与生活活动对各种灾害尤其是人为事故灾害与人为－自然灾害的产生与发展有着巨大的影响。

此外，除自然因素与人为因素的直接影响外，人口的增长与财富的积累也是灾害不断发展的重要影响因素。这种因素的影响主要包括两个方面：一是人口的剧增会导致人类向自然进一步索取，进而造成更为严重的破坏性后果；二是人口剧增与财富的积累使灾害直接威胁的对象倍增，灾害造成的损害后果会不断扩大，从而使灾害的危害与影响不断发展。

上述三个方面的因素，共同促使灾害在总体上向前不断发展，并且具有不可逆转性。因此，研究灾害经济问题，必须考虑灾害在未来时期的发展变化。

(二) 不断发展规律的表现形式

影响灾害发展的自然因素不以人的意志为转移，人为因素中有必然因素和偶然因素，人口增长与财富增加则又是一个必然因素，因此灾害问题的发展具有如下主要特征：一是持续性，即灾害总是在不间断地持续发展；二是膨胀性，即灾害不是单个增加，而是群体增加，如因工业生产和现代生活方式等导致了无数的新型人为事故灾害和人为－自然灾害等；三是不可逆转性，即灾害发展也是不以人的主观意志为转移的，是不可逆转的。从灾害的发展史来看，灾害的发展主要表现在以下四个方面。

1. 灾害的种类不断增加

在史前社会，人类依靠采集野果等充饥，无财富的积累，面临的灾难主要是野生动物和洪水等自然灾害的威胁，能够危及人类安全并造成财产损失的灾害并不多。在农业社会，威胁人类生存与发展的灾害因农业生产的发展而不断增加，如农作物生物灾害、各种气象灾害等均严重地威胁着人类的生产与生活。进入工业社会后，随着机器大生产取代手工生产、各种工业产品的出现及大众化等，使危及人类的灾害种类进入第一个急剧膨胀时期，不仅各种人为事故灾害群体爆发（如车祸、空难、工伤事故、医疗事故、建筑事故等），而且工业社会带来的环境污染等还导致了包括酸雨、赤潮等在内的多种环境灾害。人类已经进入高科技发展时代，人类社会面临的灾害中增加了航天事故、海洋石油开发事故、核电站事故、计算机病毒等多种科技风险。因此，尽管无法准确计算出到底有多少种灾害危胁人类的生命、财产安全，而且也无法准确预计未来社会还会出现多少新的灾种，但灾害种类随着人类社会的发展而持续增加显而易见。

2. 危害的对象增多

危害对象的不断增加是灾害发展的又一个重要方面。一方面，人口的急剧增长，必然使受各种灾害威胁的人口增加。以我国为例，根据应急管理部和国家减灾委办公室的统计数据，到 2018 年 5 月，各类自然灾害共造成全国 1109.3 万人次受灾，82 人死亡，8 人失踪，6.6 万人次紧急转移安置；4000 余间房屋倒塌，2.1 万间房屋严重损坏，31.9 万间房屋一般损坏；农作物受灾面积 2035.1 千公顷（1 公顷 =10000m^2），其中绝收 162.5 千公顷；直接经济损失 101.3 亿元；2020 年，全年各种自然灾害共造成 1.38 亿人次受灾，591 人死亡失踪，10 万间房屋倒塌，176 万间房屋损坏，农作物受灾面积 19957.7 千公顷，直接经济损失 3701.5 亿元；类似的现象在一个地区或一个灾种领域显现得更为充分。另一方面，社会财富的增加必然使灾害危害的物质对象增多，如核电站、人造卫星等新的财富种类的增加使灾害事故潜在危害的物质对象种类和数量增加。因此，灾害威胁的人口越来越多，威胁的财产种类与数量越来越多，是灾害发展的又一个表现。

3．灾害造成的经济后果绝对数额呈周期性波动

资源的短缺使各种资源的价值量倍增，而人类生产的物质产品日益丰富，且因劳动积累与技术含量的提高而使其具有了更高的经济价值量，因此即使是同一种灾害在同一地区发生，其经济损失后果也必然在发展变化，在防灾减灾行为影响下，其经济后果在一定时间范围内呈现周期性波动。以2010—2020年我国自然灾害损失为例加以说明，如图2-1所示。

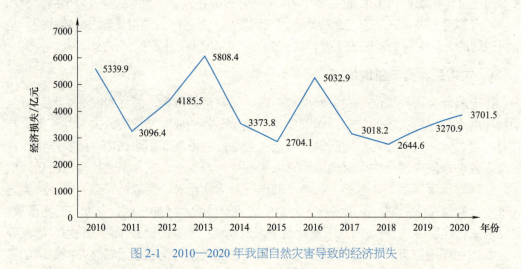

图2-1　2010—2020年我国自然灾害导致的经济损失

图2-1客观地显示了自然灾害对我国物质财富的绝对损害后果是周期性变化的，这种变化随着时间的延长还将持续下去，通过采取有效的行动或生产出更多的财富，则将此周期性变化的经济损失总额逐渐降低。

4．灾害造成的影响日益巨大

一是灾害损失的增长，必然使灾害问题作为当代社会日益严重的现实问题，而更加引起各国政府与全球社会在促进经济发展与经济增长的过程中给予更高的关注与重视。二是灾害个案损失在不断扩大。除自然灾害的个案损害后果在扩大外，重大灾害事故自20世纪50年代以来更是频繁发生，如核事故、航天事故、大型建筑事故、大型污染事故等不断发生，一些灾种对社会经济发展甚至人的心理影响急剧扩大。三是灾害的连锁反应日益强烈。例如，曾经的我国黄河断流与华北旱灾对天津等地工业生产的制约与影响极大；农业灾害不仅制约着农业，也制约着工业生产的增长等。四是防、抗灾害的投入急剧增加。由于灾害问题的日益严重，各国用于抵御各种灾害的经济投入也急剧增加，如为减轻水灾或控制水灾的恶化而不得不兴建越来越多的大型水利防灾工程，为抵御旱灾而不得不投入越来越多的抗旱费用等。

（三）不断发展规律的新趋势

灾害种类的不断增加，灾害损失的不断扩大，表明了不断发展规律是灾害问题的又

一基本规律。在现阶段，灾害的不断发展规律还呈现如下新趋势：

1. 灾害问题正在成为全球性问题

经过近几十年的发展，灾害问题确已成为全球性问题。这种趋势的标志主要在于：一是厄尔尼诺现象、臭氧空洞的形成、环境灾害等所造成的危害超越国境而波及多个国家。例如，20世纪80年代以来在北美与欧洲上空形成的两大酸雨区，就波及许多国家，使酸雨引起的国际纠纷事件不断发生。二是在各国经济不断国际化的条件下，一些灾害的连锁反应经常影响其他国家的经济发展。例如，2014年9月发生在印度和巴基斯坦的洪水以及10月印度遭受热带风暴赫德赫德侵袭分别导致180亿美元和110亿美元的经济损失，使印度和巴基斯坦地区遭受的灾害损失占到了全球总损失的26%。三是一些灾害由多个国家共同造成，要进行防范非一国之力能够做到，而是必须采取多国乃至全球的统一行动才可能取得预期的效果，从而使减轻灾害成为国际社会的一个共同主题。四是作为分散各种灾害风险的重要工具的商业保险进一步国际化，各国保险人事实上已经形成经济利益的一体化，从而表明灾后补偿措施已走向了国际化。

2. 气象灾害与海洋灾害发展迅速

在自然灾害的持续发展中，气象灾害与海洋灾害发展得尤其迅速。洪水、干旱、飓风、风暴潮灾害等的危害范围与危害程度急剧扩大，对全球经济的发展产生日益巨大的影响。

3. 环境灾害急剧上升

如酸雨的危害区域与危害程度在持续扩大，赤潮对海洋生态环境与渔业资源的危害正在进一步恶化之中。环境灾害成为人类社会生产发展与生活污染的结果，正对经济的发展与增长带来负面的影响，局部地区严重制约生产的发展。由于部分发达国家不愿为保护环境承担更多的责任，许多发展中国家又在加速实现工业化进程，使环境灾害在相当长的时期继续恶化，并将逐步上升为危害经济发展与社会发展的主要灾害种类。

4. 科技事故灾害上升

在人为事故灾害中，科技事故灾害将随着科技发展和广泛应用而迅速、持续上升，并对经济发展与国民生活造成巨大的影响。

5. 人为事故导致的人身伤亡数量持续上升

在灾害损失中，一方面是物质财富损失持续上升，人身伤亡数量在相对减少，如图2-2所示；另一方面在灾害造成的人身伤亡中，自然灾害导致的人身伤亡人数持续下降，而人为事故导致的人身伤亡人数持续上升，如图2-3所示。

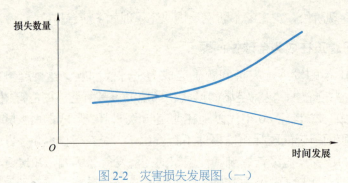

图 2-2　灾害损失发展图（一）

注：粗线条代表物质财富损失，细线条代表灾害造成的人员伤亡。

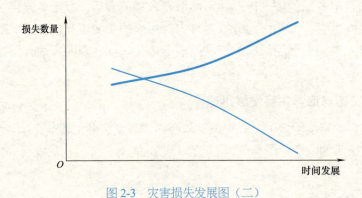

图 2-3　灾害损失发展图（二）

注：粗线条代表人为事故造成的人员伤亡，细线条代表自然灾害造成的人员伤亡。

三、人灾互制规律

（一）人对灾害的制约

人类是在同自然界的艰苦斗争中不断成长，发展至今，是与自然斗争、与灾害斗争的结果。因此，人能够抵御灾害，也只有人才能改变自然环境和抵御灾害。

1）人类通过各种防灾工程的建设使某些灾害在一定的区域范围内或程度上得到减轻或控制。例如，都江堰水利工程使成都由水患严重的地区变成天府之国，迄今 1000 多年成都区域的人民还在受益；到 2018 年我国三北工程建设 40 年累计完成造林保存面积 3014.9 万公顷，工程区森林覆盖率由 1979 年的 5.05% 提高到了 13.59%，活立木蓄积量由 7.4 亿 m^3 提高到 33.3 亿 m^3，保护和恢复严重沙化、盐碱化的草原、牧场，成为抑制土地沙漠化的成功例证。三峡工程建成后有效地遏制了长江中下游的水患，使长江流域的水灾在很大程度上得到抑制。由此表明，在经济发展的条件下，国家和社会投入一定的人力、物力和财力进行防灾工程建设，能够对灾害的发生与发展起到制约作用。

2）通过科学技术的发展与应用来控制灾害。例如，农作物优良品种的培育与推广，高效农药、化肥的研制、生产与使用，对防治农作物病虫害、提高农作物的抗灾能力起到了良好的作用；医学的发展为人类提供了抵御各种疾病和各种意外伤害的更科学、更先进的方法与手段；人工降雨技术的应用能够缓解局部地区的旱情等。因此，科学技术的发展是制约灾害发生、发展的不可或缺的途径。

3）通过许多非工程措施来控制灾害（尤其是人为事故灾害）的发生与发展。例如，宣传安全生产知识、培训安全生产技能，能够抑制工伤事故的发生；严格交通规则，加强交通管理，能够控制交通事故的发生等。

不过，在人灾互制关系的发展进程中，人类早期是为了生存而斗争，现在则是为了不断提高生活质量（追求享乐生活）而向自然索取，人类社会发展的性质已经发生了重大变化。在当前的人类行为中，有些行为是必要的，如三北防护林工程、三峡工程等；有些行为则是不当的，结果不仅不能减少灾害，而且可能导致灾害问题的恶化。例如，塑料薄膜大规模被用来抑制低温灾害对农作物的影响正在造成严重的"白色污染"。因此，人灾互制规律中的人对灾害的制约，实质上除了包括上述积极的制约作用外，还包括助长灾害发生、发展的方面。"人类在由农业社会向现代工业文明迈进的过程中，各种活动不仅加剧着自然灾害的发生与危害，而且也直接制造着各种事故灾害。例如，丝绸之路已经成为历史，但沙漠化却不全是历史；洪水干旱是自然灾害，而水患、旱灾的日趋严重却不能完全归罪于自然；在各种人为事故灾害中，90%以上的灾害都能得以避免。"

（二）灾害对人类的制约

人对灾害有制约作用，而灾害对人类社会的发展也具有重大的制约作用。灾害对人类制约的后果是使人类生产、生活环境发生毁灭性灾变、人口伤亡、经济衰退等。

1. 灾害对人类生产、生活环境的制约

人类的生产与生活活动从正面或反面对各种灾害产生巨大的影响，而各种灾害也对人类的生产与生活环境产生巨大的影响。例如，水灾毁灭农民的田地、房屋，曾经造成许多灾民流浪他乡；旱灾不仅造成农业歉收或绝收，而且使缺水城市的有关工厂被迫迁移。严重的灾变甚至直接毁灭城镇与乡村。例如，新疆塔克拉玛干沙漠中心地带在距今2000年前曾经是绿色城市，后来却被沙漠化，古城葬身沙海，被彻底毁灭；丝绸之路曾经是中国通往西域与欧洲的十分繁华的通商之路，现在已为沙漠、戈壁所取代。古往今来，尽管灾难并未能阻挡人类社会向前发展，但灾难造成许多城镇、村庄毁灭的事实，以及现实中对受灾区域生产、生活环境的制约，均表明了灾难对人类生产与生活发展的制约作用是很大的。虽然我国唐山市在1976年大地震造成一片废墟后，经过10多年的恢复重建再度走向繁荣，但这是得益于我国的社会制度和集全国支援的力量的例外性结果。

2. 灾害对人口的制约

灾害造成人口的直接或间接死亡与伤残，是各种灾害事故对人口进行制约的基本表

现形式。在灾害经济研究中，既不能否认灾害对人口再生产的制约作用，也不能夸大人口的经济价值，而是必须与现实社会或者所处的社会发展阶段相结合来评价灾害对人口的制约作用。灾害对人口的制约表现在以下两个方面：

1）造成人口的非正常死亡，包括直接致死人口和间接致死人口。各种灾害事故中造成的人员死亡都是灾难直接致死人口；另一种制约是灾难间接致死人口，如灾难中造成人员伤残或职业病并留下后遗症而最终死亡，再如水、旱灾害导致的饥荒更是灾害间接致死人口的主要表现形式。

2）造成人身伤残。灾害对人口的制约的第二个方面是造成人身伤残。从经济意义角度，其共同的特征是使人的劳动能力不同程度丧失。有的人因天灾人祸造成终生永久完全残疾；有的人终生永久部分残疾；有的人是在一定时期内丧失劳动能力；有的人是留下严重的功能障碍等。严重的伤残者不仅无法自理，而且必须依靠家庭或社会的护理。灾害造成的人身伤残，不仅是对受伤害者的直接制约，也是对受伤害者的家庭成员和其他社会成员的制约。

综上所述，灾害对人的制约是显而易见的。尽管从长期的人口发展来看，灾害并未阻止人口的膨胀式发展，但具体到一定时期内的每一个国家或地区或家庭，是人力资源的净损失；伤残者因不同程度地丧失了劳动能力，也是人体素质剧降的人力资源的净损失。因此，灾害是制约人口再生产的重要因素，在落后的社会，灾害对人口的制约就越严重；在发达社会，灾害对人口的制约作用则会不断减弱。

3．灾害对生产的制约

灾害直接破坏人类的生产对象与资源，如耕地因水、旱灾害而毁灭，草场因病虫害而毁灭，森林因火灾而毁灭，渔场因洪水、垮坝、海水入侵、病害等而毁灭，工厂因灾害事故导致机器设备的毁灭或破坏等，结果都是生产的中断和失败；不仅如此，灾害的连锁效应直接制约着生产，如农业歉收会直接影响依靠其为原材料的工业生产，导致工业生产的停顿等。因此，灾害对生产的制约是客观的、巨大的。

4．灾害对交换、分配的制约

在正常条件下，产品交换与分配通常是有序的、发展的，由于灾害毁灭了既有的物质财富与资本，受灾地区或受灾对象原有的交换内容就必然要调整；又由于生产的中断或停顿，受灾单位提供的产品便不可能照常供应，原有的分配内容必然要加以改变。因此，灾害改变着既有的交换、分配内容与正常的交换、分配途径，它使正常的交换、分配被打乱，必然制约着交换和分配的发展。

5．灾害对消费的制约

一方面，灾害对生产的制约影响消费的内容与水平，如农业歉收必然导致农副产品减少，城乡居民正常的农副产品消费数量与生活质量必然受到影响；另一方面，现有财富的损失，必然带来受灾对象的补偿性消费，如居民住宅在灾害中倒塌，原计划用于其他消费的资金便必然被首先用于恢复被灾害毁掉的房屋。可见，灾害不仅客观上降低了消费水平,而且改变了受灾对象的消费结构。

灾害对现有物质财富的毁灭和对人身的伤害及对生产、交换、分配、消费的制约,都是灾害对经济、社会发展的制约。因此,不能因为人类社会自产生发展至今都是不断发展的而否定灾害的制约作用。灾害阻碍着社会经济的发展,在局部地区、一定时期甚至使经济、社会的发展发生倒退。例如,四大文明古国的古埃及曾经有着较先进的生产与发达的经济,但后来在日益恶劣的自然灾变(如沙漠化、水旱灾害等)中走向衰落。

(三) 人灾互制规律发展的两个图示

从理论角度出发,在人类社会的发展进程中,不是人类社会抗御灾害的能力超过灾害,就是灾害最终毁灭整个人类社会。从当代社会追溯到人类的产生,都是人类社会的抗灾能力超过了灾害,所以人类能够在经受各种灾害的磨难中不断地发展、成长。因此,尽管灾害曾经造成一些古老文明城市及种族的毁灭,但总体而言,从原始社会到当代社会,人类社会已有的历史,仍然是随着社会生产力的发展和经济实力的不断增强,抗灾能力不断上升并持续超过灾害的发展,从而可以称为人类社会发展的顺境时期,如图2-4所示。

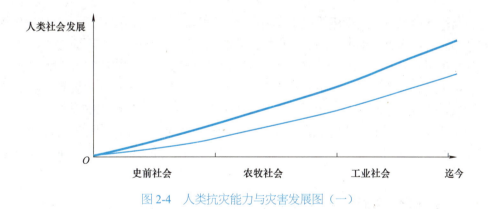

图2-4 人类抗灾能力与灾害发展图(一)

注:粗线条代表人类抗御灾害能力的发展,细线条代表灾害的发展。

随着工业社会的迅速发展,因对环境的破坏和对资源的过度消耗,人类社会正在受全球性的温室效应和厄尔尼诺现象,以及臭氧空洞扩大等重大灾害性危险的威胁,如果能够采取积极的减灾行动并重视对环境等的保护,协调好经济发展与灾害问题的关系,则会沿着原来的顺境时期持续发展下去;如果不能采取有效的减灾行动甚至是全球统一的行动,一味地追求一国或一地区的经济增长和现代化的生活方式,有可能进入人类社会发展的逆境时期,即人类社会抗御灾害的能力增长会日益滞后于灾害的恶化进程如图2-5所示,最为严重的后果便是人类社会在获取现阶段的经济繁荣之后,将因灾害现象的发展走向消亡,即受制于灾害并在灾难中走向死亡。

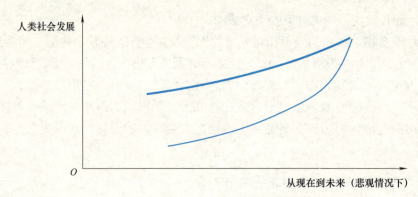

图 2-5　人类抗灾能力与灾害发展图（二）

注：粗线条代表人类抗御灾害能力的发展，细线条代表灾害的发展。

图 2-4 和图 2-5 揭示了人类社会的发展与灾害的发展的关系。维持图 2-4 的发展趋势，避免出现图 2-5 的结局，应当成为全人类思考的最基本的一个命题。要维持图 2-4 的发展趋势，让灾害受制于人而不是人受制于灾害，就需要提倡新观念，并采取合理有效的措施。

（四）人类应有的作为

从当代社会人灾互制规律的现实表现出发，可能的后果包括如下两种：①在灾害不断发展的同时，人类抗御灾害的能力也像已有的人类发展历史那样在不断增长，并持续超过灾害的发展，那么人类发展的未来结果将是越来越美好；②在灾害不断发展的同时，人类承受灾害的能力虽然也在不断增长，但相对于灾害的发展而言要滞后，或者越来越不足以抵御灾害的发展，即灾害的发展快于人类抗御灾害的能力的增长，那么人类社会的发展结果就将是一个可怕的悲剧。对此，必须在灾害发展的同时实现社会、经济更加合理而又快速的发展，以便人类通过自己的努力选择并实现第一种结果。人类应有的作为包括：

1．更新观念，重新调整人与自然的关系

人们的观念来源于社会实践，而行动又往往受头脑中固有的观念指挥。例如，在古代社会，由于生产力水平极为落后，人类社会抗御灾害的能力薄弱，人类在各种自然灾害面前无能为力。随着社会生产力的发展和经济的日益繁荣，人们不满足于渐变式的发展方式，采取了大规模地改变自然环境等的做法来追求经济的快速发展，"人定胜天""战胜自然"逐渐成为习惯观念，并日益成为指导国家或地区发展政策的指导思想和固有观念。农牧社会实践表明，"听天由命"观念支配下的经济、社会发展异常缓慢；进入工业社会后，在"人定胜天"的观念支配下进入了经济、社会发展的快车道。不过，虽然工业社会使人类赢得了短期内的快速发展，却又使人类付出日益沉重的代价，灾害问题的加速恶化已经清楚地预示着全球性的大灾变正在孕育之中。因此，在这种严峻的条件下，必须改变对自然的掠夺，代之以人与自然协调发展的新观念并用以指

导发展实践，在发展中珍惜一切自然资源，与自然界各种动、植物资源等和谐发展等。

2. 节制享乐欲望，改变不合适的生活方式

追求生活水平的提高与生活质量的不断改善是刺激生产、交换、分配与消费的动力基础，但追求享乐却是促使人类过度掠夺各种自然资源、恶化生态环境的经济根源。

3. 在经济发展中必须考虑保护生态环境和减轻灾害问题

通过防止生态环境被破坏，减缓环境灾害的发展，最终使灾害中的人为 - 自然灾害等得以减轻。与此同时，人类社会在获得经济发展的同时，在经济发展的成果中应当扣除用于减轻灾害方面的支出，且保证这种减轻灾害问题的支出能够随着经济的发展而不断增长。值得指出的是，部分发展中国家的经济发展都以不同程度的牺牲生态环境为代价，减灾工作尚未引起真正的重视，而许多发达国家将对生态环境破坏大的一些产业向发展中国家转移或扩散更是恶化整个世界的经济发展与灾害发展关系的重要方面。

4. 改变不合理的经济增长方式

常规经济学中追求经济的增长，大多是从即期的收益率和增长率出发的，而在灾害经济学中，却必须考虑经济的长期增长问题，不合理的经济增长方式只能带来短期的经济增长效果，但可能带来长期的灾难性后果。改变不合理的经济增长方式，努力避免只能带来短期效益而留下长期灾难性后果的经济增长方式。例如，充分利用水力发电，尽可能少地采取火力发电，即能够在促进经济增长的同时也减缓灾害的发展。

5. 加快科学技术的发展步伐，重视高新技术在各生产领域的应用

例如，电冰箱、空调等生活设备是使用氟利昂制冷，而氟利昂的大量使用会对保护地球的臭氧层造成极大的破坏，使臭氧空洞变大，太阳辐射进入地球表面将带来不可估量的灾难性后果；由于技术的进步，许多国家开始生产无氟冰箱和无氟空调，新技术的采用将会对臭氧层的尽快修补起到良好的作用。

6. 采取多种防控措施，减轻人为事故灾害的危害

许多人为事故灾害（如车祸、工伤事故、医疗事故等）是可以通过事先防控来制约的。例如，严格安全管理制度，规范科学的操作程序与方式，提高劳动者的技术素质与职业责任心，强化对违法违规者的惩罚等，均可以在一定的程度上遏制各种人为事故灾害的发展。

四、区域组合规律

灾害经济由于灾害的地理分布不同而表现出地理上的差异，并在不同的地理区域与经济区域内表现出不同的组合规律。灾害的区域组合规律不仅影响区域经济的发展，而且属于区域经济与社会发展的有机组成部分。

(一)区域组合规律及影响因素

灾害的区域组合规律,是指灾害的种类、数量、频率及危害程度、危害对象在不同的区域具有不同的组合。这种规律表现在:灾害种类在地区分布上不平衡、不同地区的主要灾害(对当地经济、社会造成重大损害后果并经常发生的灾害)结构不同、灾害的危害对象与危害后果在地区上有差异。

灾害的区域组合规律,是多种因素综合作用的结果。因为任何灾害的发生都要求有相应的自然、人文等生成条件。考察各种灾害的发生过程,其影响因素主要有以下三方面:

1)自然因素。一是地理位置。例如,沿海地区、沿江河湖库地区、山区、丘陵、平原地区、高原地区等,其灾害的结构及其危害的后果是不同的。二是气候条件。例如,干旱区、半干旱区与湿润地区,会因降雨量的偏少或偏多而出现严重旱灾与水灾的差异。三是地质条件。例如,华北与西南地区属于典型的板块内强震区,地震灾害作为中国的主要灾害,绝大多数分布在这两个地区等。四是特殊地形等其他自然条件,如有的地区多雷击火灾,有的地区多大风天气。自然因素是自然灾害区域分布的基本制约或影响因素,但也会对人为灾害产生很大的影响。

2)人文因素。一是城市与乡村。例如,城市多人为事故灾害,环境污染严重;乡村则多自然灾害。二是经济布局。例如,工矿区有工矿区的灾害,不同的农作物产区会有不同的灾害。三是人口密度,一般是密度越高,灾害的危害后果就越严重;反之亦然。四是防灾、抗灾的设施与能力,该项因素直接影响并制约灾害的危害后果。例如三峡工程建成后,将使一部分经常受到长江水灾威胁的地区摆脱水灾的威胁。五是灾害意识与社会公德。灾害意识是否强,社会公德是否好,都会对灾种的分布及其危害后果起制约作用。因此,人文因素作为制约并影响人为灾害事故的主要因素,同时也对自然灾害的区域组合产生直接影响。

3)经济政策因素。在同样的自然条件与人文条件下,因经济发展政策取向不一,也会影响灾害的区域组合规律。例如,有的地方开发山区特有的资源,走山区经济发展道路,一般不会出现水土流失等灾害;有的山区通过毁林开荒、增加耕地来发展经济,结果造成新的水、旱灾害。在城市,有的城市走高科技、低污染的经济发展道路;而有的城市对发展道路不加选择,结果形成的是低效益、高污染的经济结构,它们的灾害种类及其危害后果都会有差异。

4)灾害之间还存在着群发性与关联性,即灾害自身也是灾害区域组合规律的重要影响因素。在一个区域内,灾害是以群体存在的,具有群发性特点;灾害之间存在着关联性,并产生相互影响,如果人类能够对区域内主要的灾种进行有效的防范,缓和的将是灾害及其关联性问题。例如,地震伴生着水灾、火灾、泥石流等灾害;水灾伴生着疫病等灾害。因此,灾害之间的群发性与关联性,也是灾害区域组合规律必须重视的影响因素。

综上可见,灾害的组合受客观环境的制约,在不同区域内,由于自然条件、人文条件乃至经济发展政策方面都会存在很大差异,各种灾害也就不可能被平均分布在各个不同区域，只有适合区域内的特殊环境的灾害，才能在区域内发生并对经济的发展与增长产生巨大的影响。因此，区域组合规律是灾害的又一客观的、基本的规律，它与经济发展布局的区域组合性往往存在着不可分割的内在联系。强调灾害的区域组合规律，有助于准确认识并把握区域内的灾害问题，了解区域内对经济、社会发展造成威胁的主要灾害属性，指导区域内的合理经济布局，为真正有效地开展减灾工作提供具体的、科学的依据。

（二）区域组合规律的层次性

灾害的区域组合规律具有层次性，即在不同层次的区域范围内，灾害的组合不同。例如，地震是我国部分区域的主要自然灾害，却不是湖南、湖北等省的主要自然灾害。灾害区域组合规律的层次性在自然灾害方面表现得更为明显，海洋灾害、水文灾害、地质灾害、地震灾害、水旱灾害、低温灾害、雪灾往往具有大范围性和广泛性，但人为或社会灾害也有着明显的、分层次的区域组合规律，如交通事故、工矿灾害、爆炸等。在此，将灾害的区域组合规律从高到低划分为七个层次：第一是洲层次；第二是国家或同一洲内的各国经济区域层次；第三是国内的区域层次；第四是省层次；第五是市、县层次；第六是企事业单位和社区层次；第七是城乡居民家庭或个人层次。

从微观到宏观，从家庭或个人到全球各洲，灾害的区域组合规律的客观表现为：区域层次越高，灾害的种类越多，总的危害后果越严重，灾害对整个经济发展与经济增长的影响就越全面；反之，区域层次越低，灾害的种类越少，危害后果就越轻，对整个经济发展与经济增长的影响就越是有限。

第一层次，以自然灾害在全球的分布为例，亚洲气候特征是典型的大陆性气候，境内集中有洪水、地震、飓风、风暴潮、火山、干旱、水土流失、环境污染、森林火灾及各种人为-自然灾害；非洲是典型的干旱地区，干旱是非洲最主要的自然灾害；欧洲则是典型的海洋性气候，环境污染灾害曾经相当严重；北美虽然也以大陆性气候为主，境内灾害主要有飓风、水灾、地震、环境污染等；南美洲不同于欧洲、非洲、亚洲，它的灾害结构主要有水灾、火山地震、沙漠化、厄尔尼诺现象等；大洋洲灾害较少，受海洋气候影响大，境内灾害主要有火山地震、生物灾害、盐碱化等；南极洲则无所谓灾害，但因受全球温室效应等影响，冰雪融化加快和海水受到轻度污染，可能对人类居住的整个环境产生不良影响。

第二层次，是指同一洲内的各国在灾害组合方面存在着差异。以亚洲各国的自然灾害为例，不同国家面临的主要灾害却并非一致。其中，中国、日本、印度、孟加拉国等是亚洲国家中灾害最多、最严重的国家，其他国家的灾情相对较轻；中国不仅有水、旱灾害和地震灾害，还有来自海洋的灾害，但火山等灾害却很少；日本多地震、台风等自然灾害；印度等国多水灾；印度尼西亚则多火山、暴雨和森林火灾等；东南亚国家多干旱；中亚国家和土耳其等多地震；西亚国家多干旱。可见，在同一洲内不同位置的国家，其灾害的组合不同。

第三层次，是指一国之内不同的大区域的灾害组合是不同的（新加坡、文莱、尼泊尔等国家不存在这一层次及以下层次）。以我国为例，在自然灾害分布方面，有的研究者将我国划分为八大自然灾害区，如表 2-1 所示。

表 2-1 我国八大自然灾害区的主要自然灾害组合

区 域	所在省、市、自治区	区域内主要自然灾害	总体评价
华北地区	河北、山西、河南、山东、北京、天津	地震、干旱、洪水、冷害、涝灾、酸雨等	重灾区，损失大
华东、华南地区	江苏、安徽、湖北、湖南、广西、广东、海南、江西、福建、浙江、上海	洪涝、台风、风暴潮、干旱、冰雹、龙卷风、病虫害、雷电灾害、赤潮、酸雨等	多灾区，损失大
东北地区	黑龙江、吉林、辽宁	低温冷害、洪水、旱涝、冰渣、森林火灾等	多灾区，损失大
西北地区	陕西、甘肃、宁夏	干旱、沙漠化、水土流失、风沙尘暴、滑坡等	多灾区，损失大
西南地区	四川、云南、贵州、重庆	地震、滑坡、泥石流、冷冻害、酸雨等	多灾区，损失大
西部地区	西藏、青海、新疆	地震、雪灾、草害、冰雹、风沙、干旱等	多灾区，损失小
内蒙古地区	内蒙古	雪灾（包括白灾、黑灾）、暴风雪、森林火灾等	多灾区，损失小
台湾地区	台湾	地震、飓风、水灾、海啸、赤潮等	多灾区，损失大

注：本表不包括香港和澳门特别行政区。

表 2-1 基本上反映了自然灾害在我国不同区域的组合。就东、西部而论，东部灾害多于西部，灾害损失大于西部；就南、北方而论，南方灾情重于北方。造成这种差异的原因除自然条件外，还有人口密度、工业布局等的影响。

第四层次，即具体到国内的一个省、市、自治区，其灾害组合也是不同的。例如，我国东部地区的省、市、自治区和西部地区的省、市、自治区，南方地区的省、市、自治区与北方地区的省、市、自治区，不仅在自然灾害的种类结构方面存在差异，而且在人为灾害种类方面也有差异。例如，福建主要受海洋灾害威胁，陕西则多干旱、滑坡等；广东多水灾、飓风等灾害，河北多干旱、地震等灾害。可见，即使是在一个国家，各省、市、自治区的灾害组合也存在巨大的差异。

第五层次，是具体到一个省、市、自治区内的不同市、县，它们是经济区域规划与布局的最基本的层次。例如，我国区域内不同市、县的自然条件、人文条件与经济政策因素不尽相同，从而在灾害区域组合总的规律影响下又表现出不同的组合性。以湖北省为例，有关研究者根据该省不同地区的灾害结构进行了区域划分（已接近市县层次），见表 2-2。

表 2-2　湖北省各地主要自然灾害区划简表

地　　区	区域内主要自然灾害	灾害归类
鄂西北	干旱、水土流失、滑坡、地震灾害等	属湖北西部中山、低山地区，是以大气圈、岩石圈灾害为主的防范区
鄂西	岩崩、滑坡、泥石流等	
鄂西南	洪涝、冰雹、岩崩、滑坡、地震等	
鄂北、汉江谷地	干旱等	属湖北中部平原地区，是以大气圈、生物圈灾害为主的防范区
苗汉平原	洪涝、冷害、血吸虫病等	
鄂东北	水土流失、洪涝、干旱、地震灾害等	属湖北东部丘陵地区，是以大气圈、岩石圈灾害为主的防范区
鄂东南	洪涝、地陷、血吸虫病等	

第六层次，是指企事业单位和社区，是当代社会最基本的受灾单位。这一层次除受自然灾害影响外，还有各种人为事故灾害，即自然灾害与人为灾害对第六层次的对象具有同等的危害性。一般而言，企事业单位和社区面临的自然灾害主要包括水灾、暴风雨、地震、风灾等；面临的人为事故灾害主要包括火灾、交通事故、爆炸、工伤事故等。

第七层次，是指城乡居民家庭或个人，也是最基本的受灾单位。这一层次面临的自然灾害主要有水灾、暴风雨、地震、环境灾害等，面临的人为事故灾害主要有火灾、交通事故、爆炸、传染病、地方病、食物中毒、产品事故等。不过，城乡居民家庭所面临的灾害结构又各有其重点，如城市居民面临的灾害以人为事故和突发性的自然灾害为主体；农村居民面临的灾害结构则以各种自然灾害尤其是大面积的水、旱、风灾为主体。

上述分析表明，由于自然、人文条件、经济政策因素和灾害之间的内在关联性，灾害不仅呈现区域组合规律，而且层次性十分明显。因此，层次性是灾害区域规律的具体表现。对第五层次以上而言，自然灾害与人为－自然灾害的损害明显大于人为灾害的损失，但无论是自然灾害还是人为灾害，对第五层次以上的区域造成毁灭性后果的却较少见（如 20 世纪我国只有唐山地震是一个例外）；对第六、第七层次而言，则是自然灾害与人为灾害并重，具体到每个单位、社区及居民家庭或个人，或自然灾害损失大于人为灾害损失，或人为灾害损失大于自然灾害损失，都属于正常现象；不论是自然灾害还是人为灾害，都可能对一个单位、社区或家庭造成毁灭性打击。因此，灾害问题既是政府与社会的事情，更是企业、事业单位、社区及城乡居民自己的事情。

（三）区域组合规律与区域经济

灾害的区域组合规律，在一定程度上取决于区域经济布局，又影响着区域经济的发展。

从社会再生产的角度出发，一个地区的产业结构需要合适的自然条件，如矿山需要资源，电力需要水力或火力，工业生产的布局必须考虑原材料、能源并与城镇的发展相结合。因此，产业结构实际上决定了受自然灾害威胁的对象与财富结构；同时，产业结构还决定了各种相应的人为事故灾害，如煤矿多瓦斯爆炸事故，林业、石油化工行业多火灾，建筑业与制造业多工伤事故，纺织业多尘肺等职业病，医疗事故只发生在医院等。因此，区域经济布局客观上对区域灾害组合发生重大影响。

从灾害的区域组合角度出发，一个地区的不同灾害组合决定了该地区的农业生产布局，并影响工业生产乃至整个区域经济的发展。例如，我国农业生产的地域差异非常明显，一方面表现出从南到北的温度地带差异，从而使农作物种类、畜类、家禽结构以及熟制有很大的差别；另一方面，又表现出从东到西的降水地带差异，从湿润区、半湿润区、半干旱区、干旱区，农业生产也呈现从西到东的无灌溉旱作（除水田外）到灌溉农业，显示出水、旱灾害对农业生产的直接制约；大多数农作物只能生长在传统的种植地区，如果移植他乡，必然会因灾歉收或绝收；可见灾害对农业生产的决定性影响。在工业方面，由于干旱、污染等灾害导致工厂迁移或关闭的现象屡屡得见。在其他产业方面，区域灾害的影响也不容忽视，如中国的部分铁路经常处于滑坡灾害的威胁之中，铁道部门每年需投入大量的人力、物力与财力加以抢修。

尊重灾害的区域组合规律，利用合理的经济布局和产业布局来积极影响灾害的区域组合规律是人类社会的应取之策。例如，农业生产的发展要因地制宜，工业生产要有合理的区划布局，各项土木建设工程要考虑区域内的各种自然灾害分布及建设项目对灾害可能产生的影响等。

第二节　灾害经济学的基本原理

一、周期发展原理

（一）两个层次的周期发展问题

尽管追求经济的持续发展是各国政府的共同目标，但经济学家认为经济的发展是呈周期性。虽然经济发展的周期有长有短，影响不同国家或地区经济发展周期变化的因素也存在很大的差异，但从经济高速增长到经济衰退、再由经济衰退到经济增长却是经济发展的基本原理。影响经济周期发展的原因是多方面的，美国著名经济学家萨缪尔森在《经济学》中就指出：用功的学生可以很容易地收集到几十种不同的经济周期的理论。并列举了货币与信用收缩与扩张影响、技术改良影响、心理方面的影响、消费不足影响、投资过多影响等有代表性的经济周期理论。灾害也呈周期发展，尽管灾害的周期发展不一定与经济的周期发展同步，灾变对经济发展周期的影响随着社会经济的发展和人类抵御灾害能力的不断提高而在缩减，但灾害的周期发展至少是经济的周期发展的一个重要影响因素。

灾害经济周期发展原理的第一层次，是指灾害的周期发展会对整个国民经济周期发展产生重要的影响。例如，风调雨顺之年会带来五谷丰登，使工农业生产迅速增长，进而使整个国民经济进入高速度增长时期；而大灾变却会严重破坏现有的生产秩序，需要巨额的补偿资金，从而会带来经济的大衰退。灾害的周期发展对整个国民经济的周期发展产生正反两方面的作用。

灾害经济周期发展理论的第二层次，是指灾害经济自身所具有的周期发展。例如，无灾之年无损失，有灾之年有损失，大灾之年大损失；灾害严重需要减灾大投入，灾害轻微则带来减灾投入的缩减等。灾害经济发展过程中所具有的这种随着灾害周期发展而发展的规律，即是灾害经济周期发展原理的具体表现形式。

（二）灾害周期发展的历史考察

首先，灾害经济的周期发展原理决定于灾害的周期发展变化。尽管从现实中的灾害发生个案来看，灾害发生都是不确定的、偶然的，但如果对各种灾害做总体的、较长时期的考察，就会发现无论是自然灾害还是人为灾害，都呈现周期发展的势态。

灾害的周期发展在自然灾害方面表现得尤其突出，自然界物质动静交替，短则几个月、一年或几年，长则十几年、几十年乃至成百上千年重复出现的灾害事例屡屡得见。以我国的自然灾害为例，历史上就有"三岁一饥，六岁一衰，十二岁一荒"的说法。以历史上自然灾害发生的总体周期而论，已有的灾害记载统计分析表明，中国秦汉时期年均遭灾（指有记录的较严重的灾害事件）约 0.87 次；三国两晋时期年均遭灾 1.52 次；南北朝时期年均遭灾 1.86 次；隋唐时期年均遭灾 1.62 次；五代两宋时期年均遭灾 2.48 次；元朝时期年均遭灾 5.29 次；明代年均遭灾 3.79 次；清代年均遭灾 4.2 次。由此可见，我国的自然灾害在历史上的总体趋势是发生周期越来越短。

进入现代社会后，各种自然灾害的发生间隔越来越短，这已经是客观事实；同时，人为 - 自然灾害也表现出日益明显的周期发展势态，如毁林开荒带来水土流失，进而带来严重的水旱灾害，然后是大规模的植树造林，使水土流失面积缩小，水旱灾害得到有效抑制。在人为灾害中，周期发展变化也是客观的，一般表现为事故增加—强化安全管理—事故减少—安全管理松懈—事故增加。几乎在一切人为事故中都可以找到重复上述周期的现象，只是在一个周期内的各个环节存在着长短差异。

（三）周期发展原理的表现形态

灾害经济的周期发展原理，是指灾害发生、发展过程及其对社会经济的影响所表现出来的重复现象，它以灾变的大小为客观标志，是一个从一般灾变到特大灾变、再由特大灾变到一般灾变的循环过程，这种循环或重复现象是一种客观存在。考察的时期越长，考察的范围越大，灾害经济的周期发展状态就越表现得明显；越是自然灾害，它的周期发展变化趋势越是明显。

从自然灾害总体周期发展变化的时间状态考察，灾害经济的周期发展有特大周期、大周期、中周期、小周期之分。

特大周期短则数百年、长则上千年，各种灾害（尤其是水灾、旱灾、风灾、地震等自然灾害）群发，损害后果异常严重，大灾变对人类生存环境和社会经济必然造成十分严重甚至是毁灭性的打击。以我国五千年来的灾害发展史而论，有关专家指出有三次异常严重的灾害群发期，即公元前 2000 年左右、公元前 1000 年前后和 17 世纪前后，这三次特大灾害群发时期都给当时的社会经济造成毁灭性的打击并导致朝代更迭。其中：公元前 2000 年左右的大灾变使夏朝取代前朝而成为我国封建社会的第一个朝代；公元前 1000 年前后的大灾变使周朝取代了商朝；17 世纪前后的大灾变使清朝取代了明朝，当时在华北地区就发生了多个 8 级以上的地震，气候则进入了 2000 年来最寒冷的时期，长江、黄河等大江大河水灾均为世所罕见，沿海地区也发生特大潮灾，其他灾害如蝗灾、疫病等均十分严重，全国人口由 17 世纪中叶的 1.5 亿人下降到清初的 0.7 亿人。

大周期一般为数十年到上百年，其表现是多种灾害群发，损害后果相当严重，对人类生存环境和社会经济造成严重的打击，进而会导致国民经济的衰退和整个社会的动荡。例如，清朝光绪初期（1876—1879 年）我国爆发特大旱灾，并有蝗灾、水灾等相伴而生，不仅造成了经济的严重衰退，而且导致因饥饿而亡者数以千万计，对清王朝的没落和中国近代社会的贫困落后具有相当的影响；从相隔 50 年之后的 1920 年起，我国又进入了一个灾害大周期的高值期，接连发生了 1920 年的北方五省大旱灾和甘肃大地震，1928—1930 年西北、华北地区万里赤旱导致的全国性大饥荒和 1931 年江淮大水灾给流域内八省带来的巨大灾难等，给战乱中的中国人民更增加了巨大的痛苦。

中周期一般从十几年到数十年不等，多种灾害群发，损害后果较为严重，对人类生存环境和社会经济造成破坏，进而制约了国民经济的正常发展。

小周期一般从几年到十几年不等，多种灾害群发并造成一定的损害后果，在局部区域能够对经济的正常发展产生重要影响。例如，我国 1973—2008 年，3 级及以上地震的数量平均每年约 27 次。2009—2018 年，3 级及以上地震的数量平均每年增加到 350 次。此外，后一个时期经历了每年 1000 多次地震的增长，然后再次下降。

上述周期的划分是一般性的理论划分，当代社会由于人类自身力量的壮大，完全有可能对灾变的周期发展产生重大影响；同时，在自然灾害总体周期发展变化中，小周期被中周期包容、中周期被大周期包容、大周期又被特大周期所包容。

从具体灾种的周期发展变化的时间状态来考察，则同样具有特大周期、大周期、中周期和小周期之分，某些灾种还表现出季节性。例如，水灾基本上发生在夏、秋季节，台风多发生在 7—9 月等。根据新中国成立以后历年的农作物旱灾情况统计资料，可发现因旱受灾农作物面积超过 4 亿亩（1 亩 =666.67m^2）的年份有 14 年，其中 1959—1961 年、1971—1972 年、1978—1979 年、1986—1989 年、1992 年等是受旱面积的高值期，其他年份则是受旱面积的低值期，旱灾的周期发展变化显而易见。在各种人为灾害方面，周期发展过程一般表现为：事故多发期或高发期—平稳期—少发期或低发期—多发期或高发期。因此，周期发展是灾害和灾害经济的基本原理。

灾害经济周期发展变化的表现形态包括如下三种类型：

1. 稳定的周期发展变化

稳定的周期发展变化即灾害的发生与发展在灾种结构、频次、损害后果及其对国民经济发展的影响等方面，周期内的高值期、低值期与上一周期内的高值期、低值期的间隔变化不大，保持着基本稳定的状态，如图 2-6 所示。绝对稳定的周期发展状态是不存在的，有的只能是相对稳定的周期发展。

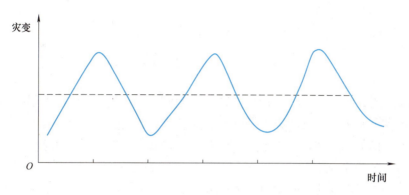

图 2-6　稳定的灾害经济周期发展变化

2. 扩大的周期发展变化

扩大的周期发展变化即灾害发生的周期越来越长，大灾害的群发时期间隔越来越长，它表明灾害对社会经济的影响力在持续下降，是灾害问题逐步缓和、人灾关系得到改善、人与自然和谐发展的基本标志。扩大的灾害经济周期发展变化可用图 2-7 来表示。

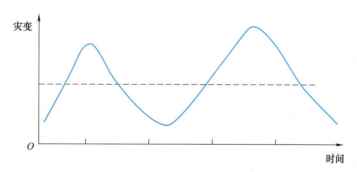

图 2-7　扩大的灾害经济周期发展变化

3. 缩小的周期发展变化

缩小的周期发展变化即灾害发生的周期越来越短，灾变的群发时期间隔越来越短，它表明灾害对社会经济的影响力在持续上升，是灾害问题不断恶化、人灾关系日趋紧张、人与自然的对抗日益严重的基本标志。

缩小的灾害周期发展变化可用图 2-8 来表示。

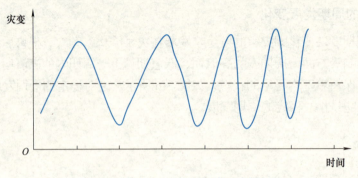

图 2-8　缩小的灾害经济周期发展变化

图 2-6～图 2-8 中，为了观察的方便，已经剔除了灾害经济周期发展中的高、低幅度差异。但在现实中，不同的灾害经济周期的发展幅度是存在大小变异的，即一个周期内的高值期、低值期与另一个周期内的高值期、低值期在幅度上必然存在差异。

灾害经济的周期发展变化与人类自身行为的影响力存在密切关系。在农牧社会里，灾害经济的周期发展变化一般相对稳定；进入工业社会后，随着人类社会生产、生活活动影响力的不断增强，灾害经济的周期发展已具有了前所未有的波动性，即整个灾害经济的发展呈现缩小化的趋势，但在部分发达国家或地区则又出现了灾害经济周期扩大的趋势。对人类社会而言，应当力争灾害经济的周期发展变化趋向扩大，至少应尽可能维持稳定，而避免灾害经济周期发展变化的缩小。

（四）灾害周期发展与经济发展周期

灾害的周期发展受自然因素与人为因素的双重影响，而经济的周期发展却要受经济政策、市场供求状态及自然条件变异（灾变）等的影响。因此，灾害的周期发展与经济的周期发展是不同的概念，它们之间具有相互影响的关系。

在灾害对经济发展周期的影响方面，一般表现为大灾变带来经济发展的衰退；反之，风调雨顺会促进经济的发展。在农业生产方面，灾害的大小甚至是丰歉的基本决定性因素。但在考察灾害对经济发展周期的影响时，也不排除下列逆反情况：一是在经济发展市场化、全球化的当代社会，大灾变在造成一国或一地区经济衰退的同时，可能给另一国或另一地区的经济发展提供更多、更大的经济增长机会，从而会成为促进未遭灾国家或地区经济发展的因素；二是在生产力水平相当高和市场供求关系平衡或供过于求的情况下，风调雨顺带来的经济后果可能是增产不增收，甚至会成为加剧经济衰退的原因。

在经济发展对灾害周期的影响方面，经济高速增长时期往往是灾害发展的积累时期，经济发展既可以为制约灾害的发展提供条件，也可能对灾害的发展起到推波助澜的作用。

综合考察灾害发展周期与经济发展周期，会发现两个周期的高值期与低值期可能出现反向重合，这种重合的后果就是大灾变带来大衰退、无灾变促进高增长，灾害周期发展使经济发展的周期变化呈现大起大落特点。与此同时，还应当肯定灾害的周期发展与经济的周期发展是可以分异的，两者的分异不仅有助于抵御灾害，而且有助于延长经济增长周期和缩短经济衰退周期。在经济高速度增长时期，应当特别注重防灾与减灾，它虽然会消耗既有的国家财富，但可以为以后减轻灾害的危害及其对经济发展的影响幅度做充分的准备，从而有助于经济的持续增长；在经济衰退时期，则可以利用已有的防减灾害设施等有效地控制灾害对经济发展低潮期的进一步打击，促进经济的复苏与发展。

（五）灾害经济的周期发展

除前述灾害周期发展与经济发展周期存在着密切关联外，灾害经济自身更是呈现明显的周期发展特色。灾害经济的周期发展轨迹为：大灾变—大损失—大治理（大投入）—减灾能力提高—灾害减少—损失减少—少投入—防灾能力下降—大灾变。即在大灾变发生前，总有一个属于防灾治理的过程导致灾变要素的不断积累，最终到全面爆发；在大灾变发生后，政府与社会又强化减灾方面的工程与非工程建设，大投入、大治理必然使减灾能力迅速增强，进而使灾变要素得到缓解、灾害损失得以减轻。

二、害利互变原理

（一）害利互变原理的基本内涵

我国古代著名思想家老子在《道德经（下篇）》第五十八章指出："祸兮，福之所倚；福兮，祸之所伏"。说明世间一切事物矛盾双方相互转化的关系，更可以被视为是对灾害经济中害利互变原理的注解。

一方面，如果对各种灾害进行全面客观的考察，会发现，灾害首先是破坏生产力和人类的生存环境，危害社会经济的正常发展，这是其之所以被称为"灾害"的直接原因；但灾害又并非只有"害"的一面，它也有"利"的一面，如台风既会导致物质财富的毁灭和人员伤亡，也能够带来雨水、缓解旱情；航天事故能造成巨额的直接经济损失，也能促使科技工作者进一步找出事故原因，进而使航天技术及其产业得到更好、更快的发展。可见，灾害以"害"为主体，但其中又包含了部分"利"的因素。

害利互变原理的实质，是承认"害"与"利"均不是绝对的，"害"和"利"的关系是可以转化的。政府与社会应当努力追求"害"中求"利"，化"害"为"利"，以"利"增"利"；同时努力避免"害"上加"害"，有"害"无"利"或"利"转化为"害"的现象。由害变利和由利变害的转化都是需要相应的条件的。例如，鼠疫、天花等生物灾害导致的烈性传染病曾经造成数以亿计的人死亡，是人类社会发展史上最为惨烈的灾难之一。但经过 20 世纪以来的努力，人类逐渐摸清了这些烈性传染病的致因和传播途径，并找到了防范与控制对策，迄今鼠疫在世界范围内已得到了有效控制，世界卫生组织于 1980 年 5 月宣布天花已经在全球绝迹。人类对灾害采取积极的、主动的姿态和科学、合理的行动是化"害"为"利"的先决条件。在此，人类自身的行为是害利互变原理中的主导因素。

（二）害利互变的临界点

从害到利或从利到害的转化，客观上存在着临界点。任何现象都有一个客观的合理限度，这个限度通常有一个上限与下限，超过上限或低于下限均将造成物极必反的后果，使事物发展偏离预定的路径和目标。在灾害经济研究中，有人采用自然科学中的阈值概念，阈值的实际意义即合理的限度问题，从而也是害利互变的临界点问题。

在自然灾害方面，从自然现象到灾害的转化往往有客观的、具体的衡量标准。例如，降雨是一种极为普通的自然现象，适度的降雨会促进农业生产和工业生产的发展，但降雨偏多会造成水灾，降雨偏少则导致旱灾，适度的降雨量即是水、旱灾害发生的临界点或阈值；风是另一种极其普通的自然现象，一般的风不仅不会带来灾变，而且给人类的生产与生活带来好处，但风速超过 8 级以上则会导致灾变，造成直接经济损失与人员伤亡；气温是自然现象，适宜的气温条件不仅是动、植物生长的基本条件，而且也是人类自身开展各种生产与生活活动的重要条件，但气温偏高会带来干旱等灾害，气温偏低又会带来低温冷害和霜冻灾害等，两者均会造成严重的工农业生产损失。由此可见，自然灾害害利互变的临界点是比较客观的，是可以通过赋予其相应的技术指标来测定的。

在人为灾害中，害利互变现象同样存在着客观的临界点或度。例如，根据公安部门的现行标准，在城乡火灾中，凡着火但直接损失在 50 元以下的被称为火警，个人财物损失达到 50 元以上、单位财物损失在 100 元以上、因着火造成一人死亡或一人重伤的，则被称为火灾。可见，着火而成为火灾是以经济损失与人员伤亡为临界点的。环境灾害作为人为–自然灾害，也有着明显的临界点，有污染而未造成直接的损害后果不能称为灾害，但环境灾害又是因为污染的不断恶化而造成的，由平时污染的渐变到环境灾害发生时的突变是污染逐渐接近临界点的一个过程，这在环境保护部门已有科学的检测标准和检测手段。

灾害经济学中的害利互变临界点是以各种自然、社会现象是否造成物质财富或资源损失和人员伤亡为客观标志的，它考察的是一个变化过程，而表现出来的却是灾害的爆发点，其中人类自身的行为在害利之间起着突破临界点或远离临界点的推动作用。另外，一些现象即使突破临界点，也往往害利相参（害中有利或利中有害），或利大于害，或害大于利，对此，应当分析害利之间的关系，尽可能多地争取化害为利。

（三）害利互变原理的利用

人类自身的行为是害利互变原理的主导因素。现实中既可以找到许多化害为利的事例，也可以发现不少由利化害的例子。许多地方在经济增长与持续发展一定时期后迅速进入衰退期，即说明"利"转化为"害"是客观存在的，也是人为影响的负面结果。在以往的人类发展史中，社会生产力的发展与经济的发展始终是主流，即"利"在总体上显然大于"害"。因此，针对现实中灾害问题的不断恶化，总结历史的经验教训，对于利用害利互变原理，进一步化害为利显然有着重要的意义。

对害利互变原理的利用，从以下几个方面得以体现：

1）减灾措施应当与经济发展相结合。将减灾纳入国民经济中、长期发展规划已经成为我国政府的既定目标。包括：一是防救结合，防重于救；二是在达到减灾目的的同时应当努力从减灾投入中追求直接的经济效益；三是必须注重减灾工作自身的经济效益问题。因为从经济角度出发，将一些灾害消灭在潜伏或萌芽状态，比灾后提供救助的宏观经济效益要高。这种方式要考虑社会可能承受的防灾投入规模与可能产生的效益，但总体的指导思想是树立防重于救的灾害经济思想；同时，在实施减灾工作时，还应当努力使减灾工程直接创造经济效益，即能够直接创造经济效益的减灾工程重于不能直接创造经济效益的减灾工程。在实践中坚持了减灾与经济发展相结合的原则，减灾工程就会进一步缩小"害"而放大"利"。

2）做好统筹规划，强化宏观调控。在各种灾害现象中，会出现某一地区的经济发展以牺牲另一地区的经济利益或带来另一地区的损失为代价，或某一产业的发展以牺牲另一产业的发展或造成另一产业的损失为代价的现象。在一个国家内部，也存在着地区之间或产业之间利害分离的现象。例如，河流的中、上游为开发耕地而毁林开荒，带来的必然是中、下游地区日益严重的水、旱灾害；河流中、上游地区只顾本地经济发展而造成下游断流。因此，在害利互变原理的指导下，国家一方面应当坚决奉行宏观利益大于微观利益、整体利益大于局部利益的原则，对全国的减灾工作进行有力的宏观调控；另一方面，还应当适当考虑对受损失的局部地区或产业的补偿。在此，仍然需要利用经济利益机制，如实现江河中、下游地区与上、中游地区联合开发经济资源并实现利益共享；用工业收益的一部分来改善环境，并保护农业生产的发展；对洪水等灾害通过兴修水利工程、建立蓄洪区和分洪区等措施来化害为利或牺牲局部利益来换取整体利益，同时实行强制性的洪水保险，以便通过在全国或流域范围内对分洪区损失的分摊来维护分洪区的合理利益等。因此，减轻灾害需要政府在宏观层面进行规划与调控。

3）加快科学技术的发展并直接应用于减灾实践中。灾害摧残着人类，也锻炼了人类。从一定意义上讲，灾害也是社会进步与发展的动力，因为它事实上强迫着人类去抗争、去发展。如空难是严重的人为灾害，但空难的发生却迫使飞机制造商不断提高其制造技术，航空工业由此得到发展；各种工伤事故是各种工业生产中的主要负面结果，但工伤的发生又迫使企业不得不提高安全管理技术和安全管理水平；严重的自然灾害迫使农业生产者在种子、农药及生产过程等方面不断进行改良；环境污染迫使政府重视对治污技术的研究等。科学技术是第一生产力，是经济发展的根本动力，同时也是化害为利、减害增利的主要依靠力量。因此，在灾害问题走向恶化的当代社会，加强科学技术的发展，尤其是那些能够直接用于减轻灾害问题的科学技术的发展，不仅非常必要，而且具有紧迫性。

此外，还需要树立全民的减灾意识，使减灾成为各个单位、社区和全体国民的自觉行动，社会性、群众性的减灾活动必定对害利互变原理产生积极而有效的影响。

三、连锁反应原理

（一）灾害链与经济链

在灾害学研究中，灾害学家都肯定"灾害链"的客观存在，即一种灾害的发生往往引发其他灾种的发生，最终造成灾害的群发。它们或者源于同一或多种因素的影响而先后发生，或者互为因果关系。例如，5·12汶川地震触发大面积的滑坡、崩塌、堰塞湖、泥石流、地裂缝、地震陷坑和砂土液化。在地震瞬间，地动山摇，地表破裂现场造成公路或路面错断，或横向隆起，或纵向倾斜；地裂带沿线房屋或毁坏，或地基隆起抬高。位于断裂带上的房屋严重破坏、倾斜以至全部倒塌，路面倾斜大于60°，原始地形严重改观。地震断裂在汶川—北川一带破裂至地表，断裂挤压错动形成许多断层陡坎。再以自然灾害中最主要的大气灾害为例，其灾害链即包括：降水类灾害链，如暴雨—洪水或涝灾、暴雨—泥石流、暴雨—滑坡、暴雨—水土流失、干旱—虫灾—饥荒—瘟疫、大雪—雪崩等；冷热类灾害链，如寒潮—霜冻、酷热—中暑—停产等；风类灾害链，如龙卷风—停电—停产、大风—风沙或尘暴、台风—暴雨—水灾、台风—海难等；雷电灾害链，如雷电—火灾等。大灾导致大疫（病）更是灾害医学关注的课题。在人为灾害中，尽管以个体灾种出现的形式较多，但某些灾害之间依然存在着灾害链的现象，如爆炸—火灾、火灾—爆炸、船舶碰撞—水污染等。可见，灾害链是客观存在的一种普遍现象。

在经济发展过程中，就宏观而论，生产—交换—分配—消费即是显而易见的经济链条，如图2-9所示。

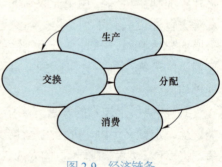

图2-9 经济链条

在国民经济发展过程中，上述环节中任一环节发生问题，都必然导致整个经济发展受阻，而导致每一环节发生问题的原因又很多，如市场供求失衡、经济政策失误、银行货币和信用的扩大与收缩、投资膨胀、重大灾变破坏等，均可能直接使某一经济增长环节受到打击，进而波及整个经济发展。在我国近数十年的经济发展中，上述原因均曾经导致经济发展周期波动。从微观而论，企业生产过程也具链条式，如图2-10所示。

图2-10 企业生产过程链条图

在图2-10中，企业生产发展过程的任一环节发生问题，必然导致其生产的停滞，甚者还会导致企业破产。因此，经济链与灾害链一样，也是客观存在的，甚至较灾害链更具有绝对性。

（二）连锁反应原理的理论界定

虽然灾害链与经济链的客观存在性，是灾害经济连锁反应原理的基础，但又并不等于灾害经济链。灾害经济学中的连锁反应原理是指由灾害或灾害链的原因导致经济链的连锁反应，它可以被称为灾害经济链。灾害链与经济链的客观性，决定了灾害经济链存在的客观性，即灾害经济连锁反应具有客观性与现实性。灾害经济连锁反应的链条结构，如图2-11所示。

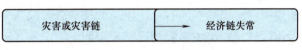

图 2-11　灾害经济链条

在图2-11中，灾害与灾害链是经济链失常的原因，而经济链失常则是灾害与灾害链影响的客观结果，通过具体的受灾对象或受灾体而进一步波及其他经济环节。假设某地发生洪水灾害，洪水灾害毁坏了电力设施导致电厂停电，电厂停电导致工厂停产，工厂停产导致无法履行供货合同，进而使产品的交换、分配与消费出现困难等，此即为灾害经济链现象。

灾害经济的连锁反应，与纯粹的灾害连锁反应及经济连锁反应具有显著的区别，它是灾害与经济的结合体。在实践中，灾害经济连锁反应存在递缩或递扩的现象。所谓递缩，是灾害经济链的最初环节损害大、影响大，越到后来，其损害及影响就越小；所谓递扩，是灾害经济链的最初环节损害小、影响小，越到后来，其损害与影响就越大。发生递缩现象是最初受灾的链节最关键，余后依次递减；发生递扩现象则是越是后边的链节越关键，其后果就是不断地放大灾害。

（三）适应连锁反应原理的经济对策

灾害经济的连锁反应原理是客观的，但人类又不能被动地适应这一原理，而是应当主动地适应它，并在适应的过程中采取可行的经济对策。经济对策的有效与否将对灾害经济连锁反应或灾害经济链产生深刻的影响。

1）找出灾害经济链条中的关键或薄弱环节，并加以巩固或及时防治，可以有效抑制灾害经济的连锁反应。例如，大灾（大水灾、大旱灾、大地震等）常常带来大的疫病流行，疫病流行导致劳动力资源的严重损失，劳动力资源的严重损失必然导致生产的停顿或中断，进而使当地经济发展滑坡。在这一灾害经济链中，灾后的疫病流行是关键链节或薄弱环节，如果能够在大灾发生时及时组织医疗救护，避免灾后疫病的流行或最大限度地缩小疫病的流行，即能够阻止灾害经济链的发展，避免劳动力资源损失及此后的相关经济损失。

2）促进经济市场化、国际化，可以有效地调节灾害经济的连锁反应。市场经济的最大特点，是可以通过市场最有效地配置资源，市场越发达，越国际化，对灾害经济就越能够起到有效的调节作用。例如，在经济市场化、国际化的条件下，农业歉收造成一国或一地区的农副产品或原材料供应紧张，使正常的经济发展链受阻，就可以通过国际市场或国内市场的调剂尽快恢复供应，确保被灾害中断的经济发展链条及时得以修复；换言之，就是灾害经济的连锁反应过程因市场的调节而得以中断，或呈现递减趋势。

3）建立社会化的风险补偿机制，使风险在更大的范围内分散化，也可以及时修补被灾害中断的经济发展链。例如，企业参加保险公司的财产保险，在遭受灾害损失并导致生产中断后，可以向保险公司索赔，进而利用赔款重新购置机器设备与原材料，及时恢复生产，而保险公司的赔款则是在集众多投保客户的风险金的基础上支付的，从而是一种将每个投保人的灾害经济风险向所有参加保险的客户分散的社会化补偿机制。对家庭经济而言，上述对策同样是对待灾害经济连锁反应的上乘之策。因此，社会化的风险分散机制对微观经济组织是完全必要的、有效的抗御灾害经济连锁反应的策略。

四、负负得正原理

（一）负负得正原理的提出

灾害经济学有别于常规经济学，在许多方面甚至与常规经济是反向运行的。例如，灾害造成经济损失并致使经济发展受阻，但人们还要为灾害投入巨额的资金，这与一般经济投入均是为追求直接利润或创造直接的经济效益（即产出）有很大的区别。这种现象是有人类以来就存在的，生产力越发达，社会财富越积累，灾害造成的损失就越大，投入减灾的资金越多。

"负负得正"概念的解释是："为守业的投入是一种'负'效益，灾害造成的损失部分也是负效益，而由于为守业的投入发挥作用，使得灾害损失减少的部分是正效益。"负负得正是灾害经济的固有原理之一，它应当成为灾害经济学的基础理论之一，并对灾害经济实践发挥应有的指导作用。

（二）负负得正原理的内涵与外延

作为灾害经济学的基本原理，负负得正中的第一个"负"是指灾害造成的经济损失（包括社会财富、自然资源与人力资源等的损失），第二个"负"则是为避免或缩小这种损失而发生的经济投入（包括人力、资金、技术投入等）。对于人类社会而言，前一个"负"是难以避免的，后一个"负"也是必不可少的，只有加上后一个"负"，才可能实现前一个"负"的缩小，并可能创造出"正"的效益。

在此，负负得正原理的内涵，即是通过人力、资金和技术的投入减少可能产生的灾害经济损失。经济损失的减少即意味着收益的增长。例如，某地以往发生水灾，每次造成的经济损失通常在10亿元以上，但现在通过投入折合价值量为2亿元的人力、资金与技术来兴修水利或加固堤防，虽然水灾仍然发生，但每次的损失却降低到5亿元左右。那么，可以认为，2亿元的投入减少了5亿元的灾害损失，从实质上创造了3亿元的效益。因此，利用一定的投入来减少灾害造成的损失是负负得正原理最基本的含义。

负负得正原理的外延，即是通过人力、资金和技术的投入，不仅应当减轻灾害经济损失，而且还应当努力追求直接创造的收益。例如，"三废"利用，就不仅可以避免环境灾害的发生，还可以使废物直接变成新的财富。再如在大江大河上兴修水利工程，不仅可以控制水灾，而且可以发电或用于灌溉，有力地支持着工农业生产，从而能够直接创造社会财富。当然不是任何投入都能够创造直接的经济效益，因为一些减灾投入是无法达到这一目标的。因此，在考察灾害经济问题时，对投入效益的考察应当着重在最终效益上，它包括减少了的灾害损失和创造的直接经济收益两个方面。

上述为负负得正原理的正面效应，即通过减灾的投入可以得到正的经济效益（损失的减少或直接收益的增加）。然而，若投入不当，则可能加重负的效益或在取得近期正效益的同时加重了长期的负效益。例如，水利工程本来应当造福人类社会并有助于经济发展，但若选址不当或设计不科学或施工质量存在缺陷，不仅不能有效地防止水患，而且在暴雨袭击下极易发生大坝垮塌事件，从而使水灾的后果更加严重。若发生类似现象，负负得正原理就被严重扭曲，即出现了负负得负的结果，而且这种负的结果必定会大于第一个负（即原本的灾害损失），往往是损失的扩大化。在此，可以发现，导致负负得正原理被扭曲的原因在于决策的失误、技术的失误、原材料的缺陷和责任心的缺乏等，从而表明人的行为的正确与否，仍然是灾害经济中负负得正原理的主导性影响因素。因此，负负得正原理实际上存在着两个公式。

公式一：

负（灾害损失）＋负（投入）＝正（减少了的损失及创造的收益）

公式二：

负（灾害损失）＋负（投入）＝负（扩大了的灾害损失）

上述两个公式表明，在处理灾害经济关系时，既需要充分考虑第一个"负"，也需要高度重视第二个"负"，同时努力通过第二个"负"去减轻第一个"负"或实现直接的收益，并杜绝出现负负得负的结果。

（三）负负得正原理对灾害经济实践的指导

首先，负负得正原理规定了要想取得灾害经济中的正效益，就必须针对灾害损失再投入，即用人力、物力和技术的投入去减少灾害的损失或创造直接的经济收益，从而使减灾投入既是经济发展中的必要付出，也是经济发展的助长因素。

其次，负负得正原理要求减灾投入必须科学与合理，否则就会严重扭曲这一原理，并导致适得其反的后果。因此，减灾投入是复杂的经济投入问题，它只有与正确的决策、科学的设计、合理的方式和高质量的实施相结合，才会取得良好的效果。

再次，负负得正原理强调"正"效益的最大化，即不论是减少灾害损失还是直接创造的经济收益，都应当尽可能地使投入所产生的效果最大化。当然，大多数情况下是灾害损失的减少，是损失的最小化，这正是灾害经济研究的最基本的目标；少数情况下则可以实现直接收益最大化，这是灾害经济研究目标的扩展。

此外，还要特别强调的是，一方面，在应用负负得正原理时，目的不是要消灭灾害与灾害损失,也不可能消灭灾害与灾害损失,从经济学意义出发,也无必要消灭灾害与灾害损失。因为灾害与灾害损失具有客观的不可避免性,而减轻灾害与灾害损失又有经济投入的界限,如果经济的投入超出了经济的承受能力或经济投入最终大于所减少的灾害损失,那么投入就失去了经济意义,从而是不必要的。另一方面,在应用负负得正原理时,还得充分考虑一个国家或一个地区的经济发展水平和灾种的具体情况等。例如,发达国家因为经济实力强,不仅抗御各种自然灾害的工作做得好,而且早已将防治环境污染、交通事故等视为重点减灾领域,而发展中国家却大多视环境污染、交通事故等为可接受的灾祸,只是将减灾的重点局限于水、旱灾害上;对地震灾害方面,发达国家早已将减灾投入的重点放在防震工程上,巨额的经济投入达到了人员伤亡锐减的效果,而发展中国家却只能将重点放在对地震的监测、预报上。可见,经济实力制约着负负得正原理在实践中的重点领域与方向,并直接影响实践效果。经济发展水平制约减灾水平,政府与社会只能在经济发展水平允许的情况下加强减灾的投入,并在此条件下努力追求尽可能大的正面效果。

五、标本兼治原理

(一) 治标与治本的经济学意义

灾害问题的解决,都是通过对致灾环境的改变和致灾因子的化解来实现,都需要以一定的经济投入为基础,从而是灾害经济研究中必须考虑的内容。古往今来的实践已经证明,对灾害问题的治理必须既治标又治本,标本兼治才是解决各种灾害问题的最佳选择。因此,标本兼治成为灾害经济学中的第五条基本原理。

治标的经济学意义在于,它是通过灾害发生前夕或发生后的经济投入(包括人力、资金、技术等投入)来防止灾害损失的扩大化,并尽可能地以最快的速度恢复受灾地区和受灾人口的正常生产与生活秩序。例如,水灾来临前夕抢修堤防,农作物病虫害初发时喷洒农药,灾害发生后实施救助或通过保险获得损失补偿等,都可以称为灾害经济中的治标措施。因此,治标的特点是临灾应急之策,其见效快,是解决各种灾害问题的最急切的经济手段,但持效性差,被动性明显。

治本的经济学意义在于,它是通过灾害发生前的经济投入(包括人力、资金、技术等投入)来建设各种防灾工程或化解有关致灾因素,将某些灾害与灾害损失消灭在萌芽或潜伏状态,以避免或控制某些具体的灾种与灾害损失的发生。例如,通过植树造林来防止水土流失,兴修水利工程来防止或减轻水、旱灾害等,都属于治本的经济对策。因此,治本的特点是具有预先防范性,持效性好,主动性强,是长期抵御灾害问题的经济措施,但投入较大,其见效比治标之策要慢,且很难及时见效。

(二) 标本兼治原理的理论界定

标本兼治原理的基本理论界定,是治标与治本对于灾害经济而言都是必不可少,共同构成了出发点不同、侧重点有别的减轻灾害的系统经济措施，两者的有机结合与功能互补是促使灾害经济效益得以放大的基本保证。这一原理的具体内涵包括如下三个方面：

1）治标与治本对灾害经济而言必不可少。一方面，灾害与灾害损失的不可避免规律，决定了治标作为临灾应急之策具有必要性。另一方面，灾害与灾害损失通过事先主动的防范，又是可以在一定范围内、一定程度上得到减轻的。事先防范较事后补救更容易产生持久的、良好的减灾效果，从而决定了治本同样具有必要性。

2）治标与治本需要有机结合。从经济投入的时间上划分，治标措施一般用于灾害发生时或灾害发生后，而治本措施则一般用于灾害发生前；从实施效果看，治标措施往往可以立竿见影，但很难从根本上解决灾害问题，而治本措施不能即时见效却能够从根本上解决某些灾害问题；从具体实践的角度出发，治标措施主要解决那些无法避免的灾害问题，属于补救性对策，而治本措施主要解决那些可以通过事先防范措施得到避免或减轻的灾害问题。可见，治标与治本在实践中分工不同，其职责的侧重点也不同。由于灾害问题不可避免但可以减轻的规律的制约，治标与治本措施必须有机地结合起来。换言之，在任何国家或地区的任何时代，都应当以治本为长期的、根本的减轻灾害问题的对策，以治标作为短期的、应急的减轻灾害问题的对策，长期治本与短期治标相结合是灾害经济发展的内在要求。不仅如此，在对待具体的灾种时，也应当坚持治标与治本的有机结合。以交通事故为例，导致交通事故发生的原因包括道路不良、车辆质量有缺陷、行人不遵守交通规则、驾驶员违章驾驶等，对此，既需要提高道路等级、改进车辆质量等治本之策，又需要增加警力维持秩序、组织救护等治标之策，两者的结合将会取得预期的减灾效果。反之，假设只有治本之计而无治标之策，则灾害事故一旦发生将无法及时施救，灾害的危害后果必然扩大化；假设只有治标之策而无治本之计，则灾害肆虐日益严重的趋势将得不到抑制，人类将永远生活在被动之中，社会、经济的发展就无从谈起。

3）标本兼治是否得当将直接影响灾害经济效益的大小。标本兼治强调治标与治本措施的有机结合，而治标与治本措施本身是否科学、可行，结合方式与配合程度是否得当，在实质上不是治本措施与治标措施孰优孰劣的问题，而是实施治标或治本措施的时间、地点、方式等的科学性与可行性的较量。以三峡工程为例，以减轻长江水患为重点，这项工程应当属于治本之策，其建成使长江中、下游地区摆脱百年一遇的洪水威胁，为长江中、下游地区的经济发展赢得宝贵的时间；但它还需要长江上游地区有植树造林、防止水土流失及长江中、下游地区继续维护堤防等治本之策的配合，以及水灾救助、水灾保险等治标之策等的配合，这样才会真正有效地减轻长江水患的危害。如果该项工程没有其他治本及治标措施的配合，其减灾效果将大打折扣。因为长江上游若是水土流失严重，继而导致日益严重的泥沙淤积，必然殃及大坝安全。可见，标本兼治是否得当对灾害经济效益有直接的、决定性的影响。

在灾害经济中，虽然治标与治本在具体实践中因灾种的不同个性与经济发展水平的不同而存在着轻重缓急之别，但治标与治本无论是对于灾害总体还是对于任何灾害个体而言都是必要的，具有同等重要性而不可偏废，也不能互相替代。

思 考 题

1. 如何理解灾害经济学中的不可避免规律？
2. 如何理解灾害经济学中的不断发展规律？
3. 如何理解灾害经济学中的人灾互制规律？
4. 如何理解灾害经济学中的区域组合规律？
5. 如何理解灾害经济学中两个层次的周期发展问题？
6. 简述灾害经济学周期发展原理的表现形态。
7. 简述灾害经济学中害利互变原理的含义和害利互变的临界点。
8. 如何利用灾害经济学中的害利互变原理？
9. 简述灾害经济学中的连锁反应原理的理论界定。
10. 简述灾害经济学中的连锁反应原理的经济对策。
11. 如何理解灾害经济学中负负得正原理的内涵与外延？
12. 简述灾害经济学中负负得正原理对灾害经济实践的指导作用。
13. 简述灾害经济学中标本兼治原理的经济学意义。
14. 简述灾害经济学中标本兼治原理的理论界定。

第三章

灾害经济的宏观解析

本章主要知识点

灾害致因的经济学分析，主要包括：基本观点——经济利益驱动是致灾的根本因素、生产力的发展与灾害的膨胀、公共地的悲剧与经济制度缺陷、经济增长方式与灾变、经济道德的沦丧与灾变；灾害与经济发展，主要包括：灾害与经济发展的辩证关系、三种理论假设、灾害与经济发展关系的演进、政府行为的作用；农业灾害经济，主要包括：农业灾害经济的特点、农业灾害经济的周期波动、农业灾害经济的区域分异、农业灾害经济的宏观政策取向；工业灾害经济，主要包括：工业灾害经济的基本规律解析、工业化的巨大代价——事故和公害、工业灾害经济的宏观政策取向；其他产业灾害经济，主要包括：服务行业中的灾害经济问题、高新技术产业中的灾害经济问题；灾害与财政经济，主要包括：灾害对国家财政的双重损害、国家财政对灾害的投入、配套的税收政策。

本章重点和难点

生产力的发展与灾害的膨胀、经济增长方式与灾变；灾害与经济发展的辩证关系、灾害与经济发展关系的演进；农业灾害经济的周期波动、农业灾害经济的区域分异、农业灾害经济的宏观政策取向；工业灾害经济的基本规律解析、工业灾害经济的宏观政策取向；灾害对国家财政的双重损害、国家财政对灾害的投入。

第一节 灾害致因的经济学分析

一、基本观点——经济利益驱动是致灾的根本因素

早期的人类对灾害问题的影响是非常有限的，因为人类的活动既不足以制造重大的灾变，也无力抵御各种自然灾变。人类在灾害（主要是自然灾害）面前采取回避的对策，如早期人类的游牧生活方式实际上是消极回避灾害的一种无奈选择。然而，随着人

类社会的不断发展，社会生产力水平在不断提高，生产方式的日益现代化和人类追求发展的欲望永无止境，经济的发展与财力的增强使人类抵御灾害的能力不断得到增强，而经济利益的不良诱导又反过来促使各种灾害不断走向恶化。在当代社会，几乎任何灾害的发生都可以从中找到人类的不良影响与不当行为。因此，经济利益的驱动不仅是当代社会酿成各种灾变的根本性因素，而且是未来社会诱发各种灾变尤其是各种重大灾变的根本性因素。

首先，经济利益的大小决定人类社会的生存与发展状况。人的衣、食、住、行、医及旅游等一切生活行为，以及创造财富、维持发展的各种生产和经营活动，都是一种经济活动；即使是接受教育、参与文化娱乐活动等，通常也需要以付出一定的经济代价为前提条件。在各种经济活动中，经济利益越大，受益对象或群体因其可供支配的财富越多，其生存与发展状况就越好；反之，经济利益越小，受益对象或群体因可供支配的财富越少，其生存与发展状况就越差。因此，经济利益是人类自身的生存之本和发展之基，尽可能多地赚取经济利益和尽可能少地付出经济代价通常是各种经济组织和社会成员考虑问题、实施行动的基本出发点，人类自身的生、老、病、死、工作和生活均离不开对经济利益的谋划。

其次，经济地位决定着社会地位和政治实力。经济基础决定上层建筑是马克思主义政治经济学中的一条重要规律。从一个国家考察，社会成员或不同地区通过经济利益的谋划所取得的经济地位，事实上决定着其社会地位和政治地位。一方面，社会成员会因经济地位的高低而形成不同的社会阶层，处于财富集中阶层的社会成员总是享有更高的社会地位和政治地位，反之亦然；另一方面，一个地区的经济发达或经济实力强，也必然对一个国家的发展产生更大影响，并很自然地形成超过不发达地区的社会影响，该地区具有较其他地区更高的社会地位和政治地位，反之亦然；如果将这一规则的考察范围扩大到全世界，也会发现同样适用。尽管世界政治、经济格局从总体上讲在向多极化方向发展，但经济发达国家仍然拥有对国际事务更多的发言权，这是客观事实。换言之，发达国家除直接支配着本国巨大的社会财富外，还通过资本和技术的大规模输出等间接占有许多发展中国家的巨额经济利益，具有更多的外交资本和更强的军事实力，对国际社会的影响更大。上述规律结合经济利益大小决定人类社会生存与发展状况的规律，可以概括为"经济利益的益差原理"。

再次，经济利益需要通过对资源等的占有与消耗来获取。经济利益是以对物质财富或可以替代物质财富的货币等形态的资本的占有为标志的，而从财富生产的角度出发，经济利益的获取必须首先通过对资源等的占有，并在资源的消耗过程中追求自己的经济利益，即占有资源的丰缺（包括数量的丰缺与质量的丰缺）决定着占有方经济利益的大小。因此，大到一个国家，小到一个企业，为了自身的经济利益，会尽可能地多占有各种资源，而各种资源有限就必然导致对资源的掠夺，进而带来灾害性后果。这一客观现象可以称为"经济利益的资源占有导向原理"。

如果将资源的概念放大到自然资源之外，也会发现"资源占有导向原理"同样适用。以劳动力资源为例，企业作为创造"利润"的实体，为了降低生产成本，提高产品竞争实力，在努力追求技术创新的同时，有的企业还会采取过度使用劳动力资源或减少劳动力应有的报酬和劳动保护待遇的行为，一些企业经常出现延长工作时间、周末加班、少付工资、少花劳保费用等现象，即是对劳动力资源的过度占用和掠夺性使用的具体表现，会带来工人劳累过度（体力透支）、工伤事故增加，职业病周期缩短等灾害性后果。

通过上述理论解析，可以发现：经济利益的大小实质上是决定人类自身利益及相应地位的根本因素，这是"经济利益的益差原理"；同时，经济利益的取得及其大小又是通过对相应资源（自然资源、劳动力资源、技术资源等）的直接占有或间接占有来决定的，这是"经济利益的资源占有导向原理"。在经济利益益差原理的作用下，人们必然追求经济利益的最大化；在资源占有导向原理的作用下，人们必然追求占有资源的最大化。两条原理带来一个共同的结论，即人们在经济利益的驱动下，必然无限度地占有资源，并最终导致对资源尤其是自然资源和人力资源的过度甚至是掠夺性的开采，从而导致自然资源的失衡和劳动力资源的失衡，进而带来种种灾变并使之趋向恶化。因此，经济利益的驱动是当代社会灾害事故不断恶化的根本因素，此结论是人类社会已经走过的历程证明了的结论，也是现阶段的人类社会正在证明的结论。

二、生产力的发展与灾害的膨胀

通过经济学原理可知生产力决定生产方式，而生产方式又决定着人们的生活方式，灾害的发展即蕴藏于生产力、生产方式和生活方式的发展进程之中。通过对有人类以来的历史考察，发现灾害是随着生产力、生产方式和生活方式的不断发展而不断趋向膨胀的。

原始社会是人类社会的蒙昧时代，生产力水平极端低下，人们只能以氏族为单位，依靠索取自然资源（如野果、野兽等）为生。原始社会的人类既无力制造灾害，也无力抵御灾害。此时期的灾害几乎都是自然界物质运动的结果（即各种自然现象导致的灾难性后果），只有地震、洪水、野兽袭击等有限灾种威胁着人类的生存与发展。但人类抵御灾害的能力低下，总是被动地、无可奈何地接受着灾害的制约，人类对抗各种灾害的方式也主要是消极的逃避方式。

进入农牧社会后，人类开始了农作物生产和畜牧饲养，社会生产力水平虽然低下，生产方式虽然仍然是简单的手工生产，但生产力水平较原始社会的采集劳动要高，且社会成员开始走向定居生活。这种生产方式和生活方式的变化带来了如下效应：一是随着农、牧业生产日益成为人类社会生存与发展资料的来源，各种动、植物病虫害成为危害人类自身生存与发展的新的灾害种类；二是定居生活较游牧生活而言，使社会成员无法逃避某些具有破坏作用力的自然现象，从而使灾害的种类不断增加、危害不断增大。例如，游牧时代可以根据经验来选择居住地，以逃避诸如洪水、霜冻、雪灾、干旱等自然灾变，但定居式的生活方式却必须直接面对这些灾变。因此，农牧时代因生产力水平的提高、生产方式和生活方式的进步，带来了第一次灾害种类增加、危害后果加重的膨胀现象。当然，农牧社会的灾害膨胀还基本上局限于自然灾害现象的膨胀方面。

进入工业社会后，人类社会的生产力水平得到显著提高，机器大生产取代了农牧社会的手工生产而成为生产的主要方式，集体劳动取代了农牧时代的个体劳动而成为劳动的主要方式，社会成员走向社会化，由追求温饱到追求享乐。此时期，各种自然灾害因人类社会对资源的过度开采和对环境的持续性破坏而不断加剧，新的自然灾害种类不断出现；同时，生产过程中的工伤事故和职业性疾病层出不穷，不仅自然灾害在膨胀，人为事故成为新的灾害来源也在日益膨胀。例如，自然灾害中，全球沙漠化现象日益严重，酸雨、赤潮等灾种在泛滥，全球性的温室效应正在带来日益严重的灾难性后果；在人为灾害中，工业生产带来了无数的爆炸事故、工伤事故、职业疾病，污染事故已经成为新的全球性公害等。因此，工业社会在带来财富高速积累的同时，事实上也带来了灾害风险的高速累积。

当工业社会发展到一定程度时，人类开始进入高新技术时代。此时代，生产力水平得到了空前提高，许多工作由人工控制转变为计算机控制；核能工业被广泛应用，以代替自然资源的不足；人类社会生产和生活的各个领域均依靠科学技术的巨大进步而产生日益急剧的变化。由于高新技术的高效能性，经济的增长速度日益加快，财富的积累日益增长，但这只是高新技术时代展现出的一个方面，它的另一个方面则是在继续保持工业社会自然灾害和人为事故膨胀的同时，又增进了重大科技事故等灾变。例如，1986年发生在美国的"挑战者"号航天飞机爆炸事件和发生在苏联的切尔诺贝利核事故，以及一系列巨型火箭发射失败事件、计算机病毒、石油化学工业事故等，都揭示了高新技术时代除创造经济增长与发展的奇迹外，实质上还带来了多种新型灾害种类。尽管从现实出发，高新技术所创造的财富显然大于人类所付出的代价，即所得远远大于所失，新型的灾害种类仅仅是时代发展的负面产物，但创造或积累的财富是处在不断消耗中的，而灾害事故等负面产物却在不断累积。

对有史以来的生产力、生产方式和生活方式发展进程的考察时会发现，每一个时代的巨大进步及其给人类自身带来的巨大好处，都表明人类社会的发展过程在总体上无疑是一个成功过程。然而，还必须充分注意到灾害也在随着生产力、生产方式和生活方式的发展而不断膨胀。一方面是财富在创造或积累中不断消耗，另一方面是灾害在社会发展进程中不断累积。如果沿着此轨迹发展下去，人类社会的未来便只能是恩格斯在《自然辩证法》一书中指出的那样：人的活动的结果只能和地球的普遍死亡一起消灭。因此，人类社会必须注重生产力、生产方式和生活方式与灾害膨胀之间的内在联系，并努力改变灾害随着社会发展进步而不断累积的固有轨迹，这是获得可持续发展的先决条件。

三、公共地的悲剧与经济制度缺陷

公共地的悲剧是制度经济学中的一个非常典型的例子，它源于 20 世纪 60 年代一位美国学者在《科学》杂志上发表的一篇文章。这篇文章的基本内容是用私人的羊吃公共草地上的草的例子来证明如下观点：如果一种资源没有排他性的所有权，就会导致对这种资源的过度使用，最终导致公共资源的毁灭并进而回报到曾经受益者身上，这就是公共地的悲剧。在此，可以列举如下几例：

假定一个村庄的多户农民共同拥有一块草地，每个农民都有在草地上放牧的自由，每个农民为了自己能够多赚取收入，必然决定尽可能多地养羊，可供使用的公共草地上便会有越来越多的羊。结果有二：一是因价值规律和供求关系的影响，羊的数量越多，单只羊的经济价值必然下降，而农民的收益却不一定增长；二是草地上的草越来越不足以供应数量越来越多的羊群的消耗，最终导致草地退化乃至毁灭的灾难性后果，农民不能再养羊。

城市公共地的悲剧。城市较村庄的范围大得多，公共地的悲剧也随处可见。例如，城市中河流、湖泊周边的企业及相关单位为了自身的经济利益而长期向河流、湖泊排放不经处理的污水或废弃物等，这些企业和单位因此降低了自身的生产成本和相关费用，但河流、湖泊却承受了各种污染物体的腐蚀。这种位置优势一度给这些企业带来了可观的财富，但代价是恶化了附近河流、湖泊的水质。

全球公共地的悲剧。海洋、大气层、太空都是属于全球共有的公共地，随着全球工业化的加速度发展，许多国家在获取工业化所带来的巨额财富的同时，也在促使着它们发生悲剧性的灾变。例如，海洋污染的日益严重化，使赤潮成为危害越来越大的灾害；各种人造天体的发射，使太空正在变成拥挤、无序的空间，太空垃圾也在不断增多。大气层的污染尤其严重，20 世纪 80 年代以来，不仅先后形成了北美、欧洲酸雨区，而且因为人类大量使用工业制冷剂、气雾剂、溶剂及灭火剂等所排放的氯氟烃、四氯化碳、甲基氯仿等化学物质，已经破坏了保护地球生命的臭氧保护层。

上述例子证明了在当代社会的发展进程中，公共地的悲剧是导致许多灾变发生的经常性、普遍性现象。尽管村庄的农民也会考虑草地终究因过度使用而有毁灭的一天，湖边的单位和居民也会考虑湖泊会因污染而有毁灭的一天，尽管世界各国都在考虑大气污染、臭氧空洞等会带来人类社会毁灭性的灾变，但草地上养的羊、湖边企业的生产经营、围湖所造之田地、电网所捕之鱼、河边企业所创之财富、工业化所创造的国力等均为己利或本位利益，而草地、湖泊、河流乃至大气、太空等却为公共地，小到一户农民，大到一个地区乃至一个国家，都不愿意放弃自身利益和眼前利益而优先考虑公共利益和长远利益，因此公共地的悲剧就有愈演愈烈之势。

导致公共地悲剧发生的原因很复杂，既有道德因素和经济利益因素，更有经济制度因素等，其中经济制度的缺陷是导致公共地悲剧并带来相应灾变的最根本的因素。因为道德是非强制性的，而制度却是强制性的。在经济制度存在着缺陷的条件下，道德力量往往是苍白的，讲道德意味着牺牲自己的经济利益。因此，人们只会注重本位利益、眼前利益，大都不愿意为整体利益、长远利益而做出牺牲。因此，必须从完善经济制度方面着手，即通过对各种经济制度的不断完善来避免其缺陷，并在其发展进程中杜绝公共地悲剧。

在一国之内，几乎所有的公共地通过产权关系的明晰化和所有权与经营权的相互分离，再配合严密的法规制度和管理、监控手段，即能够减少乃至杜绝其悲剧的发生。对于全球性或区域性的公共地，也应当通过国际性公约的签订和严格履行来减少乃至杜绝其悲剧的发生。

导致公共地悲剧的潜在原因是经济利益的驱动，而现实原因则是经济制度上的缺陷，即对公共地的使用缺乏应有的、严密的制度制约。

四、经济增长方式与灾变

经济制度的缺陷导致公共地悲剧式的灾变，各种不合理的经济增长方式带来的是"自有地悲剧"式的灾变。从经济学角度来探讨灾害的致因，必须重视经济增长方式与灾变的关系。

在许多发展中国家，引进外资是缓解其国内资金严重匮乏局面的重要途径。但也出现过许多因急于求成、不分良莠而导致重大灾变发生的事件。例如，1984 年发生在印度的博帕尔事件，一家美国化工厂的爆炸致使数以千计的人死亡，数以十万计的人受到严重伤害，一座城市几乎毁于一场工业爆炸污染事故。

此外，掠夺式的经济增长方式在带来短期效益的同时，必定会为持续发展埋下后患。例如，对森林的过度砍伐，对田地的过度耕作，对鱼类的过度捕捞，对劳动力的过度使用等，必定会带来相应的自然灾变或人为事故。

从全局来看，经济增长方式也会影响灾变。例如，为了解决 20 世纪 90 年代以来日益严重的水旱灾害，我国政府不仅高度重视大型的防灾工程（如三峡工程）建设，也高度重视全国的农田水利建设。

不同的经济增长方式同样影响灾变，它的形成同样是经济利益的直接驱动，而表现形式则主要是决策的科学化和经济行为的短期问题。因此，灾害经济学必须注意经济增长方式对灾害的影响，并需要通过经济决策的科学化、经济增长方式的科学化来减少灾害事件，走可持续发展的道路。

五、经济道德的沦丧与灾变

同样是经济利益的驱动，经济道德的沦丧也是许多灾变的直接致因，它虽然在后果上不一定比公共地悲剧和不良经济增长方式所带来的灾变严重，但性质却更加恶劣。在此，经济道德的沦丧主要是指行为人明知自己的行为必然导致损害他人利益的灾变，却仍然通过这种损人利己的行为来谋取经济利益，甚者还会故意制造灾害。

例如，一些地区出现的工业对农业的侵蚀与损害及其所带来的灾变，一些富国对贫国的资源掠夺及其所带来的灾变，则是具有宏观意义的经济道德沦丧的表现形态。

可见，经济道德沦丧所带来的灾变，已经超越了经济制度的范畴，但在市场经济的条件下，道德的制约力较之法制的制约力要弱。因此，必须强化法制，严格执法，通过对经济道德沦丧者的严厉惩罚来矫正失范的经济道德；同时，净化经济道德，使失范者及失范的经济行为成为公众唾弃的对象。

第二节 灾害与经济发展

一、灾害与经济发展的辩证关系

灾害与经济发展是人类社会发展进程中的一对永恒的关系。经济在发展，灾害也在发展变化。无论是从历史的纵向的角度考察，还是从现实的横向的角度考察，都会发现经济发展客观上同时带来两个方面的效应：一方面，随着经济发展和经济实力的增强，人类抵御各种灾害的能力也在增强，从而在一定程度上减少或减轻灾害及其危害。例如，各国在工业化初期因经济发展水平不高、财力不强而无法顾及环境污染问题，以至于许多国家的工业化进程都以牺牲环境为代价，随着经济的发展来进行治理。再如我国长江中下游地区一直遭受着洪水的肆虐侵袭，每年因水灾造成的直接经济损失就高达数百亿元，但随着我国经济发展速度的加快和经济实力的增强，在长江上兴建的三峡工程从根本上解除长江中下游地区的洪水威胁，进而为中下游地区的经济发展赢得天时和地利。可见，经济发展能够减少灾害。另一方面，经济发展也在促使灾害的发展。例如工业文明以来，全球经济获得了迅速的发展。尤其是第二次世界大战以来，经济发展更快，全球国民生产总值由 1950 年的 3.5 万亿美元增长到 2018 年的 85.79 万亿美元，但工业化的同时导致了人为事故和环境灾害的层出不穷与急剧膨胀，高新技术也带来了许多的新型灾害。再如当代社会经济发展的另一个重要结果，就是人口的急剧增长和生活水平的显著提高导致了对资源的进一步掠夺，经济发展使人口增长和人类生活的现代化具备了相应的经济条件或基础，而人口增长和生活的现代化又进一步造成了资源的被掠夺，进而造成灾害的日益严重化和深刻化。

灾害对经济发展的影响是双重的。一方面，任何大、小灾害，都是以造成物质财富的灭失或人身伤害为标志，从而必然破坏经济发展的正常轨道，直接阻碍经济的发展。例如，严酷的干旱等自然灾害造成了长期贫困化的非洲现象，干旱实为非洲地区许多国家无法摆脱贫困的第一致因；据应急管理部的统计数据，在 2008 年，我国南部地区遭遇的冰冻暴风雪灾害，近 1 亿人口遭受暴风雪袭击，直接经济损失超过 1111 亿元，雪灾长时间影响了南方地区的投资、出口、电力及运输，对我国经济发展造成较大的冲击；2008 年的汶川地震，直接经济损失高达 8451 亿元，对整个国民经济的发展造成了较大的影响。当然，从另一方面，灾害也促进着经济的发展，人类社会的发展进程表明了灾害是促进生产力不断提高和生产方式日益现代化的一个动力。例如，农作物品种因农业灾害的肆虐而被不断更新换代，其抗灾能力与产量均在提高；水灾的严重化，促进了水利电力业的发展；火灾促进了消防产业的发展；疾病促进了医疗卫生事业的发展等。灾害的这种促进作用是通过对经济发展的打击来实现的，它是灾害经济学中害利互变原理的具体体现。灾害与经济发展的关系是矛盾对立统一的关系。

二、三种理论假设

总体上灾害对经济发展的作用无疑具有破坏性。但在经济发展进程中,灾害条件下的经济却不一定表现为负增长,因为影响经济发展和经济增长的要素还有资源要素、技术要素、劳动力要素、资本要素等,任何一种要素都能够对经济发展产生促进或阻碍作用。因此,考察灾害与经济发展的宏观关系,还需要考虑整个经济发展进程中的所有影响因素。因此,可以通过理论假设来考察灾害所带来的不同经济后果。

设:经济总量为 Y,各要素影响经济总量的结果分别为 $X_1, X_2, \cdots, X_n$,灾害损失为 L,则基期经济总量为

$$Y_0 = X_1 + X_2 + \cdots + X_n$$

第一种理论假设:假定影响经济发展的其他要素保持稳定状态,则发生灾害条件下的经济一定是负增长,经济负增长的比率高低取决于灾害的大小。用公式表示如下:

$$\begin{aligned} Y_1 &= X_1 + X_2 + \cdots + X_n - L \\ &= Y_0 - L \end{aligned}$$

则有:

$$\frac{Y_0 - L}{Y_0} = 1 - \frac{L}{Y_0} < 100\% \tag{3-1}$$

经济属于负增长型,负增长率决定于 L 的大小。

第二种理论假设:假定影响经济发展的其他要素保持良性发展或增长状态,则发生灾害的条件下经济是否增长或负增长,取决于二者之间量的大小。若其他要素的发展或增长快于灾害的发展或增长势头,则经济仍然是增长型;若其他要素的发展或增长势头慢于灾害的发展或增长势头,则经济表现为负增长型;若其他要素的发展或增长势头与灾害的发展或增长势头相当,则经济增长表现为停滞型。用公式表示如下:

$$\begin{aligned} Y_1 &= (X_1 + \Delta X_1) + (X_2 + \Delta X_2) + \cdots + (X_n + \Delta X_n) - L \\ &= (X_1 + X_2 + \cdots + X_n) + (\Delta X_1 + \Delta X_2 + \cdots + \Delta X_n) - L \\ &= Y_0 + \Delta Y - L \end{aligned}$$

则有:

$$\frac{Y_0 + \Delta Y - L}{Y_0} = 1 + \frac{\Delta Y}{Y_0} - \frac{L}{Y_0} \tag{3-2}$$

当 $\Delta Y > L$ 时,经济属于增长型;当 $\Delta Y < L$ 时,经济属于负增长型;当 $\Delta Y = L$ 时,经济属于停滞型。

第三种理论假设:假定影响经济发展的其他要素发生倒退或不良现象,则灾害的发生,必定放大经济负增长的比率,形成"雪上加霜"的经济效应。用公式表示如下:

$$\begin{aligned} Y_1 &= (X_1 - \Delta X_1) + (X_2 - \Delta X_2) \cdots + (X_n - \Delta X_n) - L \\ &= (X_1 + X_2 + \cdots + X_n) - (\Delta X_1 + \Delta X_2 + \cdots + \Delta X_n) - L \\ &= Y_0 - \Delta Y - L \end{aligned}$$

则有：

$$\frac{Y_0 - \Delta Y - L}{Y_0} = 1 - \frac{\Delta Y}{Y_0} - \frac{L}{Y_0} \quad (3-3)$$

即经济属于负增长型，且是放大的负增长型，放大部分为 $\Delta Y/Y_0$。

上述理论分析表明，影响经济发展的要素很多，在灾害不可避免规律的前提下，应当努力促使其他要素的协调配合和良性发展，争取实现第二种理论假设条件下的增长型经济增长，避免出现第三种理论假设条件下的负增长比率放大的经济现象。

三、灾害与经济发展关系的演进

考察灾害与经济发展关系的演进时，正确的方法是既要结合整体、局部和个体来考察，又必然需要区分整体与局部、个体的关系。如果以人类有史以来的发展进程为考察时段，整体与局部的灾害与经济发展关系存在着巨大的差异。

就整体而言，从原始社会到农牧社会，从农牧社会到工业社会，再由工业社会到高新技术时代，从原始采猎到农业耕作，从农业耕作到机器生产，从机器生产再到自动控制，人类社会迄今为止的历史表明，经济发展所取得的成就显然超过灾害对人类社会造成的破坏程度。现代化的生产力水平、生产方式和生活方式，均表明了人类是在经济发展中不断成长起来的。

就局部而言，则成败并存。一部分地区的经济获得持续发展，由乡村演变为城镇，进而成为大都市；一部分地区则因灾害的肆虐而遭到毁灭性的打击，如中东的部分古国因水旱灾害的肆虐而走向没落。即使到现代，也是成败并存的局面，经济发展成功的地区比比皆是，但也存在着因灾毁灭的实例。例如，切尔诺贝利核电站曾经是苏联最大的核电站，是当地的经济支柱。1986 年 4 月该核电站发生爆炸事故，放射性物质源外泄，造成 120 多亿美元的直接经济损失和大量的人员伤亡，成百个村庄人去屋空，这场核事故给该地区带来的毁灭性打击，导致其因灾害打击而走向没落。

从灾害与经济发展二者之间关系的演进来看，虽然总体上是经济发展快于灾害的发展，但如果考虑到支撑经济发展的资源的有限性和工业生产污染的膨胀性，经济发展客观上存在着极限或阈值。如果经济发展或经济增长速度达到了一定的阈值或极限，将会物极必反，有史以来发生在局部地区因灾毁灭的例证和多个文明古国的没落是最好的体现。

四、政府行为的作用

首先，生产的发展带来了财富的增长，而人口的增长又带来了对财富的日益增长的消耗，进而会导致对资源的掠夺并引发各种自然灾害，故生产的发展具有正、反两方面的作用。其次，工业化的发展带来了城市化，人类社会的生产方式和生活方式都发生了巨大变化，从而是人类由传统社会进入现代社会的直接推动力量，但它同时也是各种环境灾害和人为事故灾害等的生长和助推器。第三，科学技术的发展造福于人类社会，增强了人类抵御各种灾害的能力，但另一方面也带来了大量的新型科技事故灾害。第四，生活水平的提高使社会成员的生活状态不断得到改善，但高消费同时也带来了高污染。例如，人由步行到坐马车，由骑自行车到坐公共汽车，随着生活水平的不断提高有越来越多的人拥有了自己的机动交通工具，人们在享受交通便利和舒适时，却带来了环境污染的日益严重和交通事故的增长。第五，各种具体的事物也有类似的现象，如农药的使用能够促使农业增产，但也带来了农田的污染，长久下去即会导致减产。可见，当代社会从生产领域到消费领域，呈现的并非都是单纯的有益面，也呈现了复杂的有害面；同时，还必须注意到，市场经济体制能够创造效率，但市场经济又不是万能的，由于价值规律和竞争规律的作用，有时甚至可能导致某些极端行为的发生。

综上，现实社会一方面存在着多种多样的灾变现象，另一方面是市场经济不仅不能解决所有的灾害问题，而且因为其对利益的过分追逐还可能加剧灾变。因此，在讨论灾害与经济发展的辩证关系及其演进态势时，必须强调政府的责任和重视政府行为的作用。政府行为客观上构成调整或制约灾害与经济发展关系的最有效的力量。

基于这种客观认识，对灾害问题的产生、发展，政府客观上承担着宏观且具体的管理责任。例如，对人口增长的控制、经济制度的合理化（如通过产权制度减少乃至避免公共地悲剧等）、经济增长方式的科学化、经济发展速度（可持续发展）的适度化、整体利益与局部利益的合理兼顾、长期利益与短期利益的调整等，均需要政府采取有效的行动才能促使经济发展与灾害之间的关系良性化。

政府承担责任的方式主要有：①制定相应的政策，用政策规范并引导有关各方的行为；②确定合理的经济制度和经济增长方式；③对经济利益实行宏观调控；④作为公共责任人，严格监督市场主体的行为。尤其需要指出的是，在市场经济条件下，灾害问题仍然需要计划调控，一方面市场可能会出现失灵，另一方面市场主体各方对经济利益的追逐可能会助长灾害问题，因此政府在促进经济发展的进程中必须承担减轻灾害问题等责任。

第三节　农业灾害经济

一、农业灾害经济的特点

农业（包括种植业、养殖业、渔业、林果业等）是国民经济中的第一产业，农业生产的主要特征是以动、植物为基本劳动对象，以土地为基本生产资料，主要通过露天作业的方式来获取各种农产品及经济收益，从而是自然再生产和经济再生产相结合的产物。上述特征决定了农业生产受自然条件的影响最大，生产效果的好坏在很大程度上取决于自然因素尤其是气象因素，因而具有不稳定性；即使是科学技术再发达，也不会从根本上改变农业生产的这种特性。因此，各种灾害对农业生产的制约作用极大。农业灾害经济的特点，主要可以概括为如下几个方面。

1. 制约农业生产的灾害种类繁多

农业生产所面临的灾害既有因气候异常而带来的水灾、旱灾、冰雹、台风、风暴潮、霜冻等各种气象灾害，也有包括病害、虫害、草害等在内的各种生物灾害，还有包括地震、滑坡等在内的各种地质灾害和海水入侵等海洋灾害；既有各种各样的自然灾害，也有火灾、种子不良、农药失效等多种人为灾害，还有因工业生产所带来的包括酸雨、赤潮、水污染等在内的各种环境灾害。上述灾害每年都会给农业生产造成极大的损失。可见，农业经济的发展客观上面临着世界上的绝大多数灾害种类，它从一个侧面表明农业经济是在各种灾害的袭击下发展的，灾害问题是农业经济发展中不能忽视的研究角度，需要更多地关注灾害与农业生产、农业经济之间的内在联系。

2. 农业灾害表现为灾种集中性

虽然能够造成农业经济损失的灾害种类繁多，但不同的灾种造成的损害对象与损害程度却存在着巨大的差异。一方面，露天作业的生产方式使自然灾害成为农业生产面临的主要灾害类别，它对农业生产的影响度至少在90%以上；在自然灾害中，由于气候异常（如温度高低、风速大小、降水多寡等）带来的气象灾害与病虫害对农业生产的威胁最大，地质灾害、海洋灾害等其他自然灾害的影响则相对较小，但工业污染带来的环境灾害正在成为农业生产的重要灾害种类之一。另一方面，在具体的灾种结构上，干旱、洪涝、风雹、霜冻、病虫害是影响农业生产发展的最主要的灾种，其中水、旱灾害的危害占所有农业灾害危害面积的80%以上。以我国农作物生产为例，可以选择若干年度的受灾情况对此特点进行说明，见表3-1。

表 3-1　我国农作物受灾情况　　　　　　　　　　（单位：千公顷）

年份	受灾面积	旱灾	占比（%）	水灾	占比（%）	成灾面积	旱灾	占比（%）	水灾	占比（%）
2000	5469	4054	74.1	732	13.4	3437	2678	77.9	432	12.6
2001	5222	3847	73.7	604	11.6	3179	2370	74.6	361	11.4
2002	4695	2212	47.1	1229	26.2	2716	1317	48.5	739	27.2
2003	5451	2485	45.6	1921	35.2	3252	1447	44.5	1229	37.8
2004	3711	1725	46.5	731	19.7	1630	848	52.0	375	23.0
2005	3882	1603	41.3	1093	28.2	1997	848	42.5	605	30.3
2006	4109	2074	50.5	800	19.5	2463	1341	54.4	457	18.6
2007	4899	2939	60.0	1046	21.4	2506	1617	64.5	511	20.4
2008	3999	1214	30.4	648	16.2	2228	680	30.5	366	16.4
2009	4721	2926	62.0	761	16.1	2123	1320	62.2	316	14.9
2010	3743	1326	35.4	1753	46.8	1854	899	48.5	702	37.9

（续）

年份	受灾面积	旱灾	占比(%)	水灾	占比(%)	成灾面积	旱灾	占比(%)	水灾	占比(%)
2011	3247	1630	50.2	686	21.1	1244	660	53.1	284	22.8
2012	2496	934	37.4	773	31.0	1148	351	30.6	415	36.1
2013	3135	1410	45.0	876	27.9	1430	585	40.9	486	34.0
2014	2489	1227	49.30	472	19.0	1268	568	44.8	270	21.3
2015	2177	1061	48.7	562	25.8	1238	586	47.3	333	26.9
2016	2622	987	37.6	853	32.5	1367	613	44.8	434	31.7
2017	1848	988	53.5	542	29.3	920	444	48.3	302	32.8
2018	2081	771	37.0	395	19.0	1057	262	24.8	255	24.1
2019	1926	784	40.7	668	34.7	791	333	42.1	261	33.0

资料来源：中国农村统计年鉴 2020：全国农作物受灾和成灾面积（2000—2019）。

说明：本表资料系由民政部等部门联合发布。部分年份的统计数据不一定完整，如 2000 年的成灾面积中表面看似乎只有水、旱灾害面无其他灾害，事实上还必然存在其他灾害，只是统计时因主要统计成灾面积而非灾种，对于遭受其他灾种袭击的农作物因其亦遭受了水、旱灾害的袭击而只统计为水、旱灾害，以避免受灾面积的重复计算。

3．农业灾害具有大范围、大面积性

仍以我国的农作物生产为例，如 2018 年我国自然灾害以洪涝、台风灾害为主，干旱、风雹、地震、地质、低温冷冻、雪灾、森林火灾等灾害也有不同程度的发生，农作物受灾面积 20814.3 千公顷，其中绝收 2585 千公顷；2019 年遭受各种自然灾害的农作物面积高达 19256.9 千公顷。几乎每年都有波及数省的大水灾、大旱灾发生，农业灾害的范围和危害的面积都是其他产业经济所不可能遇到的。农业灾害的大范围性和大面积性，使农业经济损失具有普遍性，这是农业灾害经济有别于其他产业灾害经济的重要特点。

4．农业灾害的影响具有连锁性

农业是国民经济的基础，基础产业的地位决定了农业对其他产业的关联性影响极大。若灾年造成农业大面积减产或歉收，农业经济的发展即会停滞甚至倒退，进而直接影响依赖农副产品为原材料的工业及饮食服务业等其他相关产业，以及城乡人民的生活水平与生活质量；反之，风调雨顺会带来农业丰收，整个国民经济会步入健康、持续的发展轨道。由此可见，灾害带来的灾害连锁效应在农业经济领域表现得尤为明显。因此，农业灾害的影响客观上超出了农业经济的范畴，是涉及整个国民经济全局的重要负面因素。

此外，农业灾害经济还通常具有周期性、区域性等特点。

二、农业灾害经济的周期波动

周期发展是灾害经济中的重要原理,这一原理在农业灾害经济尤其是粮食生产中表现得尤为明显。在中国历史上,曾经有"三岁一饥,六岁一衰,十二岁一荒"的说法,其概括的即是农业生产受自然灾害的影响是周期性的。因此,《礼记·王制篇》中强调用仓储后备来防止灾年发生,指出"国无九年之蓄,曰不足;无六年之蓄,曰急;无三年之蓄,曰国非其国也。三年耕必有一年之食,九年耕必有三年之食,以三十年之通,虽有凶旱水溢,民无菜色"。进入现代社会,虽然农业科技的进步、水利工程建设的发展、农业耕作方式的革新、作物种子的换代等,均促进了粮食生产的不断增长,使灾害从历史上影响农业生产的决定性因素(中国乡村有"靠天吃饭"之说)降低到影响现代农业生产的要素之一,但灾害对农业生产的影响仍然是非常重要的。在此,可以通过图3-1进行初步的观察。

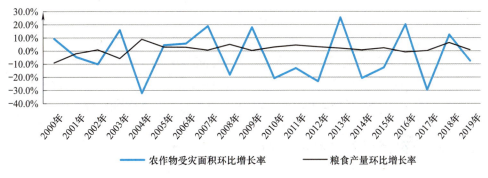

图 3-1 2000—2019 年农作物受灾面积周期对比

图3-1反映的即是2000—2019年我国粮食产量的周期波动情况和农作物受灾面积的周期波动情况。从图3-1中曲线可见,存在着明显的周期(以农作物受灾面积的周期波动高峰为划分依据):

第一个周期是2000—2003年。2000年的农作物受灾面积较大,而当年的粮食产量出现负增长;2002年农作物受灾面积下降到第一个低峰值,粮食产量出现增长;到2003年,农作物受灾面积又急剧上升,当年的粮食产量再次出现负增长。

第二个周期是2003—2007年。农作物受灾面积经过2003年的高峰值之后,到2004年出现下降,降低到2004年的第二个低峰值,再由2004年低峰值上升到2007年的第二个高峰值;粮食产量也由2003至2004年出现较大幅度增长并达到正增长,在此后至2007年依旧保持正增长。

第三个周期是2007—2009年。农作物受灾面积由2007年高峰值至2008年下降到第三个低峰值,又从2008年上升到2009年的第三个高峰值;粮食产量则由2007年到2009年始终处于略微正增长,2008年较前后两年增长较大。

第四个周期是2009—2013年(其中包括了2010—2012年的低、高、低峰小周期)。

2009 年农作物受灾面积较大，而当年粮食产量依旧有略微增长并未出现负增长，且农作物受灾面积由 2009 年到 2010 年下降到第四个低峰值，2011 年出现第四个高峰值，到 2012 年出现第五个低峰值，到 2013 年农作物受灾面积又急剧增大，但粮食产量同年较上一年依旧有略微增长。

第五个周期是 2013—2016 年，农作物受灾面积由 2013 年到 2014 年开始急剧下降出现第六个低峰值，到 2015 年农作物受灾面积较上一年相比也有所下降，从 2015 年到 2016 年农作物受灾面积开始急剧增加，而粮食产量于 2016 年出现负增长，但产量同上一年相差不大。

第六个周期是 2016—2018 年，农作物受灾面积从 2016 年开始下降到 2017 年出现第七个低峰值，从 2017 年又开始上升到 2018 年出现第六个高峰值，粮食产量同年较上一年始终保持增长，2017 年至 2018 年增长量较为明显。较为异常的年份是 2018 年，该年农作物受灾面积较上一年有明显增长，但粮食产量也处于正向增长。

从 2018 年进入第七个周期，农作物受灾面积出现下降，粮食产量处于增长但增长量并不大。

从上述图例和分析可见，农业生产的周期波动十分明显，除 2006 年、2011 年不太规则外，农作物受灾面积的年际增长率与粮食产量的年际增长率客观上存在显著的负相关关系，每 3～5 年为一个周期。类似的灾害周期波动在林业生产、养殖业生产中也会出现，只不过周期的长短和波动的程度会因生产对象的不同而出现差异。

三、农业灾害经济的区域分异

区域分异是农业灾害经济的一个重要特点。农业灾害经济的区域分异既决定于灾害的区域组合规律，也决定于农业生产的布局和特定的地理条件等。

1）灾害种类的分布具有地域性。不同的地区存在着不同的灾害种类，如水灾主要发生在大江、大河的中下游地区，我国南方的农业生产受水灾的影响尤其大；干旱主要发生在干旱或半干旱地区，是我国北方农业生产的最大危害因素；台风和风暴潮灾害均来自海洋，主要危害沿海地区的农业生产和渔业养殖业生产等。

2）农业生产的布局具有地区分异性。例如，我国南方盛产水稻，北方的粮食作物则主要是小麦、玉米等，沿海地区与湖区等则依靠水产养殖，山区依靠林产，草原地区主要是畜牧业。农业生产的地区分布差异决定了农业经济结构必然存在着地区差异，不同生产对象所要求的特定的气候、地理等条件又决定着危害本地农业生产的灾害种类及其危害大小。

3）同一种灾害现象对不同地区、不同农业生产对象的影响也不同。如有的农作物怕水灾，有的农作物则怕旱灾；某种病虫害对某种作物、动物或林果的危害大，但对另外的作物、动物或林果却不会产生危害或危害较小。例如，同样是洪水灾害，在埃及尼罗河的定期泛滥，为古埃及人带来了肥沃的冲积土地，使这里成了古代农业文明的中心之一，尼罗河的洪水被埃及人视为"会给每个人带来欢乐"的神；而在古代苏美尔，由于底格里斯河和幼发拉底河的特大洪水无法预知、无法控制，往往会冲毁田地和水利设施等，成为当地农业经济发展的巨大阻碍因素，以至苏美尔人将洪水视为恶毒之神。台风也是如此，它既会给沿海地区带来巨大的破坏性后果，同时也可以给内地或边远地区送来缓解旱情的雨水。

4）同一地区的同一灾害种类，因具体的地理条件等的差异，也会产生不同的灾害后果。例如，同一地区发生水灾，较高地带的水灾表现为短暂性，低洼地带却可能积水成涝，损害后果也不会相同。

此外，根据长期的灾害发生情况进行综合分析，还可以划分易灾或易损区、一般灾区、少灾或少损区等。例如，华北地区每年的旱灾，东南沿海每年的台风或风暴潮灾害；而一些山区却因为生态环境良好，长年不见灾害发生。

四、农业灾害经济的宏观政策取向

人类社会无法改变自然界运行规律、农业生产的自然属性及露天作业的生产方式，在这个基本的前提下，需要有相应的农业灾害经济政策。可供选择的宏观政策有：

1. 因地制宜

因地制宜（适应环境）为农业灾害经济的第一规则。因为对农业生产而言，适宜的地理和气候是其必需的条件。农业考古发现，早期农业的发生地不在寒带，也不在热带，而是发生在温带；不在干旱地带，也不在潮湿多雨地带，而是发生在半干旱、半湿润地带；不在森林地带，也不在草原地带，而是发生在稀树草原地带；不在高山上，也不在河川冲积地带，而是发生在丘陵地带和河流旁的台地上。这表明了古代人类已经考虑到农业生产所必需的自然条件，从而因地制宜地发展农业生产。不过，农业生产条件的适宜与否，又是与当时的生产力水平和人类控制自然的能力相适应的，早期的人类只能根据经验从事农作，再加上有广袤的土地任其选择，他们必然选择生存在适宜地区；到了现代社会，定居生活和人口的急剧膨胀，决定了人们只能在已经确定的居住地区选择适宜的农作物品种和种植方式，从而在被迫选择的背后也增加了人的主动性。自古至今的发展事实表明，因地制宜是发展农业生产的首要原则。

2. 发展农业科技

农业科技是影响农业灾害经济的重要因素。例如，农业科技的发展进步，能够促使农业产品优质化，增强作物的抗灾能力，同时通过改良品种、改革农业生产方式、提供高效的农业生产资料等，促进农业增产增收。

工程减灾措施应当成为农业灾害经济的关键性组成部分，工程减灾应当引起政府的高度重视。考虑到水、旱灾害是农业生产面临的最主要的灾害，大规模的农田水利工程建设、抗旱工程和防洪工程建设，应当成为优先考虑的重点。

第四节　工业灾害经济

一、工业灾害经济的基本规律解析

工业是工业文明的象征和现代社会国民经济的重要支柱，它需要依靠机器为动力，并通过集体劳动等方式和对资源的高消耗等来创造物质财富、获取经济利益，在生产中必然会发生各种各样的灾害事故。工业灾害经济与农业灾害经济相比，具有自身独特的规律。

1. 灾种结构规律

人为灾变与自然灾变对工业生产的影响同等重要。工业生产一般是在室内或有保护的空间进行，它本身即具有较强的抗御自然灾害的能力，许多影响农业生产的灾害如旱灾、霜冻、冰雹等往往对工业生产的影响不太大；但工业生产又因对机器、电力、设备等的依赖和工作的快节奏，以及财富的集中和劳动力的相对密集等，面临着各种人为事故灾害的威胁。因此，对工业生产而言，首先受到经常性发生的诸如火灾、爆炸、电力事故、建筑事故、采矿事故等人为事故的负面影响，其次才是诸如破坏性地震、台风、洪水等及其他超过工业生产防御能力的自然灾害的袭击。这一灾害种类的结构表明，一方面是工业生产面临的灾害种类较农业灾害更复杂，另一方面是人为灾害事故往往成为工业生产者特别注重的防御领域。

2. 行业分异规律

不同的工业行业具有灾种不同、危害方式不同、损害程度不同、防御重点不同的灾害经济结构。例如，制造业主要面临各种工伤事故、电力事故等，采矿业主要面临各种矿山事故和地质灾变等，建筑业主要面临建筑物倒塌事故等，而交通运输业面临的主要是具有碰撞性质的各种公路、铁路、航空、航运事故等。各个行业面临的灾害事故因其工作性质和生产内容的巨大差异而出现极大的分异。在行业灾种分异的基础上，不同行业受灾害的影响程度和防御灾害的重点领域必然存在着分异，如采矿业属于多灾、重灾行业，其防御重点在于矿下劳保设施的建设和安全管理；制造业属于灾害事故相对较少的行业，防御重点在于日常的安全管理和一般的分别保护；交通运输业则重在强化驾驶员等的责任心，提高其技术水平和应变能力。与此相适应，不同行业对减灾或防灾的经济投入也存在差异，投入多寡、投入方向、投入重点、投入时间均取决于其面临的灾种结构和生产特性。可见，工业灾害经济的行业分异规律与农业灾害经济的地域分异规律（其主要灾种是水、旱灾）是有根本区别的。

3. 空间分布规律

在灾害具有空间分布不平衡规律的基本特征下，工业灾害经济在空间上表现为集中性和局地性。工业灾害经济的特征主要表现为"点",即绝大多数工业灾害事故均局限于某一企业或某一地点,其损害的对象、范围均呈"点"状分布,与"面"状(成片或成线)分布相比,显然有着巨大的差异。尽管工业灾害经济仍然需要有宏观的减灾措施,但更多仍是依靠每一个企业单位(点)的自我防灾、减灾等来开展有效的减灾工作。因此,工业灾害经济则更多地具有微观性质(通过各单位)和局地性质,企业灾害经济无疑是工业灾害经济的基础。

4. 时间分布规律

在灾害具有时间分布不平衡的规律这一基本特征下,工业灾害经济在时间上表现为突发性、偶发性和短暂性。工业灾害经济因其主要受人为事故等的影响,它在时间上的表现却恰恰相反,各种损害工业生产的灾害事故往往具有突发性、偶发性的特征,且持续时间很短,不是很快控制了灾情就是灾情毁灭了受灾体,灾害事故造成的工业经济损失也是无法预知的、意外的、立时可以统计结果的经济损失。工业灾害经济在时间分布上的这一规律,决定了工业生产者必须时刻注重防灾、减灾,并将其融入日常的生产与管理工作中。

5. 受灾角色变异规律

工业灾害中的受灾体,同时也是造灾体。在工业领域,工业生产者不仅是各种灾害事故中的受灾体,而且许多工业灾变是由于生产者自身的原因造成的(如火灾爆炸等各种人为事故客观上均能够从生产者身上找到致灾的直接原因),可见,工业灾害经济中的受灾角色因其自身致灾而发生变异。因此,尽管从宏观出发,工业灾害事故仍然符合灾害经济原理的不可避免规律,但从微观出发,受灾角度的变异却表明了工业灾害经济具有很大的可控性,人的因素是工业灾害经济中起决定作用的因素。

二、工业化的巨大代价——事故和公害

根据国际通行的产业划分,农业是第一产业,工业和建筑业是第二产业,而其他行业则被称为第三产业。第三产业又通常被划分为流通部门和服务部门。在上述产业划分中,工业、建筑业、交通运输业通常被看成是有别于农业部门的工业社会物质财富的主要创造部门。工业文明取代农业文明是人类社会的巨大进步,工业化、城镇化及生活方式的现代化是工业文明的主要标志。然而,在获取工业化所创造的巨大经济效益和巨额社会财富时,不能忽略其负面产物——各种日益严重的灾变(事故和公害)。工业化以来的历程表明,工业经济的发展是辉煌的,付出的代价也是巨大的,越是以现代的观点和未来发展的观点看待工业化,就越能感觉到传统的工业化道路是一条以对资源的高消耗和牺牲环境、牺牲未来发展潜力为代价的道路,其损害后果和影响度早已超过农业灾害问题而成为当代社会整个世界都在关注的重点问题。因此,工业灾害经济事实上构成了整个灾害经济学中的重点研究内容。

因为灾害问题的全球化、深刻化,尤其是环境或生态灾害的日益严重化,已经证明传统的工业化发展道路是单纯以经济增长为中心而损害经济社会与生态环境协调发展的道路,是用当代人的经济发展危害后代人持续发展的道路,是以某些国家或地区的发展损害全球整体发展的道路。根据以往的工业、建筑业、交通运输业生产的过程,其产生的主要代价如下:

1. 对资源的高消耗与资源掠夺

工业生产中的资源大多为不可再生的资源,现代工业、建筑业、交通运输业发展的无限性和各种资源储量的有限性,是传统工业化道路带来的日益尖锐的一对矛盾。包括石油、煤炭、矿石等在内的各种矿产资源正日益陷入短缺状态,除此之外,全球也陷入了水资源短缺的普遍危机之中。发达国家的国内资源通过近100年来尤其是近半个世纪以来的高消耗和超额的开采与利用已近枯竭,进而利用由来已久积蓄的优势,通过对发展中国家资源的掠夺来达到自身经济增长的目的,据2007年的数据统计,占全球人口总数26%的发达国家消耗全球80%的能源和钢铁等,从而越发加剧了资源的短缺。在发展中国家,则因生产力水平低而普遍存在资源利用率低的现象。因此,发达国家对资源的高消耗和发展中国家对资源的低利用率,均加剧了资源的被掠夺,其中发达国家负有更大的责任。尽管资源的利用不等于现实的灾变,但对人类社会的长远发展而言,显然是潜在的灾变和能够引发其他灾变的重大因素。因此,资源的高消耗与资源掠夺作为传统工业化道路的不良后果之一,也是人类社会已经付出且正在付出的一种经济发展代价。

2. 人为事故

机器大生产取代手工生产,机动交通运输工具取代了步行、马车和帆船运输,使劳动效率成倍提高,物质财富快速增长,但各种人为事故作为工业部门中最普遍的、经常性的、显性的灾害事故,成为工业社会付出的沉重代价。工业、建筑业、交通运输部门的人为事故种类,几乎包括了现实社会中各种主要的人为事故,如火灾、爆炸、采矿事故、建筑事故、制造业事故、电力事故、职业性疾病、产品责任事故、公共场所事故及各种交通事故等,均是随着工业化的发展而不断发展起来的,是工业经济中不能忽略的重要组成部分。从受害方的角度出发,工业、建筑业、交通运输部门的人为事故代价包括:

1)直接伤害劳动者(即生产者)。据国际劳工组织统计,全世界每年发生工伤死亡人数为110万人,其中有接近1/4的人是工作在暴露危险物质的工作场所,从而引发使人丧失劳动能力的职业病而导致死亡,诸如癌症、心血管病、呼吸疾病和神经系统紊乱等。

2)直接危害公众安全。例如,汽车的产生和大众化,是工业文明的重要象征和工业经济发展的加速器,但车祸却早已被世界各国看成是一种社会公害。在各种交通事故中,受害者大多是与交通运输部门无直接关联的第三者。据统计,由于汽车批量生产,全世界每年因交通事故死亡人数近125万。在工业、建筑业领域及其他交通运输领域，均存在着威胁公众安全的潜在风险，如火灾、爆炸事故等对邻近地区居民及财富的损害，产品事故对消费者的损害，即是常见的损害公众安全的例证。

3）直接造成物质财富的灭失。例如，矿山事故会毁坏矿井及井下设施，建筑物事故毁坏房屋及附属设施，爆炸事故则毁坏厂房与生产设备，火灾会烧毁原材料和成品，各种交通事故在导致人身伤亡的同时也会毁坏交通工具及被撞物体等。这种损失虽然因缺乏完整的统计资料而无法准确描述，但各种工业、建筑业、交通运输业事故造成的物质财富的大量灭失却是客观的。

综上所述，工业文明一边创造并积聚着巨额的社会财富，提高了人们的生活质量，另一边也在制造着各种人为事故，毁灭社会财富，破坏人们的生活。这两个极端使工业、建筑业和交通运输部门具有了财富创造者与致灾者的双重身份。尽管迄今为止上述部门创造的物质财富远远大于因各种人为事故毁灭的物质财富，工业文明给人类带来的好处远远大于给人类带来的痛苦，但人为事故的普遍存在和经常性发生及其带来的严重后果，仍然是威胁人类生存与发展的重要因素。

3．公害

所谓公害（也称环境污染），是指由人类活动而引起的环境污染和破坏，以至于对公众的安全、健康、生命、财产、生活舒适性和整个社会经济的长期发展等造成的危害。公害的产生与人类的社会经济活动紧密相关，但早期的人类社会由于生产力水平低下、生产规模不大和人口较少等，其生产活动主要限于集自然再生产与经济再生产于一身的农业领域，对自然的改造与对环境的破坏非常有限。18世纪工业革命以后，经济发展进入工业化时代，机器大生产发展迅速，各种自然资源尤其是矿产资源被大量消耗，大气和水体污染日趋严重，最终形成危及人类生存与发展的社会公害。因此，公害成为严重的全球性问题，实质上是工业化及其发展进程中的负面产物。根据工业化的发展进程，可以对环境污染的发展进程做如下划分。

1）*环境污染发生期*：从18世纪末到20世纪初是工业化初期，蒸汽机的发明与使用，使采矿、冶金、轻工化工等工业部门得以形成与兴起，这一时期以煤、烟尘、二氧化硫造成的大气污染和以矿冶、制碱造成的水质污染为主。

2）*环境污染发展期*：从20世纪的20年代，由于内燃机的普遍使用，汽车成为大众化的产品，石油和天然气的生产得到了迅速的发展；同时，煤炭开始大量应用于炼焦工业和火力发电等工业企业，加之石油化工、有机合成化工工业的发展，使工业"三废"的排放量不断上升，污染引起的重大公害事件时有发生。例如，1930年发生在比利时马斯河谷工业区的烟雾事件，1943年发生在美国洛杉矶市的光化学烟雾事件，1948年发生在美国钢都匹兹堡附近多诺拉市的烟雾事件等，都造成了震惊世界的灾害后果，从而表明了工业污染导致的公害问题在不断发展。

3）*环境污染泛滥期*：从20世纪50年代到70年代，工业经济的高速发展，能源消耗急剧上升，燃料构成由石油代替煤炭成为主要能源，工业构成由轻工业为主转向重工业为核心。农药等有机合成物质和放射性物质带来了新污染源，这种变化使污染的主要物质的化学成分更复杂，毒性更大，污染的范围越来越广泛，公害事件发生的频率也越来越快，后果愈加严重。公害问题已经由局部地区性问题演变为世界性问题。例如，1952年12月发生在英国伦敦的工业烟雾事件曾经在4天内致死4000人，1970年发生在日本东京的光化学烟雾事件，1972年发生在日本四日市的硫酸浓雾事件等，都是这一时期有影响的公害事件。

4）环境污染持续和治理期：由于环境污染日益严重，公害事件急剧增多，并由此而影响了发达国家的经济增长，从而迫使部分国家的政府不得不对环境保护给予高度重视，并率先于20世纪60年代以后开始进入环境污染治理时期。但就全球现实而言，则表现为三种态势：一是发达国家凭借其雄厚的经济实力，通过近20年的污染治理，其国内环境得到了很大程度的改善；二是发展中国家因在近20年来进入工业化加速发展时期，加之发达国家的污染工业大规模地向发展中国家扩散，导致了发展中国家的环境污染问题日益严重；三是全球公共地日益遭到破坏。各国的生态或环境灾变，加上全球性的温室效应、臭氧空洞、酸雨、赤潮、厄尔尼诺现象等，证明了现阶段是全球公害问题最为严重的时期。因此，现阶段还不能简单地称为恢复治理期，而是客观上处于污染持续和污染治理并重的时期，生态环境和经济的可持续发展仍然受到严重损害，各种生态灾变与环境灾变已经在更深的层次上影响着人类社会的经济发展乃至生存发展。

上述分析表明，传统的工业化发展道路是以牺牲环境为代价的先污染后治理的发展道路，工业化的高消耗、高污染严重地损害了经济社会的持续发展和整个人类社会的未来发展，进而使工业经济在一定的程度上受制于自然灾害，并同时受制于自身制造的种种灾变。因此，工业化的代价是巨大的，人类必须认真反思，日后必须努力寻求新的可持续发展道路。

三、工业灾害经济的宏观政策取向

考察工业化的发展成就及其付出的巨大代价，证明传统的工业化道路是非持续发展道路，造成如此高昂的代价的原因如下：一是与传统的工业化道路发展方针密切相关，即政府将经济增长看成工业化发展的单纯目标，将自然资源看成无限可取的，因而在经济生活中采取粗放经营的"牧童经济模式"；二是在市场经济条件下，竞争的激烈和无政府状态使企业为投资者拼命追求高额的经济利益回报，而不考虑或较少考虑其生产过程等是否有害于劳动者和公众利益及未来发展利益；三是各种工业生产过程自身会产生有害的气体和废物，有些虽然可以通过治理达到清洁的程度，但需要投入巨额的成本，生产者或者不愿意提高成本，或者不具备治理的经济承受能力，从而导致了事故与污染随着工业化进程的加快而日益严重；四是国家之间不能采取一致的行动，发达国家不是帮助发展中国家努力治理污染等工业灾变，而是向发展中国家扩散污染；五是科技发展还不能解决相应的技术问题。因此，要减轻工业化的代价，走上可持续发展的道路，还需要付出巨大的、长期的努力。

从宏观上解析了工业灾害经济的若干规律和工业化进程中的巨大代价，它作为一个宏观的灾害经济领域，立足点却是企业，即作为当代社会微观细胞的企业，是工业灾害经济的基石，以企业生产经营为基础的工业灾害经济不可能让企业脱离宏观社会的制约，而是必须通过合理的发展方针与发展措施来确保工业化的代价不断缩小，并努力维护生态环境的平衡。对此，政府将始终承担着最为重大的责任。可供国家采取的宏观对策主要有：

1）将经济发展方针由单纯追求经济增长向追求经济、社会、生态环境的协调发展与可持续发展转变，兼顾短期经济利益与长期经济利益，并将此方针具体体现在相关的经济政策上。

2）加强安全管理法制建设，严格劳动监察，努力减少生产、经营中的人为事故。安全管理法制建设应当符合市场经济的需要，对一切企业都一律平等；依法对企业生产、经营中的安全管理行使严格的劳动监察权，则是政府职能部门的应尽义务和当然职责，必须通过对违规企业的严厉制约来减少生产、经营中各种人为事故的发生。

3）强化公共消防系统，开展有效救灾。工业化与城市化，使火灾、爆炸等事故成为重要的灾害种类，对此，世界各国通常通过强化自己的公共消防系统来进行防范和控制。例如，日本东京都面积 2155km^2，2020 年常住人口高达 3750 万人，2017 年就拥有 81 个消防署、3 个消防分署、208 个消防派出所，共计 292 个消防点，平均每个消防点管辖面积为 7.38km^2，并配备各种现代化的消防车、云梯车、抢险救灾车、消防艇、消防直升机等。这种公共消防力量上的强化结果就是东京都的火灾扑救能力强，控制灾情易，灾害损失相对少。因此，政府应当加强公共消防系统的建设，除扩大财政投入外，还可以依靠社会力量来促进公共消防事业的发展。例如，英国的消防系统就主要依靠保险公司的投入来开展消防工作，即在保险文件中明确损失，而消防的有效性则能够减轻保险公司的赔偿责任，这一因素使保险公司乐于向公共消防系统投资。

4）发展工业生产与治理污染并重。一方面，工业部门仍然是当代社会物质财富的主要创造部门，任何国家都不会因为工业化的前期代价而放弃发展工业生产，人们也不会因为车祸的众多而以步代车，而工业化进程的加快，能够为减灾防灾（如扩充消防能力、进行水利工程建设等）提供雄厚的经济基础，因此，各国尤其是发展中国家应当努力加快自己的工业化进程。另一方面，在工业化发展进程中，应当吸取已有的教训，通过对事故或污染严重的工业体系进行改造，如采取关、停、并、转等措施实现工业的换代；同时注重高新技术产业和绿色产业的发展，并使各种工业企业的生产与防治污染并重，尽力减轻工业化进程中的灾害损失，并为经济的可持续发展奠定基础。

此外，发展中国家在引进外资时还应当特别注意将污染型产业拒于国门之外，防止发达国家污染工业的扩散。

综上分析可知：工业化是人类社会由不发达时代进入发达时代的加速器，但工业化也使人类付出了巨大的代价，这是工业灾害经济的昨天与现状；而重新认识工业化的发展道路，并采取新的发展方针与有效治理污染、防止事故的策略，使整个社会走上健康、持续的发展道路，则是工业灾害经济发展的应有之义。在发展的同时将工业化的代价降到最低水平，在努力降低工业化代价的同时促进工业经济的发展，是灾害经济学追求"损失最小化"的宗旨的具体体现。

第五节　其他产业灾害经济

社会的发展与进步，使国民经济的行业划分越来越细。前文已经从宏观上解析了农业灾害经济和工业灾害经济的规律、灾变、代价及可供选择的宏观政策，但事实上还有许多行业仍然存在着灾害危害的因素，仍然需要付出灾害损失的代价，因而其他产业灾害经济问题研究也是整个灾害经济学体系的必要内容。在此，选择有代表性的服务行业和正在兴起且有可能成为人类社会进入崭新发展阶段加速器的高新技术产业作为其他产业灾害经济问题的解析对象。

一、服务行业中的灾害经济问题

服务行业的特点是能够创造价值，但并不直接生产物质财富，生产过程比工业生产领域要简单，但在其生产、经营活动中，同样受到相关自然灾害的威胁或遇到多种人为事故。服务行业面临的灾害事故，可以划分为以下两类：

第一类是与农业、工业领域中的灾害事故相同的灾种。例如，地震、洪水、台风等自然灾害也威胁着各种服务性行业的生产与经营；火灾、爆炸（如仓储服务业等）、电力事故及机械伤害事故等，也是服务行业中较为常见的人为事故。不过，就上述灾害事故的总体而言，服务行业的自然灾害大大少于农业生产所面临的自然灾害，服务行业的人为事故也明显少于工业领域中的人为事故。

第二类是不同于农业与工业领域中的灾害事故。例如，饮食服务业因食品卫生问题导致的中毒事故、传染病等，医疗服务行业因医生失职，技术不良或其他过失等原因导致的医疗事故等，即可以称为某些特定服务行业特有的事故种类。

可见，服务行业中的受灾体与工业、建筑业、交通运输业一样，同时充当着致害体的双重角色。服务行业的发展在一定程度上仍然受灾害事故的影响，某些局部的灾变甚至可能导致受灾体的毁灭或破产。因此，在发展中仍然需要加强对灾害事故的管理，并将其纳入整个社会防灾体系，采取针对性和时效性强的减灾行动，才能实现"损失最小化"的目标。

二、高新技术产业中的灾害经济问题

随着科学技术的迅速发展，生产力水平在 20 世纪以来有了很大的提高。尤其是 20 世纪 60 年代以来，航天技术、核能技术、计算机技术、自动控制技术等各种高新技术被广泛应用，高新技术产品出现并迅速商品化、市场化使高新技术向产业化方向迅猛发

展，它标志着人类社会进入更为高级的高新技术阶段。如果说农牧业生产带来的财富增长是百分率式的增长，工业生产带来的财富增长是加倍式增长，那么高新技术产业或科技产业带来的财富增长则是几何级数式增长。现代化的生产和现代化的生活水平越高，就越离不开科学技术及其产业化的发展。因此，高新技术的产业化及其迅猛发展，是人类社会进入崭新发展阶段的加速器和支撑力量。

然而，如果只注意到高新技术产业造福于人类的诱人前景和正效益，而忽略其潜在风险，就很可能付出高昂的发展代价。因为在科技发展及其产业化的进程中，各种自然风险、技术风险和人为风险等风险常常造成令人震惊的灾变。

1）高新技术产业造成的灾变影响较大、损害后果较严重的灾变。例如在航天工业领域，卫星发射的失败数约为卫星发射总数的5%，每次发射失败造成的直接经济损失往往数以千万美元乃至数以亿美元计。1986年1月发生在美国的"挑战者"号航天飞机爆炸事件，其直接经济损失高达20多亿美元，7名宇航员全部丧生。在核能民用领域，核电站日益成为人类能源的重要来源，但核事故风险也接连不断，如1979年发生在美国的三里岛核事故和1986年发生在苏联的切尔诺贝利核事故，均带来了巨额的经济损失和影响深远的人类灾难，其中切尔诺贝利核事故的直接经济损失高达120多亿美元。在计算机产业方面，不仅存在着硬件方面的风险，计算机病毒作为新型的、智力型的灾变，早已成为所有计算机用户的"定时炸弹"，并造成了许多损失巨大的事故。在自动控制领域，事故也层出不穷。还需要强调的是，在当代社会，高新技术产业不仅是指一个单纯的产业，它在农业、工业、建筑业、交通运输业等各个领域得到广泛应用，如各种工程建设日益趋向巨型化，实质上也可归为高新技术的应用。一些国家建设的大型水利设施发生垮坝事件酿成重大灾变，也可以归为高新技术灾变。这些都表明高新技术产业存在着巨大的风险。正因为如此，高新技术的产业化经历了一个由政府控制到市场化的过程。

2）高新技术产业的灾变主要是人为事故，引发事故的原因也主要是人为原因。在高新技术产业的人为事故中，主要可以分为三类：一是技术水平导致的失败，这是难以完全避免的事故；二是由于人的失职或不负责任导致的事故；三是人的故意行为导致的事故（如计算机病毒等）。

3）高新技术产业的灾变具有客观必然性、相对性、难测性、发展性、人为性等特征。科学的探索无止境，科技的成功总是在失败中取得的，科技的发展及科技产业的发展，均符合这一根本规律，人类的发展使科技与科技产业的发展具有必然性，也使科技风险的发生具有必然性。同时，由于引发原因的不同和科技产品的不断更新换代，科技事故风险也在不断发展变化。

上述分析表明了科技产业中的灾害经济问题不同于农业灾害经济问题与工业灾害经济问题。国家在宏观政策方面，应当体现出对待科技产业灾害问题的特殊性。适宜的政策措施有：①科技产业政策应当立足于现有科技水平和发展需要；②科学技术成果的应用尤其是产业化，必须以经过试验并趋向成熟为基础；③重视专家的作用，树立专家的权威，杜绝外行领导内行；④完善规则，强化职业道德教育，增强工作人员的责任心。

总之，人为事故需要通过人的努力来减轻和避免，既包括相关法规政策的强制力作用，也包括人的道德支配力作用。

第六节　灾害与财政经济

一、灾害对国家财政的双重损害

灾害事故对国家财政的影响是非常消极的，其后果通常是对国家财政造成减收和增支的双重损害，是影响国家财政收支平衡的一个不容忽略的因素。

一方面，税收是各国财政收入的源泉，而灾害事故却直接影响农业生产和工业生产等的顺利进行，造成受灾体的生产或经营中断、效益下降，必然影响国家税收计划的完成。例如，所得税是各国财政收入的主要项目之一，每逢灾害事故发生，受灾企业的收益必受影响，使企业赢利减少甚至亏损，其交纳所得税便减少或者不交；再如多数国家还有相关的灾害事故免税政策规定，农业遭受较大的自然灾害袭击且导致减产、减收，国家免除受灾地区的农业税收。此外，还有其他因灾减征税收的相应规定。因此，灾害事故带给国家财政的第一个直接后果，便是财政收入（税收）的减少。

另一方面，国家财政的支出是有计划的，而灾害事故的发生及其损害后果却是无法事先预料的，由于各种灾害事故均可能破坏公共设施，并导致受灾国民陷入生活困境，政府便不得不增加相应的财政支出，从而使国家财政对灾害事故的相关支出成为影响财政支出计划的一个不确定的因素。例如，各种自然灾害和人为事故对公共活动场所、政府办公楼及各种市政设施造成的破坏，必然需要政府投入很多费用进行重建；各种灾害事故尤其是地震、洪水、台风等大范围、大规模的严重自然灾害，必然使许多受灾国民的生活受到严重影响，一部分社会成员甚至因灾害事故的发生陷入生活绝境，救灾作为政府的一项基本职责便必然使财政支出相应增加。在我国的计划经济时代，国家甚至对国有企业等因灾害事故造成的固定资产、流动资产等的损失也给予财政补贴，从而使财政受灾害事故的影响更为严重。尽管市场经济改变了国家财政对企业损失的核销，并促使商业保险成为生产经营者和城乡居民灾害保障的重要途径，但对因灾害破坏的公共设施和造成的国民生活困难，政府仍要承担起相应的重建与救灾责任。例如2008年的汶川地震直接经济损失高达8451亿元，国家财政为此给予了大力支持。再如2008年，我国南部地区遭遇冰冻暴风雪灾害，直接经济损失超过1111亿元，我国为此支出了1500亿元的财政资金。

税收的减少和支出的增加，构成了灾害事故对国家财政的双重损害。这种损害的直接结果就是有计划的国家财政收支因重大灾害的发生而被打乱，进而影响国家财政收支的平衡和其他国民经济建设的发展。例如，1976年我国发生唐山大地震，城市被毁，使政府财政在救灾压力和灾后重建压力增大。当年的财政赤字高达29.62亿元，而此前绝大多数年份是财政结余年，从而构成了1960年以来的第二个高赤字年。上述灾年的国家财政状况，已经充分表明了灾害对国家财政的影响是直接的、负面的影响。

二、国家财政对灾害的投入

在灾害对国家财政造成双重损害的同时，国家财政对灾害的投入也是双重的：一是前边已经阐述了的灾后救助和重建费用的投入；二是灾前的防灾、减灾投入，这种投入有时不完全表现为灾害投入，但投入的首要目的是减轻灾害。

由于灾害事故的发生是不确定的，灾后救助和灾后重建费用的支出也具有不确定性，支出的多少既取决于国家的财政实力，更取决于灾情的大小。而灾前的投入却是有计划、有目标、有重点的，并必然会随着国家财政实力的增强而不断增长。如我国的三峡工程能够由百年梦想修建成为跨世纪世界性宏伟工程，起根本作用的不是技术而是国家财力的持续增强。因此，国家财政实力的强弱事实上决定着抵御灾害能力的大小。

国家财政投入减灾方面的重点领域包括：①工程防灾，如兴修各种水利工程、支援农田水利基本建设、植树造林、治理环境污染等；②非工程防灾，如对气象部门、地震部门等的投入即是为了预报灾害，对消防部门的投入则是为了增强消防能力等。

抵御能力的增强，在减轻灾害事故发生的同时也减轻了政府的救灾压力和灾后重建压力。因此，确保政府减灾投入随着财政实力的增强而不断增长，是灾害经济学应当给予高度重视的内容，因为灾前的防范能够减少灾害的发生，减轻灾害的危害后果，最终则是减少了社会财富因各种灾害事故发生导致的净损失，这正是灾害经济学所追求的目标。

三、配套的税收政策

除了受灾害事故的消极影响和通过财政投入减轻灾害事故的影响，国家财政还可以通过下列配套税收政策来对灾害问题产生影响。

第一，采取公平的税制政策。对污染严重的企业单位征收污染税，使污染源为此付出较高的经济代价，必然使其丧失市场竞争优势，使低效率、高污染的企业被市场淘汰，同时促使产业更新换代，促进企业污染达标的发展。

第二，制定公平的市场准则。对企业的生产、经营活动进行严格的监察，对违反劳动保护规定等国家安全管理法规者给予相应的罚款，可以促使企业重视安全管理工作，减少各种人为事故的发生。

第三，利用税收政策调动民间的减灾与救灾积极性。例如，对企业或民间防灾、减灾投入给予相应的减免税优惠，对用于救灾的社会捐献给予免税等，均能有效地调动企业和民间的积极性。

可见，税收作为一种经济政策手段，应当成为国家财政在灾害经济领域发挥重要作用的杠杆。

思 考 题

1. 为什么有人认为经济利益驱动是致灾的根本因素?
2. 如何理解生产力发展与灾害膨胀的关系?
3. 如何理解经济道德的沦丧与灾变的关系?
4. 简述灾害与经济发展的辩证关系。
5. 简述灾害与经济发展关系的演进。
6. 简述在灾害问题上政府行为的作用。
7. 简述农业灾害经济的特点。
8. 如何理解农业灾害经济的区域分异?
9. 简述农业灾害经济的宏观政策取向。
10. 简述工业灾害经济的基本规律。
11. 简述工业灾害经济的宏观政策取向。
12. 简述灾害对国家财政的双重损害。
13. 简述国家财政对防治灾害的投入。
14. 国家财政可以通过哪些配套税收政策对灾害问题产生影响?

第四章

灾害经济的微观解析

> **本章主要知识点**
>
> 灾害经济微观解析的基本观点，主要包括：基本出发点——宏、微观有机结合，利益冲突与强制性规则调整，即期"转移型"补偿是根本出路，风险管理与风险费用核算是关键，微观灾害经济的行为特征与规律；灾害与企业经济，主要包括：灾害对企业的损害与影响、成本核算对企业行为的影响、典型的企业经济模式、企业风险的管理；灾害与家庭经济，主要包括：灾害对家庭的损害与影响、灾害事故与家庭收入的关系、家庭风险的管理；灾害与社会公共组织，主要包括：社会公共组织的经济意义、社会公共组织中的独特灾害经济问题、社会公共组织对灾害事故的经济反应。

> **本章重点和难点**
>
> 灾害经济微观解析的基本观点：利益冲突与强制性规则调整，即期"转移型"补偿是根本出路；灾害与企业经济：灾害对企业的损害与影响，成本核算对企业行为的影响；灾害与家庭经济：灾害对家庭的损害与影响，家庭风险的管理；灾害与社会公共组织：社会公共组织中的独特灾害经济问题，社会公共组织对灾害事故的经济反应。

第一节 灾害经济微观解析的基本观点

一、基本出发点——宏、微观有机结合

灾害经济的宏观解析，是以整个人类社会灾害经济现象的整体为考察对象，并通过对这些现象的总结和概括揭示其整体规律与总体关系，从而更多地表现为一种理论上的抽象和概括。然而，各种灾害事故又均是具体的、客观的自然或社会现象，其具体承受体实际上是作为现实社会细胞的企业、家庭和各种社会公共组织（尤其是企业和家庭），它们构成了灾害经济学中的微观层面，并直接决定和影响局部领域或个别领域的灾害经济问题，进而决定和影响灾害经济的整体。

首先，从受灾和损失的角度看，各种灾害事故一旦发生，直接损害的对象都是具有独立经济利益的社会细胞——企业、家庭和各种社会公共组织等构成的社会微观单位，这些单位作为灾害事故的具体承受体，在灾害事故中所遭受的经济损失即为整个社会总体灾害经济损失的一部分，所有单位在灾害事故中遭受的经济损失之和即为整个社会的总体灾害经济损失。因此，微观层次的损失实质上是宏观层次的损失的基础和最终决定因素。

其次，从致灾因素的角度看，各种人为事故均包含各个具体单位或组织行为失当和个人行为失当等因素在内。即使是自然灾害的发生，也包含越来越多的人为因素在内，即各个具有独立经济利益的组织或团体或个人的行为加剧了自然灾害的发展，而生态或环境灾变及高新技术事故等更是在近半个世纪中随着工业化进程的加快、人口膨胀、经济竞争激烈化等出现的新型灾害种类。如工业污染导致的生态、环境问题，既主要是工业企业的生产造成的，同时也有个人因素（如私人机动交通工具的普及化等）的影响。可见，企业、家庭和各种社会公共组织等既充当着灾害承受体，又是当代社会的致灾者，它们在取得发展的同时，不仅直接决定自身灾害问题的发展，而且汇合成影响整个灾害问题发展的基本力量。因此，微观行为是推动宏观行为的决定性因素。

再次，从政策层面看，微观层次需要制定适合自己发展的政策，但又必须服从宏观层面的发展政策。如果国家在发展中强调工业化和经济增长，可能会忽略环境污染问题（特别是在工业化初期），那么企业的生产行为必然以追求最大利润为目标；如果国家在促进工业化经济增长的同时，也高度重视环境保护等，那么企业就必须考虑自己的生产是否符合这种政策要求，环境保护政策成为企业考虑发展问题的基本前提。可见，宏观政策同样直接影响乃至决定微观层次的灾害经济问题。

上述分析，揭示了灾害经济中宏观与微观之间不可分割的内在联系，宏观以微观为基础，微观则蕴涵于宏观之中，它们既决定自己的发展轨迹，又互为决定因素。因此，宏观解析与微观解析的有机结合应当成为研究灾害经济问题的基本出发点。其中，宏观层面的灾害经济解析，显示的主要是灾害经济较为抽象的、规律性的一面；针对企业、家庭等微观层面的灾害经济解析，才是灾害经济学的具体化。

二、利益冲突与强制性规则调整

个体与整体之间存在利益冲突。如国家与企业之间，前者需要保持经济、社会的协调发展和经济的可持续发展，从而特别需要强调长远利益；而后者必须给投资者以利润回报，从而必然更多地关注即期利益。长期利益的实现要求注重保护环境并必须控制污染问题，而即期利益的实现则在于努力降低包括排污费等在内的成本。

如果缺乏相应的调节机制，个体与整体之间利益冲突的结果，往往是个体利益的实现损害整体利益，之后是整体利益的损害又反过来损害个体利益。如企业为节省成本开支而乱排废水，造成环境污染，企业在即期得到了成本降低、利润上升的经济利益，但随后因整体环境的恶化造成无可用之水，企业也会受到直接损害。

当个体利益损害整体利益并最终导致损害个体利益时，会促使一部分受害个体采取逃避行为而将被损害的整体留给其他受害者，如污染企业的投资者抽走投资，造成被污染的地区的居民迁往他处等。正是个体行为致灾后存在着逃避受害的办法，才使依靠道德的软约束不能解决好个体与整体的利益矛盾。因此，必须加以公平的强制性规则，同时配合道德文明的软约束，才能实现兼顾两者利益、维护可持续发展的目标。

公平的强制性规则，是指对个体行为的法制、政策规范及其实施、监督，它以个体行为不损害整体利益或其损害只能在制度规范的范围内为目标，对违规者实施惩戒，即主要是经济上的惩戒，辅之以司法惩戒，因为个体行为损害整体利益的内在动力往往是经济利益的直接驱动，如果惩戒使致害者无法获取利益甚至还要付出较成本更高的代价，则能够避免许多损害整体利益的不良个体行为。社会道德的软约束，则是指非法制规范，但已形成社会公认的行为准则，如楼上居民乱丢废物而造成一楼居民深受其害或整栋楼的居民深受其害，必然招致全体居民的共同指责，不能乱丢废物即为社会公共道德规范。两者结合，能够使个体利益与整体利益的冲突调和到一个比较合理的界限内，最终实现协调发展。

三、即期"转移型"补偿是根本出路

灾害的不可避免规律，决定了任何企业、家庭、社会公共组织等事实上都存在着灾害损失难以避免乃至不可避免的经济问题。一旦发生灾害事故，受灾体因其自身承受能力的有限性，必然造成十分严重的灾害后果，或者导致生产经营的中断，或者导致生产规模的缩小，或者导致市场竞争的失败，或者导致家庭生活水平的剧降甚至陷入生活绝境。灾害的不可避免规律与微观层面灾害损失的不可避免规律，决定了只有建立适当的灾害损失补偿机制，才能真正避免各种灾害事故对各具体受灾体正常生产与生活秩序的巨大危害。

宏观上灾害事故造成的物质财富损失和人身伤亡往往是一种净损失，即是社会财富的净灭失，它也需要进行补偿，但要对这种损失进行补偿，只有通过灾后生产相应的社会财富或人口再生产的增长等才能实现，这种补偿可以称为未来的"增量型"补偿。微观上灾害事故造成的经济损失因可以通过相应的财务处理和来自外部的经济援助而能够变成一种相对损失，如某企业遭受火灾并造成了足以令该企业破产的经济损失，但该企业因事先参加了保险公司的财产保险而获得了足额的保险补偿，从而能够迅速恢复被灾害事故中断了的生产经营，该企业的火灾损失虽然仍然是社会财富的净损失，但对受灾企业却只能算是一种相对损失，因为受灾体已经通过平时的财务处理将这种损失转嫁给了保险公司；这种补偿可以称为即期的"转移型"补偿。

剔除某些无法得到任何灾害事故损失补偿的受灾体，一般受灾体将灾害事故造成的净损失转变为一种相对损失，存在着主动性转变措施和被动性转变措施两种类型。

主动性转变措施即是受灾体事先通过适当的财务处理来防范灾害事故的发生。如企业参加有关保险，或自设附属保险人，或与他人合作对某种灾害事故风险进行共同的财务防范，这些财务处理均能够将企业不确定的灾害事故损失变成一种可计划的相对小的成本投入，是帮助企业渡过灾难危机的通用措施。

被动性转变措施即受灾体事先并不专为灾害事故做相应的财务处理，而是凭借某种关系在灾后获得有关方面的经济补偿。如某居民家庭发生火灾，造成倾家荡产，但与其关系密切的亲友对其进行了经济援助，或者受灾户向政府或慈善机构申请到了经济援助。这种措施往往不需要受灾体在灾前付出额定的代价，但灾后是否能够获得补偿或补偿的程度则取决于多种不确定的因素。如亲友援助取决于受灾户平时与亲友的关系是否密切，以及亲友是否具备施以援手的能力。政府或慈善机构的救助取决于相应的政策规范和额定的低标准，且这种援助只能在最低水平上帮助受灾体渡过生存危机；而企业等则不可能有这种救助性补偿。因此，上述被动性措施并不能真正解决受灾体的灾害经济问题。

在一定条件下，微观受灾体的灾害损失能够在灾害事故发生即期通过有关途径得到适当的补偿，这种补偿正是受灾体迅速摆脱灾变的危害或影响的根本出路，因此受灾体应当努力争取主动性的灾害损失"转移型"补偿。

四、风险管理与风险费用核算是关键

企业、社会公共组织和国民个人在灾害事故中充当了受灾体与致灾体的双重角色。尽管受灾与致灾存在着一定量的联系，但灾害事故的不确定性又使两者并非总是构成比例性的相关量关系。因此，在确定的宏观政策和法制、道德规则条件下，对企业、社会公共组织和居民家庭或个人而言，风险管理显然是处理其自身灾害经济问题的基本手段，而进行风险费用的核算则是其采取相应的管理行动的关键。

一方面，各微观组织或城乡居民都存在着遭遇各种灾害事故的风险，任何对风险问题掉以轻心的组织或家庭不仅可能因灾害事故的突然发生而陷入困境甚至绝境，而且也非市场经济条件下的企业、公共组织或居民的理性行为，无数灾害事故的发生及其损害后果表明，受灾体是否对自身的灾害事故风险进行科学而合理的管理，直接决定其生存与发展状态。另一方面，开展风险管理的内容主要是预测自身可能遇到的风险，测算风险可能造成的损害后果，对风险进行经济上的处理，或强化安全保护和抗灾害事故的设施建设，或通过向保险公司投保进行转嫁，或通过自身的积累来抗拒，或牺牲某种可能获得的经济利益而换取减少事故乃至避免灾害事故发生，均需要付出直接的经济代价——支付相关的处理费用，尽管风险管理费用的支出是必要的，但管理者能否在费用上承受，如何采取成本较低的方式来取得最有效的风险管理效果，则是必须通过对费用的核算才能准确把握的，否则会出现付出代价而风险管理效果不佳，甚至导致付出更大代价的局面。

风险管理和风险费用核算作为微观组织或居民家庭、个人处理自身灾害经济问题的基本手段和关键性内容，也是灾害经济微观解析的重要任务。

五、微观灾害经济的行为特征与规律

微观灾害经济是宏观灾害经济的基础。尽管各种微观组织和各居民家庭、个人的行为与灾害经济现象必然存在着某些差异,但根据同类归并的原则,仍然可以将其概括为企业中的灾害经济现象、家庭中的灾害经济现象、社会公共组织中的灾害经济现象三类,每一类均有较为一致的行为特征与规律。灾害经济微观解析的重要任务,就是揭示上述三大类灾害经济现象在灾害经济中的行为与规律,并以此作为整个灾害经济研究的基础。

第二节 灾害与企业经济

一、灾害对企业的损害与影响

企业是各种灾害事故的具体承受体之一。企业的被损害又往往影响社会再生产的顺利进行,这使企业成为灾害链与经济链相互影响并相互制约的重要传导体。各种灾害事故可能给企业带来的损害,一般包括以下几个方面。

(1)物质毁损 各种灾害事故均可能造成企业的固定资产、物化流动资产及企业负有安全管理责任的物质财产的毁损。企业的财产均是灾害事故袭击的目标,如火灾烧毁厂房,车祸致损车辆及其运输的货物或原材料,电力事故损害设备等损失即是企业的直接损失。如旅馆负责保管住客行李的安全,当发生灾害事故造成该种财产损失时,旅馆应当负赔偿责任。因此,从经济意义上讲,由企业负责安全管理的非自有财产物资的损失也是企业的直接损失。

(2)生产中断 任何灾害事故的发生,均会直接影响企业的正常生产,并导致相应程度、相应范围内的生产中断。如车间因工伤事故而停产,企业因灾害事故损坏了设备而停产,商店因起火或周边发生灾害事故而停止营业等。这些现象通常是灾害事故影响企业生产经营的直接后果,作为有别于物质毁损的损害方式,客观上带来的是企业生产额或经营额的减少,因此也是重要的经济损失。

(3)市场丧失 在市场经济条件下,企业的生存与发展状况完全取决于其占有的市场份额,这种份额通常只能通过参与市场竞争并在竞争中占据相应的优势才会取得。市场竞争的日益激烈化,迫使企业必须抓住一切可能的市场机会,并通过自己源源不断的产品供应去占领市场。然而,灾害事故的发生直接影响企业生产计划的完成,导致供货合同难以履行,进而迫使客户重新选择合作对象或供货方,从而不仅难以实现企业扩大市场占有份额的目标,甚至完全可能使已经占有的一部分市场因灾害事故的发生而丧失。市场丧失对企业的打击比物质损失或暂时性的生产中断更为严重。

(4)人员伤亡 灾害事故造成员工的伤亡也是企业的重要损失。一方面,员工伤亡

后，企业必须根据有关劳动法规的规定，支付伤残者相应的医疗费用和法定治疗或休养期间的工资，支付死者家属相应的抚恤费用和丧葬费用，这是人员伤亡导致的净利益损失；另一方面，员工伤亡后，企业如果要继续维持现有的生产规模，就必须雇用新的员工，雇用新员工不仅会增加新的代价，而且因新员工适应工作环境往往需要一个过程，工作效率较原有员工一般会受到影响，这是人员伤亡导致的间接性损失，但也是一种客观损失。

（5）其他利益损失　例如，灾害事故后的清理费用支出，污染事故产生的法律责任和被罚款，股票价格因灾害事故下跌，新投资计划因灾害事故而化为泡影等，均是对企业生产经营发展的客观损害。

上述损害带给企业的后果，便是企业经济利益的损失，这种损失若无有效的、及时的补偿，结果必然是企业在市场竞争中的失利或失败。例如，2021年3月1日，布拉索斯电力合作公司作为美国得克萨斯州最大、建立时间最长的电力合作公司，因欠下18亿美元的高额债务而不得不申请破产保护。2021年2月中旬席卷美国中部的数十年不遇的寒流，异常寒冷的天气导致得克萨斯州发电和供电系统彻底崩溃，众多家庭和企业因此停电停暖并蒙受了巨大的损失，布拉索斯电力合作公司被要求以高价购买代替电力并支付其他相关费用，因此产生了巨大的费用亏空直至破产。

二、成本核算对企业行为的影响

企业作为经济实体，生存与发展的主要目的之一就是为投资者赚取尽可能高的利润。因此，在微观经济学中，成本最小化几乎是所有企业确定生产计划的根本出发点。成本核算对企业行为的影响甚大，且这种成本核算完全是从自身利益的考虑出发而不是从整体利益的考虑出发的，这对于企业是非常正常的现象。

案例：20世纪70年代末的美国福特汽车公司产品事故诉讼

1978年，13岁的理查德·格林萧乘坐其邻居驾驶的一辆福特平托牌汽车回家，汽车在高速公路上突然减速，被后随的汽车撞上，油箱爆炸起火，导致驾驶该车的邻居当场死亡，理查德·格林萧烧伤面积达90%，虽幸免于难，但失去了鼻子、左耳和大部分左手，成了终身残疾。事故发生后，理查德·格林萧作为原告起诉了该汽车的制造商——福特汽车制造公司。原告律师指出，该次事故的发生是汽车设计错误所致，即这种装在后座下部的油箱，距离加速器只有8cm多一点，只要中等强度的碰撞便能引起爆炸起火。之后，原告方又提供了一个事实，即在第一批平托牌汽车投放市场之前，福特汽车公司的两名工程师曾经明确提出过要在油箱内安装防震的保护装置，每辆汽车需花费近11美元，但福特公司认为不加装防震装置在经济上更合算，因为按生产1100万辆小汽车和50万辆卡车计算，每车加上防震装置后需要增加成本1.375亿美元；相反，根据以往的事故发生概率和当时法定的索赔金额，在不加防震装置的条件下，充其量有180位平托牌汽车车主死亡，另加180位严重烧伤，2100辆汽车被毁，索赔金额可能只需要5000万美元，因此，福特汽车公司拒绝采用加装保护器的建议。法院在认定事实后，陪审团将惩罚性损失定为 1.25 亿美元，其中 1 亿美元是福特公司因未安装安全防震装置而省下来的成本（费用），另外的 2500 万美元则是真正的罚款（后来又将该项罚款减为 350 万美元），福特公司最终为该案付出了 1.035 亿美元的赔款。

此案例说明了企业成本核算中仅仅考虑自身利益和眼前利益，虽然能够获益于一时，但终究难以获得预期利益，最终出现损人而并未利己的结局。

因此，企业的成本核算对企业灾害经济产生着正面或负面的重要影响，过分追求降低成本可能带来企业利润的高增长，也可能带来整体利益受损害，最终导致适得其反的结果。

三、典型的企业经济模式

企业是为其投资者赢利的，纵观市场经济条件下处于竞争中的企业行为，可以发现不同企业选择的赢利模式也不同。在经济利益驱动下，根据企业的生产经营方式，可以将其概括为如下经济模式：

1. 正面典型

即企业在获取经济利益的同时，其生产经营不违背整体或公共利益。这种类型包括如下两种：

（1）利己利人型　企业的生产不仅无害于整体利益和社会公德，而且能够增进整体利益的实现，从而是自身利益与整体利益相一致的生产类型，可以称为利己利人型。如绿色产业就属于这种类型，它既为社会提供产品，又可以通过产品的销售来促进公共利益或整体利益的发展，且不会带来危及他人或公共利益的灾变。因此，这种企业的灾害经济损失主要是来自自然界的自然灾害和一般性意外事故所造成的经济损失。

（2）利己不害人型　企业的生产虽然不能增进整体利益的实现，但符合法律和社会公德的规范，其利益主要通过技术和资本的替代来实现，而不是通过对自然资源或劳力资源的掠夺来获取。这种企业的灾害经济损失也是自然灾害损失和一般性意外事故损失。

2. 负面典型

即企业在获取自身利益的同时，都是以牺牲公共利益或他人利益为代价的，有的企业甚至最终使自己成为自己的受害者，从而可以称为负面的典型。经济利益驱动下的负面典型可以分为如下三种：

（1）利己害人型　企业的生产只对自己有益，对他人或公共环境、整体利益则是一种破坏。如小型造纸企业，由于缺乏治污技术和能力，往往以对当地环境和田地的严重污染并导致农业减产、农业减收等为代价，是典型的一方获益、另一方受害的利己害人经济模式。随着法制的健全和生产力的进步，这种企业经济模式已经逐渐退出生产领域或改变其生产经营模式。这种企业的灾害经济损失除自然灾害损失和一般意外事故损失外，还会出现因受害方索赔而导致的灾变性经济损失。

（2）害人不利己型　如前文所介绍的美国福特汽车公司的案例，就是以增加威胁他人生命的风险为自己降低成本为条件的，但它在致害公众和消费者后并未给自己带来真正的经济效益，从而客观上是一种害人不利己型经济模式。因此，企业采用类似策略来进行生产经营，并非是一种理性的生产经营方式。这种企业的灾害经济损失除自然灾害损失和一般性意外事故损失及因受害方索赔导致的灾变性经济损失外，还有政府依据相关法律、法规、政策而征收的惩罚性罚款等。

（3）害人害己型　如一些企业从事非法生产活动或制售假货，必然遭到政府的严厉处理，巨额的罚款和对企业经营管理者的法律处分，必定使这类企业从害人获利开始，到害人害己告终。这种企业的灾害经济损失不仅包括上述各种类型的灾害事故损失，而且将被强制关闭。

四、企业风险的管理

微观层面的灾害经济与宏观层面的灾害经济的重大区别，在于前者注重的是整体利益的维护和长期发展目标的实现，后者注重的则是自身利益和即期利益的实现。对企业而言，维护整体利益主要是通过守法生产等来实现的，守法是其生产经营的基本前提，在不违法的条件下则可以追求自身经济利益的实现。因此，企业对灾害问题的重视也主要是从降低成本、增进效益的角度出发，这就使风险管理成为企业管理中的重要内容。

从灾害经济学的基本原理出发，企业风险管理的功能是减少灾害事故造成的经济利益损失，降低生产经营成本并增加企业的经营利润，同时通过维护企业生产经营的顺利进行而实现社会再生产的顺利进行。上述功能需要通过下列努力才能发挥：①避免或减少生产经营过程中劳动者的人身伤亡，控制职业病，由此降低企业的人员灾害事故费用；②避免或减少机器设备、工具、原材料、燃料以及半成品、产成品等的损毁，保障生产经营的顺利进行；③消除或减少生产经营对环境的危害和工业污染等，在降低企业相应的排污成本费用的同时促进整体利益的增大；④努力寻求转嫁各种自然灾害与意外事故风险的途径，如选择相应的财产保险与责任保险等。此外，除需要将风险管理工作纳入企业各管理层级的日常工作外，还应当根据企业规模大小来设置相应的风险管理部门或专职风险管理人员，这是确保企业对灾害事故问题进行卓有成效的管理的组织保证。

企业风险管理的环节包括：①认识企业中的灾害经济问题，即企业所有者与经营者应客观地认识本企业面临的各种灾害事故风险，同时根据本企业的性质以及同类企业以往的灾害事故损失资料来确定不同时期的风险管理对象，并制订风险管理计划作为管理风险的依据；②预测灾害经济损失，即根据本企业所积累的灾害事故损失记录和可能损失的对象的价值、可能的施救效果、损失数量、损毁程度的控制等来预测、估算各种灾害事故产生可能导致的企业的经济损失，以及对企业生产经营的直接或间接影响，如是否会导致生产经营中断、减产或减少营业额、市场缩小、生产经营规模受限制、企业的竞争力不能保持等；③针对企业中灾害事故问题制定相应的风险管理对策；④执行风险管理计划，如检查企业的安全生产、确定合适的保险对象、选择适当的保险公司、处理灾害事故发生后的相关事宜等；⑤考核风险管理效果，即可以通过对灾害事故等发生的数量、性质、造成的损失，从外部获得的经济补偿、灾后恢复正常生产经营的速度等一系列指标的统计及分析来考核企业风险管理的效益，若灾害事故发生少、损失小，从外部索回的赔款多、灾后恢复快，则表明企业风险管理的效果良好，反之则效果差。

下列领域应当成为企业针对灾害经济问题进行风险管理的重点领域：

(1) 日常劳动保护与安全管理　各种人为事故是企业灾害经济的主要风险来源，为此，企业应当首先强化劳动保护与安全管理工作。一方面，企业应严格遵守国家劳动保护方面的法律、法规、政策，同时在企业内部建立健全的安全生产管理制度和安全监察制度，树立全员安全生产意识，配备必要的防护性设施和防爆防火器材；另一方面，在管理中还必须讲究科学合理性，如各种灾害事故的发生，客观上都是由多种因素促成的，管理者应当了解本企业灾害事故的致因，并据此制定相应的规则，采取相应的行动，才会取得预期的效果。

(2) 保险成本核算　无论企业的风险管理工作做得如何好，有些风险仍然是不可避免且企业本身无法自我消化的，如地震、洪水、台风及火灾、爆炸等灾害事故，一旦发生，往往给企业造成巨额损失。因此，企业必须充分考虑分散与转嫁自身的灾害事故风险，即向保险公司投保相应的财产保险和责任保险等。在市场经济条件下，向保险公司转嫁灾害事故风险是企业消化灾害事故风险，稳定经营的一种惯用手段，从而应当成为现代企业风险管理中的必要内容。向保险公司转嫁灾害事故风险的关键在于进行保险成本核算。为此，企业应当首先调查、了解本企业面临的灾害事故风险类别和种类，从中确定必须向保险公司转嫁或通过向保险公司转嫁比企业自行处理在经济上更合算的灾害事故种类；其次了解保险市场各承保人的情况，确定部分资信良好、服务优良的承保人为转嫁风险的候选对象；再次根据转嫁风险的性质及其大小与候选承保人进行费率谈判，尽可能地用较低的费率来转嫁同样的风险；最后一旦发生承保范围内的灾害事故，应当及时向承保人索赔，及时足额索回保险赔款。保险成本的核算不仅关系到投保企业的保险经济效益，也关系到投保企业的生产经营成本，它对产品价格与企业的市场竞争实力均有一定的影响。因此，企业应当重视保险成本核算，并作为解决本企业灾害经济问题的必要手段和风险管理的重要内容来实施。

(3) 高新技术应用　科学技术是第一生产力，这已经成为共识。企业风险管理应当推动高新技术成果的应用，因为高新技术的应用不仅能直接提高劳动生产率和经济效益，而且能够减少生产经营中的人为事故风险，增强企业抗御灾害事故的能力。例如，对现代企业进行计算机管理能够减少生产中的人为失误，通过置换技术含量高的生产设备来减少手工操作可能减少人身伤亡，采用最新生产的劳动保护用品能够增强抗御灾害事故的能力，运用科学仪器来测算矿山、麻纺厂、纺织厂的粉尘可以防止并避免粉尘爆炸事故等。因此，企业中的灾害经济问题不是孤立的，而是与企业的生产经营紧密联系在一起的；解决企业灾害事故问题的风险管理也不是孤立的，而是与生产经营中高新技术的采用紧密结合，这种结合取得的将是增进企业生产经营效益和减少企业灾害事故损失的双重效果。

（4）避免盲目行动　风险管理的目的是减少经济损失并尽可能地增进企业效益，但有时管理者由于决策的失误或采取行动的盲目性，很可能达不到预期目标。如某企业向河流大量排放废水、废物，造成了河道下游地区的严重污染，受到了当地受害渔民和农民的申诉，政府有关职能部门出面处理，该企业决定采取新的排污方式，即拆掉一期工程投资 2400 万元上马的多效蒸发环保设备，代之以在周围的盐碱地上挖掘大坑来盛装每日数千吨含有高蛋白的废醪液，它虽然基本控制了昔日向河道大量排放污水的局面，但废水沉降池中却发出了难以驱散的恶臭，且离最近的居民住宅只有百米，从而又遭到了环保部门的质疑，即新的处理污染方式不仅使恶臭成为新的污染源，而且可能影响当地地下水质和区域水平衡。造成治污投资效果不良的原因，主要是企业的治污没有经过环保部门的审批验收，缺乏环保专家的科学论证。

在此案例中，企业的出发点无疑是值得肯定的，即为了减少废水对河流的污染，维护整体利益；但盲目的治污行动却又酿发了新的污染，一旦污染源持续恶化，企业将面临政府的罚款和不得不重新投资兴建新的治污工程。可见，该企业治污投资的效果已经偏离了预期的设想，它不仅没有从根本上解决该企业对环境的污染问题，而且有可能导致企业治污投入的增加。因此，用灾害经济学的观点来评价，它并没有实现使"损失最小化"的目标。类似行为是值得企业吸取的风险管理教训。

第三节　灾害与家庭经济

一、灾害对家庭的损害与影响

家庭（包括个人）是各种灾害事故具体的、微观的承受体，同时也是诱发乃至酿成有关灾害事故的致害体，如小孩玩火导致火灾的发生，携带危险品上车使交通工具在运行中发生爆炸事件以及乱丢垃圾等，均是城乡社会成员易见的致灾例子。由于家庭是社会的最小单位，其致灾影响显然不能与同样作为社会细胞的企业相比，从而更多地表现为各种灾害事故的承受体，并且会因为家庭或个人抵御灾害的能力极为有限而更容易受灾害事故的袭击。因此，对城乡居民家庭和社会成员个人而言，灾害事故仍然是其家庭经济中必要且重要的问题，家庭中的灾害经济问题与企业等其他微观层次的组织或单位的灾害经济问题，共同构成了整个社会灾害经济的基础。

综合考察城乡居民家庭面临的各种灾害事故，主要可以概括为自然灾害、意外事故和有关道德风险损失三大类。自然灾害主要包括洪水、台风、地震、风暴潮、冰雹等各种可能危及家庭财产安全和家庭成员健康、安全的灾害；意外事故则包括火灾、爆炸、中毒及其他意外伤害事故等；有关道德风险则有盗窃、抢劫等风险。上述灾害事故及道德风险均是城乡居民家庭面临的客观风险。需要指出的是，乡村居民的风险还包括其所种植的农作物、林果业和养殖的水产品、畜牧产品等可能遇到的灾害事故，因此较城镇居民面临的灾害事故风险更大。

灾害事故对家庭经济的打击，可以概括为如下几个方面：

（1）物质财富的损毁　洪水、台风、风暴潮、冰雹等气象灾害和地震、滑坡、泥石流等地质灾害，以及火灾、爆炸、失窃等人为灾害的发生，均会给城乡居民家庭或个人带来直接的物质财富的损毁，如房屋倒塌、电视机爆炸、其他财产被火灾焚毁、车辆失窃等，即是城乡居民家庭或个人财产遭受各种灾害事故损害的结果。因此，灾害事故对家庭或个人的损害首先表现为城乡居民家庭自有物质财产或代他人保管的物质财产的直接损毁，是一种有形财产的损毁，它对家庭经济的直接影响是家庭财富的减少和正常的家庭经济计划被打乱，在不同程度上损害着家庭经济的正常发展。

（2）人员伤亡　家庭成员或个人因灾害事故的袭击而受到伤害是灾害事故给家庭或个人带来的第二种最为普遍、最为直接的损害后果。例如，2008年5月12日发生的5·12汶川大地震，造成6.9万多人遇难、1.7万多人失踪、37万多人受到不同程度的伤害，即是地质灾害带给上百万个家庭的巨大灾难。家庭中死者若是劳动力，则其家庭经济状况会因该劳动力的丧生而导致收入锐减；至于伤者，无论年龄，均需要花费相应的医疗费用等，从而必然导致家庭费用支出的增加，并具体表现为费用损失；二者均直接损害着家庭经济。可见，任何灾害事故导致的人员伤亡，都是城乡居民家庭或个人的重大灾变，是对家庭经济收入来源和正常支出计划的重大打击。

（3）生产损失　城镇个体劳动者因灾害事故的发生还会遭受生产损失，虽然规模有限，但性质与企业无异；农民从事的农业生产，更容易遭受灾害事故的袭击。农业灾害造成农民减产，实质上也是收入减少，直接后果即是农民家庭经济状态的恶化或破产。不仅如此，农业歉收造成农副产品供应短缺，物价上涨，进而使生活代价上升，使家庭经济损失扩大。

综上所述，可以发现灾害事故对家庭的损害是通过造成物质财富的损毁、家庭成员的伤亡和生产上的损失来表现的，它对家庭经济的深刻影响则主要表现为家庭生活和经济状况会因灾害事故导致收入减少、费用支出增加或生活代价上升而陷入困境甚至绝境，因灾害事故造成的家庭生计问题最终将酿成严重的社会问题。

二、灾害事故与家庭收入的关系

在社会上，由于各种客观和主观因素的影响，部分社会成员能够获得较高的经济收入，部分社会成员只能获得较低的经济收入，从而形成了以收入水平为划分标准的社会成员阶层结构。社会成员的不同收入水平，意味着处于不同社会阶层的城乡居民家庭的生活水平和财富积累数额不同，且与灾害经济存在着难以分割的关系。例如，根据美国圣路易斯联邦储备银行的统计数据，美国10%的人占据了70%的财富，50%的人的财富只占不到2%；到2020年收入最高的1%的美国人净资产为34.2万亿美元，但最贫穷的50%人口仅拥有2.08万亿美元，占当年全部收入的1.9%，可见社会财富集中在少数富人家庭。因此，贫富差别的客观存在，是当代世界各国的现实社会问题，这种差别因为各种灾害事故的存在及其对家庭经济的威胁与危害，更表现出严峻性和社会性。

在经济发达国家或者是发展中国家，贫富差别也是随着经济体制的建立与发展而日益显现的客观事实。各个国家随着经济环境和经济发展水平的变化，不同群体因各种先天或后天因素导致的收入差别而出现阶层结构的复杂化，从而不仅使家庭中的灾害经济成为整个社会灾害经济问题的重要基础，而且不同的家庭还存在着不同的灾害经济问题。家庭的收入差距及财产结构是研究家庭灾害经济问题必须关注的问题。收入水平的不同和财富增长速度的快慢决定了城乡居民家庭生活水平。不同经济发展水平的国家，贫富差别的存在都是客观事实。

家庭收入与灾害应对的关系为：

1）家庭收入差距与贫富差别，是各国政府都难以在短期内改变的社会问题，灾害事故作为任何家庭都无法避免的风险，则是所有家庭要考虑的现实问题，但不同生活水平的家庭会有不同的灾害经济问题。

2）收入越高，家庭越富裕，家庭财产的结构就越复杂，灾害事故的损害后果可能越严重；反之亦然。

3）收入越高，家庭越富裕，家庭经济的承受能力就越强，自我保障或转嫁风险的可能性就越大，其灾害事故的损失能够通过"转移型"补偿的途径获得补偿，从而可以将自身损失降到最低；反之，收入越低，经济承受能力与灾后自我恢复能力越弱，需要付出经济代价的风险转嫁等措施可能被疏忽。

4）不同收入层次的家庭因财产结构不同，可能遭遇的灾害事故存在区别，各种灾害事故危害的对象也存在差异，因而它们采取的风险管理措施会有区别。例如，富裕型家庭较重视风险转嫁，贫穷型家庭则会重视自我管理等。

家庭中的灾害经济问题包括两层含义：一是在灾害事故的打击下，如果缺乏必要的补偿或损失替代机制，包括高收入阶层在内的城乡居民家庭均可能陷入贫困境地，灾害事故是致贫的一个重要原因，在某些情况下甚至是决定性原因；二是灾害事故对低收入家庭的打击比对富裕家庭的打击更严重，造成"雪上加霜"的后果。高收入家庭一般财产多、分布广，物质财产与金融资产的结构较合理，在灾害事故中财产受损率相对较低，补偿能力强，保险程度高；而低收入家庭财产少且集中，财产结构主要是物质财产，在灾害事故中财产受损率往往很高，自我补偿能力弱，保险程度低，故一旦遇灾，便可能陷入生活绝境。

三、家庭风险的管理

既然灾害事故是影响家庭经济的一个重要因素，城乡居民家庭就需要考虑相应的对策。尤其是在收入水平和生活水平不断提高、私人财富不断增长的条件下，城乡居民家庭更需要有风险意识和相应的风险管理手段，即通过事先的财务安排或计划来应付可能发生的各种灾害事故，这对于现代家庭而言是完全必要的。

家庭风险管理的目的，首先是尽可能地避免或减少灾害事故的发生及其对家庭经济造成的危害，维护家庭经济的健康发展与家庭生活的正常化；其次是通过这种风险管理来降低全社会的灾害事故风险，减少社会财富的净损失，并使家庭在整体获益中获益。家庭风险管理措施主要包括：

（1）自我保障　家庭既是一个小的社会单位，也是一个小的经济单位，不可能像政府或企业那样开展有组织的风险管理活动，但家庭仍然可以通过家庭成员的日常努力来实现自我保障的目的。如增进防灾意识，开展行为自律，掌握一般救灾办法，以及通过平时的储蓄积累等来增强自我补偿能力。

（2）转嫁风险　主要是通过参加保险公司的家庭财产保险、个人责任保险、意外伤害保险等险种来向承保人转嫁风险，其意义与企业参加保险一样，是可供城乡居民家庭采用的一种灾害经济损失"转移型"补偿办法，尤其值得具有小康生活水平及以上生活水平的居民家庭采用。

（3）合理处理垃圾，避免或减少家庭废物造成的污染　生活水平的不断提高，使生活垃圾也在不断增加，并成为危害社会公共环境和城乡居民生活环境的致害因素。因此，在居民家庭风险管理中，应当重视对生活垃圾的处理，通过减少生活垃圾对居民居住环境的损害来增进居住区的公共利益。为此，除需要城乡居民的自觉性外，还需要有相应的来自外部的经济诱导。

总之，家庭既是社会单位，也是经济单位，灾害事故作为任何家庭都无法完全避免的现实风险，决定了灾害经济也是家庭经济中的重要内容。因此，居民家庭在考虑家庭经济问题时，需要考虑家庭可能出现的因灾害事故造成的经济损失及其合理的经济补偿途径，同时做出必要而又适当的财务安排（如保险费支出、垃圾处理支出等），这是现代家庭都应当具备的理性的经济观念。

第四节　灾害与社会公共组织

一、社会公共组织的经济意义

所谓社会公共组织，是指以公共利益为追求目标、以提供各种公共服务为基本手段，以非营利性为基本特色的各种组织（包括各种团体，政府组织也可以被视为社会公共组织）。在常规经济学中，社会公共组织因其不具有生产物质财富的职能，且没有营利性，往往将其视为另类进行处理。然而，这种处理并不能否定社会公共组织仍然是具有经济属性的组织，它的经济意义表现在以下几方面：

（1）社会公共组织为了服务社会，必然具有自己的财产物资　社会公共组织不具备生产职能，从而缺乏像企业那样的物化流动资产，但包括房屋建筑物、机器设备、交通运输工具等在内的固定资产及相应的低值易耗品，均是其履行服务社会职能的必要物质基础，它们作为社会公共组织所有或管理的资产，是否安全将直接关系到社会公共组织的生存与发展及能否顺利履行正常职能，从而构成了社会公共组织自身经济利益的第一个重要组成部分。

（2）社会公共组织为了服务社会，必然拥有自己的员工 公共服务或公共管理职能的履行，是在拥有一定的物质条件的基础上，通过人去完成的，因此，任何社会公共组织都必然拥有一支自己的员工队伍，他们的安全与否也直接影响社会公共组织的工作效率和经济利益。可见，员工对于社会公共组织而言，与员工对于企业而言的经济性质是一致的。

（3）社会公共组织的各种活动均需要相应的费用支撑 社会公共组织履行自己的职能，需要有相应的财政支撑，包括稳定的经费来源渠道、严格的经费管理、合理而规范的经费开支范围与标准等。因此，经费的筹集、管理与使用作为纯粹经济意义的事情，显示了社会公共组织所具有的经济属性。

（4）社会公共组织（部分）还可以通过相应的收费服务来弥补自己财政的不足 尽管社会公共组织不具有营利性，但并非不能有自己独立的经济活动，如养老院按照适当收费的原则收养有退休金的老年人，高等学校向学生收费等，均是合理合法的行为。这表明社会公共组织事实上存在着不盈利的经济活动，这种活动对于其生存与发展具有重要的经济意义。

二、社会公共组织中的独特灾害经济问题

在肯定灾害经济问题是社会公共组织发展进程中的重要问题并必然需要采取相应的措施的基本前提下，社会公共组织中的灾害经济问题具有如下独特性：

1）危害社会公共组织的灾害结构有别于企业或家庭。如社会公共组织一般不会出现工业事故和污染事故，并大多具备抵御一般自然灾害的能力，各种危及农业的灾害很难对社会公共组织造成损害等。因此，与企业等生产单位和城乡居民家庭（尤其是从事各种农业生产或个体工商业经营或家庭工业的居民家庭）相比，社会公共组织面临的灾害事故相对简单，灾害事故带来的危害也相对少一些，但灾害事故致因中的人为性却更多些。这一特点决定了：①社会公共组织对灾害经济问题的重视程度往往较企业或家庭要弱；②社会公共组织管理灾害事故的重点领域主要集中在防火、防盗及防范少数自然灾害等方面；③灾害事故的多寡及其危害大小，往往取决于社会公共组织对灾害事故的管理力度和具体措施。

2）社会公共组织更多地扮演着受灾体的角色而非致灾体的角色。社会公共组织既非生产单位，也非生活单位，而是以公共服务部门或公共职能机构的角色出现，且以维护公共利益为本身职责，从而不仅很少危害公共利益或公共环境，而且能够通过自身职责的履行来规范和约束企业与家庭的某些行为。尽管部分社会公共组织也会发生一些意外事件而酿成危害公共利益的事故等，但这种可能的概率较小。因此，社会公共组织在灾害经济中往往扮演着受灾体的角色而非致灾体的角色，这使得社会公共组织在各种灾

害事故中的"无辜性"更加明显。

3）社会公共组织不具有营利性，这一特征决定了它的行为不可能是市场行为，它的利益更多地表现为公共利益。因此，从形式上看，社会公共组织缺乏内在的经济利益驱动力量。这一方面使社会公共组织不会因追逐自身经济利益而发生危害社会公共利益的灾难性事件，另一方面也会促使社会公共组织在对待灾害事故的问题上往往对政府和社会抱有更高的期望。当然，在不同的国家和不同的经济制度下，包括政府部门在内的各种社会公共组织对灾害事故的态度并非完全一致。例如，在我国，政府负责的公共设施及某些事业单位等，通常将国家财政视为最可靠的支撑或保障力量。而在美国，政府负责的公共设施等却必须像企业那样考虑自己可能出现的灾害经济问题，并总是像企业一样采取将风险转嫁给保险公司的方式，以便实现灾害事故损失"转移型"补偿的目标，保险人似乎比国家财政更具可靠性。

4）灾害事故对社会公共组织的直接损害通常间接地损害社会公共利益。如果说企业或家庭遭灾主要损害受灾体自身的利益，而社会公共组织遭遇事故却具有公共性。如某机构发生火灾，烧毁了办公楼，办公被迫中断或隔一些时日在另一地点重新办公，必然给到该机构办事的单位或个人带来不便；学校遭灾导致被迫停学，也并非学校自身的事情，而主要表现为造成学生无法正常学习的后果；公共活动场所因灾不得不停止开放，受影响的也不只是该公共活动场所的所有人或管理者，而更主要地表现为需要到该场所去活动的社会公众。可见，社会公共组织的灾害经济问题还具有社会性、公共利益性的特殊意义，这是企业或家庭中的灾害经济问题所不具备的，也是难以通过市场调节等"看不见的手"的措施解决的问题。

当然，强调社会公共组织中的灾害经济问题的特殊性，并不等于它与企业或家庭中的灾害经济问题缺乏共性。因为它们都是灾害经济的微观细胞和直接受灾体，灾害事故同样会造成社会公共组织的物质财富损失和工作人员伤亡，同样会导致正常的工作秩序被中断，同样需要有对灾害事故造成的损失进行经济上的补偿，同样存在着防灾减灾的必要等。

三、社会公共组织对灾害事故的经济反应

作为社会的微观细胞，社会公共组织对各种危及自身利益和安全的灾害事故同样需要做出必要的经济反应。必要的经济反应主要包括两个方面：

1）社会公共组织需要对灾害事故采取相应的防范措施，以避免或减少灾害事故的危害。为此，有必要将防灾减灾设施的建设、维修及相应的防灾减灾措施的运行等所需的费用纳入社会公共组织的财政预算。

2）社会公共组织需要评估灾害事故一旦发生可能带来的经济损失，并为此做出必要的财务安排与计划。如确定向保险公司转嫁风险的范围与保险标准，并为此做出适当的财务安排；对灾害事故发生后可能获取的来自外部的财政支持，也应当在事先根据平时的经费来源渠道等做出相应的计划。

思 考 题

1. 如何理解灾害经济中的宏观与微观的内在联系？
2. 如何理解灾害经济学微观解析中即期"转移型"补偿是根本出路？
3. 简述灾害对企业的损害与影响。
4. 简述面对灾害企业风险管理的主要环节。
5. 简述企业针对灾害经济问题进行风险管理的重点领域。
6. 简述灾害对家庭的损害与影响。
7. 简述面对灾害家庭风险管理的措施。
8. 简述社会公共组织的灾害经济问题的独特性。
9. 简述社会公共组织对灾害事故的经济反应。

第五章

灾害短期经济影响与长期经济增长

> **本章主要知识点**
>
> 灾害短期经济影响，主要包括：供求分析、弹性对均衡价格的影响；灾害与长期经济增长，主要包括：灾害与宏观经济变量、灾害与生产可能性边界、灾害对长期经济增长的影响。

> **本章重点和难点**
>
> 弹性对均衡价格的影响，灾害与生产可能性的边界，灾害对长期经济增长的影响。

第一节 灾害短期经济影响

灾害发生后，受灾地区的生产和经营活动受到一定程度的影响，而随着时间的变化，一方面，灾后的恢复重建会使受灾地区的生产逐步得到恢复，产量提高；另一方面，区域外商品也会流向受灾地区，填补由于受灾地区产量下降而形成的市场空间，使受灾地区商品供给量提高。灾害对经济的短期影响中，短期定义为在灾后时期内，商品供给来不及调整的时期。此时灾区的生产还没有恢复，区域外物资和援助物质也没有大规模到达，商品的供给量不能根据价格做出及时调整。通常，短期对应灾后的应急响应阶段（Emergency Response）和修复阶段（Restoration Period）。

一、供求分析

（一）灾后商品需求的变化

一般来说，灾害会直接造成商品供给的减少，如灾害破坏生产线，破坏厂房、设备等，造成商品供给的下降。灾害发生后，商品需求的变化受多种因素的影响，形成灾害直接影响的结果和灾害间接作用的结果。

1. 灾害的直接影响

灾害会直接造成商品需求的变化。灾害发生后，可能影响商品或服务的质量或安全性能。那么在任何价格下，人们都会减少对该商品或服务的需求从而造成需求的变动，表现为需求曲线向左移动，如图 5-1 所示，需求曲线由 D_0 移动到 D_1。

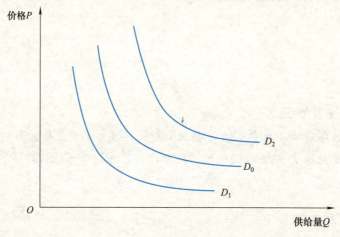

图 5-1　灾害引起需求的变动

例如，我国 2020 年 7 月的洪涝灾害对农业、工业生产活动均造成了较大影响。洪涝导致了物流运输受阻，建筑工地材料运输与钢筋混凝土浇筑均延迟，特别是洪水较为严重地区，很多新开工项目被迫停工，在建项目"赶工"放缓，钢材需求出现了明显下降。

灾害有时候也会使某种商品的需求增加。例如，在极端寒冷气候条件下，人们对保暖衣物、供暖设备的需求会显著增加。那么在任何价格下，人们都会增加该商品或服务的需求，需求曲线就会向右平移，由图 5-1 中的 D_0 移动到 D_2。

2. 相关商品需求的变化

灾害可能并没有直接影响某种商品的供给或需求，但影响相关商品的需求，从而造成该商品需求发生变化。商品之间的关系可以分为两种，一种为替代关系，另一种为互补关系。

如果两种商品之间可以互相代替以满足消费者的某一种欲望，则称这两种商品之间存在着替代关系，两种商品互为替代品。如苹果和梨就是互为替代品。如灾害毁坏自来水管线或者使水源地受到污染，造成自来水供应中断，那么作为自来水替代品的矿泉水的需求就会增大。如果两种商品必须同时使用才能满足消费者的某一种需求，则称这两种商品之间存在着互补关系，两种商品互为互补品。汽车与汽油的关系就是互补关系。计算机硬件之一的内存必须和构成计算机的其他部分同时使用才能实现一台完整计算机的功能。内存的价格发生变化，则计算机的价格也有可能发生相应的变化。

3. 收入的变化

灾害会造成收入的变化，收入的变化也会对商品的需求造成影响。注意收入的变化对正常商品或劣质商品影响的不同。随着收入增加而消费也增加的商品是正常商品，低档商品是消费者随着收入的增加而减少对该种商品需求的商品。灾害引起消费者收入的减少，则消费者对正常商品的需求减少，而对低档商品的需求增加。

4. 预期外来援助

灾害发生后，外来援助对人们的心理预期会产生影响，如果人们预期在未来很短的时间内，外来的援助就会到来，则不会大量储备物资，需求不会大幅上升，若人们预期外来援助很久以后才能到达，就会大量储备这种商品，使需求大幅上升。这时，需求的变化量为援助时间的函数。

5. 互助行为

灾害发生以后，由于对灾民的同情心，往往会发生互助行为。例如，地震毁坏房屋，没有受到影响的居民可能会主动帮助受灾的朋友或亲属，短期内免费提供住房，从而使房屋、避难场所的需求上升没有预期的多。

此外，有关灾害的负面信息等也会影响人们的需求。在现代社会，信息可以快速地通过网络、通信或传统媒体等传播，关于商品或服务的负面信息会改变人们的需求，使需求曲线移动。

（二）灾害条件下供求变化分析

一种商品的均衡价格是由该商品市场的需求曲线和供给曲线的交点决定的。因此，需求曲线或供给曲线位置的移动都会使均衡价格水平发生变动。

1. 供给变动的影响

灾害可以从多方面影响供给，如旱灾或洪涝灾害减少粮食的供给，地震灾害破坏厂房设备并造成人员伤亡，造成工业产品供给下降等。对于灾害发生后短期内，受灾地区商品的供给无法根据价格做出及时调整。此外，在短期内，如果外部援助物资和商品的流动也不可能大规模到达。因此，供给曲线是垂直于横轴的直线，或者在短期内商品的供给是完全无弹性的。如图 5-2 所示，供给减少会使供给曲线向左平移，从而使均衡价格上升，均衡数量减少。

在图 5-2 中，横轴为数量（供给量），纵轴为价格，某种商品既定的需求曲线 D 和灾前的供给曲线 S_1 相交于 E_1 点。均衡点 E_1 对应的均衡价格和均衡数量分别为 P_1 和 Q_1。供给减少使供给曲线向左平移至曲线 S_2 的位置，且与曲线 D 相交于 E_2 点。在均衡点 E_2，均衡价格上升为 P_2，均衡数量减少为 Q_2。这解释了灾害发生以后商品的产量降低、价格上升的现象。如旱灾发生以后，粮食产量下降，但没有影响粮食的需求。

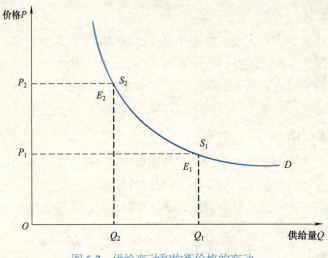

图 5-2　供给变动和均衡价格的变动

2. 需求变动的影响

灾害可以通过直接或间接的方式影响商品的需求。理论上，灾害有可能造成商品需求增加或减少，进而影响商品价格的变化。

在供给不变的情况下，如果灾害使某种商品的需求增加，会使需求曲线向右平移，从而使均衡价格提高。如图 5-3 所示，既定的供给曲线 S 和最初的需求曲线 D_0 相交于 E_0 点。在均衡点 E_0，均衡价格为 P_0，均衡数量为 Q_0。需求增加使需求曲线向右平移至曲线 D_2 的位置，曲线 D_2 与曲线 S 相交于 E_2 点。在均衡点 E_2，均衡价格上升为 P_2，均衡数量依然为 Q_0。

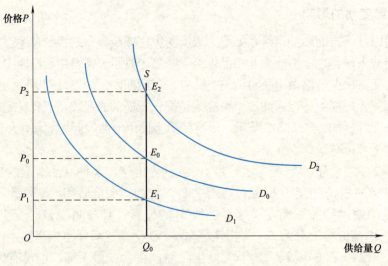

图 5-3　需求变动和均衡价格的变动

灾害发生以后，即使商品的生产没有受到影响，但由于商品需求增加，也会造成商品的价格上升。致灾因子影响某种商品的需求，而没有对该商品的供给造成影响，如地震造成供水系统的破坏，但没有破坏矿泉水的生产，作为自来水替代品的矿泉水需求会增加，而其供给没有受到影响，就可以采用这种方法来解释。

如果灾害使某商品的需求减少，则需求曲线会向左移动，均衡价格会下降。

灾害发生以后，由于受灾群体之间的互助行为，会使某种商品的需求量没有预想的大。也可以认为，在灾害发生的短期内，社会和心理因素改变了人们的效用函数，使人们的行为发生变化。同样的道理，由于受灾群体之间的互助行为，食品的价格可能也不会大幅上涨。如果人们持有外来援助会很快到达的心理预期，那么就不会大量储备物资，已经储备物资的人们也有可能主动把物资分发给受灾的人群。

此外，因道德或感情等方面的因素影响，销售商也有可能不在商品短缺期间大幅提高价格。

3. 需求和供给均发生变化

如果灾害既影响商品的需求，也影响商品的供给，那么情况就会变得复杂一些。

灾害可能同时引起需求增加和供给减少，如地震灾害完全破坏某地区的供水管线，供水完全中断，作为自来水替代品的矿泉水的需求就会大幅增加。如果矿泉水生产也受到部分破坏，供给就会减少。

如图 5-4 所示，灾前商品的需求曲线和供给曲线分别为 D_1 和 S_1，两条曲线相交于 E_1，对应的均衡价格和均衡数量分别为 P_1 和 Q_1。由此，供给曲线和需求曲线同时变动引起的价格上升幅度较大。

如果灾害造成某种商品的需求减少，供给也减少，那么价格变化方向就会不确定，有可能上升，有可能下降，也有可能不变化，这取决于需求和供给变化的幅度。

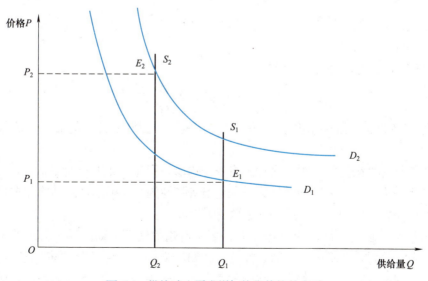

图 5-4　供给减少需求增加均衡价格的变动

二、弹性对均衡价格的影响

由需求法则可知商品价格上升，则需求下降；商品价格下降，则需求上升。但对于许多问题，仅知道需求的变动方向不能确定价格变动，还得知道变化的程度。有些商品和服务的需求对价格比较敏感，如首饰、旅游等；有些商品和服务的需求对价格的变动则不甚敏感，例如药物、医疗服务、食盐等。在根据弹性理论讨论不同商品需求或供给变化时，需考虑其价格变化的敏感情况。

（一）需求价格弹性

1. 概念

首先，对"剧烈变动"和"微小变动"做出严格的定义。蔬菜涨价 1 元是大变动，而对于汽车来说，涨价 1 元则微不足道。比较合理的表达应该是相对变化的大小，即用百分比来度量和比较变动的程度。同样对需求的变动也应该采用相对量来衡量。相对变化进行衡量的好处还在于它不因度量单位的不同而不同。不管价格以人民币还是美元来表示，相对变化是一样；不管商品的度量以重量、体积或件数来表示，相对变化也是一样。因此，相对变化量便于比较不同商品和服务的需求对价格的敏感度。

用需求价格弹性表示商品和服务对价格变动的敏感性。所谓需求价格弹性简称需求弹性，记作 e_d，是价格变动 1% 所引起的需求量变化的百分比。

若价格变化为 ΔP，由此所引起的需求量变化为 ΔQ，需求价格弹性 e_d 就等于

$$e_d = -\frac{\frac{\Delta Q}{Q}}{\frac{\Delta P}{P}} = -\frac{\Delta Q}{\Delta P} \cdot \frac{P}{Q} \tag{5-1}$$

例如大米的价格上涨 2%，而大米的需求下降 0.6%，那么大米的需求价格弹性就是 0.6% 除以 2%，为 0.3。

当 ΔP 趋近 0 时，可以写成导数的形式

$$e_d = -\frac{dQ}{dP} \cdot \frac{P}{Q} \tag{5-2}$$

因为商品的需求数量和价格成反方向变化关系，因此在公式前加一个负号，变为正值。

需求价格弹性衡量的是需求量对价格变动的反应程度。如果一种商品的需求量对价格变动的反应大，可以说这种商品的需求是富有弹性的。如果一种商品的需求量对价格变动的反应小，可以说该商品的需求是缺乏弹性的。

当某种商品缺乏弹性，即 $0<e_d<1$ 时，表示价格的任何变动，都会引起需求量较小程度的变动。通常，生活必需品缺乏弹性。例如，柴、米、油、盐，如果涨价会少买一些，但不会少买很多；当这些商品降价时也会多买一些，但不会多买很多，需求量的变

动幅度小于价格变动的幅度。对于富有弹性的商品来说，即 $e_d>1$ 时，表示价格的任何变动，都会引起需求量较大程度的变动。高档奢侈品富有弹性。例如，珠宝、首饰、化妆品，如果降价，不仅多买，而且会多买很多；如果涨价，不仅少买，而且会少买很多。需求量的变动幅度大于价格的变动幅度。

2. 影响需求价格弹性的因素

需求价格弹性衡量的是当其价格上升时，消费者放弃这种物品的意愿有多大。弹性反应形成消费者偏好的经济、社会与心理因素。

（1）商品的可替代性　某商品的替代品越多，越互相接近，消费者的选择余地也就越大，只要这种商品略微涨价，消费者就转而购买相近的替代品。因此，这一类商品的价格弹性比较大。例如，可口可乐涨价，消费者就转而购买百事可乐或雪碧，可口可乐的需求就会大大下降。相反，如果没有相近的替代品，价格上涨，消费者并无其他选择，需求量的变化不会太大。例如，医疗服务和药，病人有疾病时除求医、服药之外无其他方法，因此对医疗、药物的需求量不会因价格变化而产生明显波动，这些商品和服务的需求弹性较小。

（2）开支占收入的比重　价格变化时会产生收入效应。当商品价格下降时，对于消费者来说，虽然货币收入不变，但是现有的货币收入的购买力增强了，即实际收入水平提高了；实际收入水平的提高，会使消费者改变商品的购买量，从而达到更高的效用水平；由于商品的价格变化而引起实际收入变化，进而影响商品的购买数量，就是收入效应。

当人们花在某商品上的开支占收入的比重较大时，该商品的价格波动对实际收入会有较大的冲击，即收入效应较强。如果购买大件物品，如冰箱、彩电要用去总收入的60%，那么该物价上涨5%，实际收入大致减少3%。消费者承受不住这一冲击便放弃购买大件。相反，有些商品，如食盐的开支占收入比重微乎其微，即使涨价对收入也无太大影响，人们不会因此而削减需求，价格弹性就比较低。

（3）商品在消费中的重要性　有些商品是生活中必不可少的，如粮食、衣服等；另一些商品则可有可无，如首饰、娱乐等。对于前一种消费品，即使价格上涨很多，需求量也不会有太大的下降，因为这是生活必需品；而对于后者，价格低，就买一些，价格高，就不买，所以需求弹性很大。日用家电，如冰箱、电饭煲在日常生活中少不了，坏了就得换新的，所以需求弹性较小，而家具则不同。虽说家具并不是可有可无，但如果价格高，10年乃至20年不换也可以；如果价格便宜，则可乘机更新换代。所以弹性很大。必不可少的商品可以看作没有替代品的商品，而"不消费"则可以看作可有可无商品的相近替代品。

（4）考察调节需求量的时间　一般说来，所考察的调节时间越长，则需求弹性就可能越大。因为，当消费者决定减少或停止对价格上升的某种商品购买之前，一般需要花费时间去寻找和了解该商品的可替代品。例如，当石油价格上升时、消费者在短期内不会较大幅度地减小需求量。但如在长期内，消费者可能找到替代品，则石油价格上升会导致石油的需求量大幅度下降。

(二) 供给价格弹性

1. 供给价格弹性概念

供给定理表明,价格上升,供给量增加。供给价格弹性是衡量供给量对价格变动的反应程度。和需求弹性相似,供给价格弹性的公式为

$$e_x = \frac{dQ}{dP} \cdot \frac{P}{Q} \tag{5-3}$$

说明:供给量与价格同方向变化,因此供给价格弹性公式前不用加负号。

如果供给量对价格变动的反应很大,则这种物品的供给是富有弹性的。

如果供给量对价格变动的反应很小,则这种物品的供给是缺乏弹性的。

由于供给价格弹性反映的是供给量对价格的反应程度,所以它反映在供给曲线的形态上。在极端情况下供给弹性为 0,供给完全无弹性,即无论价格如何变化,供给量都是一个定值,这时供给曲线是一条垂线。如图 5-5 所示,当价格为 P_1 时,供给量为 Q_0,价格提高到 P_2,供给量同样为 Q_0,无论价格如何变化,供给量总是相同的。

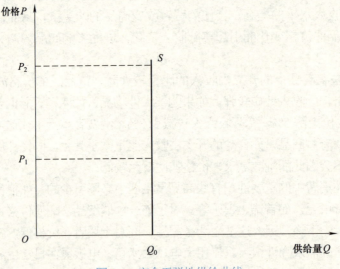

图 5-5 完全无弹性供给曲线

2. 影响供给弹性的因素

供给价格弹性取决于生产者改变生产商品数量的难易程度。例如,海滩供给缺乏弹性,这是因为这种商品几乎无法生产。如书、汽车和电视这类商品,供给富有弹性,是因为生产这些物品的企业可以对价格上升或下降做出反应,从而调节生产数量。

在大多数市场上,供给价格弹性的决定因素是时间的长短。供给价格弹性长期通常都大于短期。在短期内,企业不能轻易地改变工厂的规模来增加或减少物品的生产。因

此，当考察灾害在短期内对某种商品的价格影响时，供给量对价格就可以视为不敏感。与此相比，在长期内，新企业也可以进入一个市场，旧企业也可以关闭，供给量可以对价格做出相当大的反应。

在其他条件不变时，生产成本随产量变化而变化的情况和产品生产周期长短，也是影响供给弹性的另外两个重要因素。就生产成本来说，如果产量增加只引起边际成本轻微的提高，则提高产量比较容易，供给弹性比较大。相反，如果产量增加引起边际成本较大的提高，则意味着企业提高产量比较困难，供给弹性比较小。

产品的生产周期也是影响弹性的一个因素。在一定时期内，对于生产周期较短的产品，企业可以根据市场价格的变化及时调整产量，供给弹性相应就比较大。相反，生产周期较长的产品供给弹性往往较小。

（三）弹性对灾后价格变化的影响

灾害会引起商品供给或需求的变化，在不同需求弹性和供给弹性的作用下，商品价格的变化会有所不同。如果灾害影响的是赖以生存的粮食，而另外灾害恰好破坏的是娱乐设施，在短期内这两种商品或服务的价格变化应该是不同的。

1. 需求弹性对价格的影响

根据前面的分析可知，当供给下降时，供给曲线会向左方平移，均衡价格上升，均衡数量降低。不同的需求曲线形状商品价格变化的幅度不同。当供给变化时，价格会发生变化，而变化幅度取决于需求曲线的形状，或取决于需求价格弹性。

如图 5-6 所示，有两条需求曲线 D_1 和 D_2，D_1 曲线比较陡峭，说明商品的需求弹性较小，D_2 曲线比较平坦，说明商品的需求弹性较大。假定灾前某种商品的需求曲线 D_1 和供给曲线 S_1 相交于 E_1 点。均衡点 E_1 对应的均衡价格和均衡数量分别为 P_1 和 Q_1。灾害发生以后供给减少，供给曲线向左平移至 S_2，且与 D_1 曲线相交于 E_2 点。在均衡点 E_2，均衡价格上升为 P_2，均衡数量减少为 Q_2。从图 5-6 中可以看出，均衡价格上升的幅度较大，由 P_1 上升到 P_2。

再分析需求曲线 D_2 和供给曲线的相互作用情况。当供给减少同样的数量，即由 S_1 平移至 S_2 时，与需求曲线 D_2 相交于 E_3 点，商品的价格上升，但上升的幅度明显较小，由 P_1 上升到 P_3。

灾害发生后，饮用水、食品或医疗物资等物品是缺乏弹性的，这些物品供给下降导致价格大幅上涨的可能性较大，这当然还取决于其他多方面的因素。如果灾害恰好破坏的是某种娱乐设施，这种商品是富有弹性的，价格一般不会发生较大幅度的变化。缺乏弹性的商品的供给下降后会造成价格大幅上涨的原因是某种商品对人们的生产和生活非常重要，缺乏以后使人们效用水平下降较多，则人们愿意以高价购买这种商品。

以上分析说明，当灾害发生后，尤其是在短期内，生活必需品的供给下降，可能会导致价格的大幅上升，往往需要政府进行合理的干预，或从其他地区尽快运送应急物资支援灾区，以保证灾区生活必需品等急需物资价格的稳定。

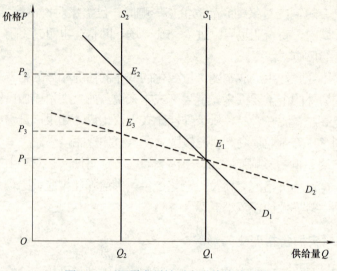

图 5-6　不同需求弹性对商品价格的影响

2. 供给弹性对价格的影响

在供给曲线不变的情况下,当需求上升时,需求曲线会向右方平移,均衡价格上升。同样,不同形状的供给曲线、商品价格变化的幅度也会不同。也就是说,当需求变化时,价格会发生变化,而变化幅度取决于供给曲线的形状,或者说取决于供给价格弹性的大小。

在图 5-7 中,短期供给曲线 S_1 是垂直于横坐标,说明商品的供给完全无弹性。

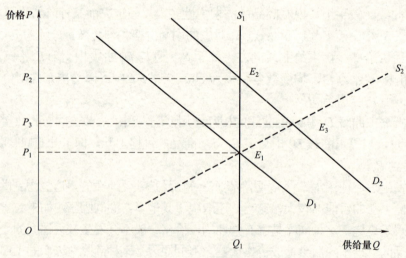

图 5-7　供给缺乏弹性对商品价格的影响

假定灾前某种商品的需求曲线 D_1 和供给曲线 S_1 相交于 E_1 点。均衡点 E_1 对应的均衡价格和均衡数量分别为 P_1 和 Q_1。灾害发生以后需求增加,需求曲线向右平移至 D_2,且与 S_1 曲线相交于 E_2 点。在均衡点 E_2,均衡价格上升到 P_2。从图 5-7 中可以看出,均衡价格上升的幅度较大,由 P_1 上升到 P_2。

反之,若是在长期的时间框架内考察价格的变化,情况会有所不同。例如,交通系统畅通后,区域外的物资可以运送到灾区,此供给曲线就可以看成是比较平坦的,即供给量可以根据价格做出调整,如图 5-7 中 S_2 曲线,在这种情况下,价格上涨幅度有限,由 P_1 上升到 P_3。

第二节 灾害与长期经济增长

一、灾害与宏观经济变量

灾害可能影响的宏观经济变量包括国内生产总值(GDP)、总投资、价格水平、就业率、国际收支和公共财政等。

(一)国内生产总值

1. 国内生产总值的概念

国内生产总值(Gross Domestic Product,GDP)是指在一定时期内(一个季度或一年),一个国家或地区所生产的全部最终产品和劳务的价值,GDP 被公认为衡量国家经济状况的最佳指标。它不但可反映一个国家的经济表现,也可反映一个国家的国力与财富。

一个国家能生产出各种各样的商品,可以用统计的方法得到它们的具体数量,这些数据非常有用,但并没有提供所需要的一些信息。如果第二年汽车产量增加 5%,冰箱产量减少 2%,而衣服产量增加 7%,那么总产出是增加还是减少?变化是多少?

需要具体的数字来概括经济中的产出。但如何把汽车、冰箱、衣服等国民经济中生产的数以亿计的产品进行加总,这就用到国内生产总值的概念。国内生产总值是把所有产品和劳务加起来,得到一个独立的统计指标。GDP 包括现期生产的商品和劳务,但对于过去已经生产的产品,交易价值不包括在其中。

2. 灾害对国内生产总值的影响

灾害会造成物质资产的破坏,产生的损失是否计入国内生产总值呢?国内生产总值是流量,而物质资产的破坏是资本存量的破坏,在损失评估过程中称为直接损失,因此物质资产的破坏不包括在当年的 GDP 之中。但若物质资产的破坏造成生产能力的下降,少生产产品则会影响 GDP。

灾后国内生产总值的变化受两方面因素的影响。一方面,直接损失影响生产能力,造成产品生产下降和服务减少。出口随生产下降而减少,进口相对或绝对增加,这些都会降低国内生产总值。另一方面,灾后的恢复重建投资会以乘数的方式影响国内生产总值。此外,在应急响应和恢复重建过程中,公共部门增加的支出和对灾民的转移支付也会在某种程度上增加国内生产总值。需要从正反两方面评估灾害对国内生产总值的影响，得到其"净效果"。

（二）总投资

作为直接损失的资本存量的减少，并不直接影响当年的GDP，也不反映总投资的变化，灾害破坏的是已经存在的资产。总投资依赖于受灾地区或国家可以利用的资源和建设能力。在受灾以后的前几年，恢复重建工程往往会使总投资增加。

（三）国际收支

在开放经济中，一个国家与外国的经济往来包括两方面：一是商品与劳务的进出口和政府与私人转移支付的进出；二是为购买实物资本和金融资产而发生的资本流入和流出。前者反映在国际收支平衡表的经常项目上；后者反映在资本项目上。对于经常项目，如果出口总额加上其他国家对本国的转移支付大于进口总额加上本国对外国的转移支付，那么在经常项目上将出现顺差；反之，出现逆差。由经常项目的收支产生的差额叫作经常项目差额。如果在经常项目中略去国际之间的转移支付，则经常项目的差额就可以近似地看作进出口差额。资本项目仅涉及资产的买卖和资本的流动，因此它不进入国民收入核算，但却影响国际收支平衡。如果资本流入多于流出，那么在资本项目上将出现顺差，反之则出现逆差。每个国家都可能产生经常账户和资本账户的顺差或逆差。净出口与资本净流出的差额称为国际收支差额。一国国际收支平衡也称外部均衡，是指一国国际收支差额为0。如果国际收支差额为正，则称国际收支出现顺差，也称国际收支盈余；如果国际收支差额为负，则称国际收支逆差，也称国际收支赤字。

灾害对国际收支的影响主要通过出口、进口和捐赠的救济金等方式影响国际收支。灾害影响本国的生产能力，出口可能会下降。灾后往往需要进口燃料、食品、建筑材料和设备等开展恢复重建工作，进口增加。灾害发生以后，其他国家的政府、非政府组织和民间会通过捐赠的方式救济受灾国家或地区，救济金就是上文所说的转移支付。这些都会改变国际收支。此外，灾后债权国对受灾国家的债务减免、国外的再保险支付等也会影响一国的国际收支。从中长期来看，对于国际收支的资本账户，恢复重建所需要的外部资金可能恶化国际收支平衡。

（四）公共财政

政府参与经济活动，需要有一定的财政收入，由此产生公共财政。公共财政是政府为满足全社会福利所必需的财政收入、支出及其管理活动。灾害发生以后，公共财政收支情况可能发生相应的变化。从收入角度看，财政收入可能减少，生产下降和人们消费支出降低都会使税收减少。从支出角度看，应急响应、人道主义救援、公共服务设施的修复和灾害恢复重建都会增加财政支出。当政府的支出大于收入的时候，就会形成财政赤字。

灾害发生后，政府财政往往承担相当大的损失，主要包括以下三个部分：

第一部分是灾害救济。世界各国政府在灾害发生以后，都要对企业和个人实施救助。例如，5·12 汶川地震后，财政部和民政部于 5 月 12 日晚向四川汶川地震灾区紧急下拨 2 亿元人民币中央自然灾害生活补助应急资金，于 2008 年 6 月 11 日下拨灾后重建补助资金 300 亿元。

第二部分是政府（包括地方政府和中央政府）所拥有的建筑和基础设施的损失。

第三部分是应急响应和恢复重建费用，如 5·12 汶川地震后，到 2008 年 5 月 23 日，民政部、财政部累计向四川下拨中央救灾资金 30 亿元，其中救灾应急资金 7 亿元、灾民生活救助和"三孤"救助资金 23 亿元。

（五）价格水平

灾害会影响商品的供给和需求，进而影响商品的价格，这些都会在宏观经济层面上以价格水平变化的形式反映出来。

（六）失业率

失业率可以从两方面来考察：一是生产能力和基础设施的破坏造成就业机会的减少，二是恢复重建造成的就业机会的增加。

二、灾害与生产可能性边界

（一）生产可能性边界

生产可能性边界（Production-possibility Frontier，PPF），也称为生产可能性曲线（Production-Possibility Curve），是用来表示经济社会在既定资源和技术条件下所能生产的各种商品最大数量的组合，反映资源稀缺性与选择性的经济学特征。在现实生活中，经济社会可以生产出许许多多的物品与劳务，假定一个只生产两种物品的经济社会，这两种物品分别为飞机和食品。飞机制造业和食品加工业共同使用经济的全部生产要素。生产可能性边界是指在既定生产技术条件下，企业把所有生产要素转化为产品，经济所能生产的产量组合，在这里就是指飞机和食品的各种组合。

如图 5-8 所示的曲线即为生产可能性边界，示意性地表示出社会生产飞机和食品的情况。

在经济社会中，如果只生产飞机而不生产食品，即把全部的资源都用于生产飞机，则可以生产出 100 架飞机；如果只生产食品而不生产飞机，即把全部的资源都用于生产食品，则可以生产出 200t 食品。生产可能性边界的两个端点代表两种极端的情况。

更为可能的情况是，经济体把资源分在两个行业中，一部分资源用于生产飞机，另一部分生产食品，于是，在生产可能性边界上就有其他点。如图 5-8 中 A 点所示，可以生产 80 架飞机和 100t 食品。如果经济体利用全部的稀缺性资源，生产能够得到的全部产品，这时资源配置就是有效率的。生产可能性边界上的点代表有效率的生产水平。当经济位于生产可能性边界上，如果不减少一种物品的生产就没有办法生产出更多的另一种物品。例如，在 A 点进行生产时，如果不把飞机的产量减少到 50 架，就无法生产出 B 点的 150t 食品。社会多生产 50t 食品，但要以少生产 30 架飞机为代价。

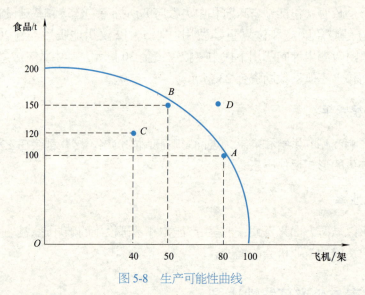

图 5-8　生产可能性曲线

经济也可以在生产可能性曲线内一点进行生产，如图中 C 点，此时生产 40 架飞机和 110t 食品。这时资源没有得到充分利用，生产还有潜力，存在资源闲置，原因是存在失业或经济缺少效率。如果消除失业或无效率，经济就可以增加这两种物品的产量。例如，如果经济从 C 点移动到 B 点，飞机的生产量就从 40 架增加到 50 架，食品的产量从 120t 增加到 150t。

由于社会中的资源总是稀缺的，因此并不是任意的产量都可以达到。例如，无论在两个行业之间如何配置资源，经济都不可能生产出 D 点所代表的飞机和食品数量。这是现有资源和技术条件无法达到的状态。

经济可以在生产可能性边界上或它的内部任何一点进行生产，但不能在该边界以外任何一点进行生产。只有位于生产可能性边界之上的点，才是资源配置最有效率的点。

（二）灾害对生产可能性边界的影响

1. 生产要素

在现代社会中，许多产品的生产过程非常复杂，需要大量的原材料投入和多道加工程序。企业采用一定的技术把这些投入转化为物品和劳务，这些投入被称为生产要素。在经济分析中，通常把这些投入归结为劳动、土地和资本等。

（1）劳动　劳动指人们花费在生产过程中的时间和精力，如农民在土地上耕作，工人在工厂上班等。各种物品和劳务都是由劳动完成的。从古到今,劳动都是非常重要的生产要素。

（2）土地　采用自然资源这一概念也许能够更好地说明土地这种生产要素。土地指的是生产过程中需要的大自然赋予的各种自然资源，包括农业、住房、工厂和道路等所使用的土地，也包括森林、江河、湖泊、海洋和矿藏等资源。

（3）资本　资本是一个经济体为了生产其他物品所使用的耐用品，如厂房、机器设备、动力燃料、原材料等。现代经济条件下，专业化的资本积累是生产必不可少的。

2. 生产可能性边界的移动

灾害可能影响各种生产要素，当生产要素数量受到破坏而减少时，相应地，生产可能性边界就会发生移动。生产可能性边界的移动情况取决于生产要素被破坏的类型和数量。不同种类的灾害破坏的生产要素也不同。

一些灾害会显著影响劳动，造成劳动的减少，如各种流行性疾病造成的健康灾害。这种致灾因子一般不会影响资本，但疾病的大范围蔓延会造成大量劳动力缺失，相比较而言，这些致灾因子会对劳动密集型产品造成显著影响，使产量大幅降低，而对资本密集型产品影响相对较小。图 5-9 示意性地说明了劳动减少与生产可能性边界的移动，生产可能性边界在横轴方向上大幅收缩。

一些致灾因子可以做到早期预警从而采取有效的疏散措施，如飓风和龙卷风。这些致灾因子通常不会对人员造成较大伤亡，但可以破坏设备、建筑或各种生产工具，也就是对资本造成破坏。这些致灾因子会对资本密集型产品造成显著影响，产量大幅降低，而对劳动密集型产品影响相对较小。图 5-10 示意性地说明资本破坏与生产可能性边界的移动，生产可能性边界在纵轴方向上大幅收缩。

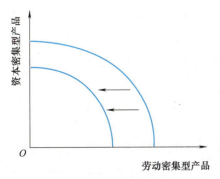
图 5-9　劳动减少与生产可能性边界的移动

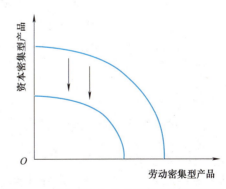
图 5-10　资本破坏与生产可能性边界的移动

还有一些突发性致灾因子，如地震、洪水和火山喷发等，不仅会造成人员的大量伤亡，还会造成大量物质资本的破坏。这些致灾因子对劳动密集型产品和资本密集型产品都会造成显著影响，产量降低，生产可能性边界在纵轴和横轴方向上都大幅收缩，如图 5-11 所示。

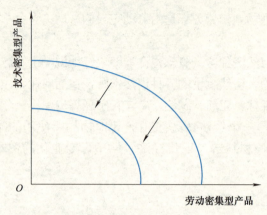

图 5-11　劳动与资本减少与生产可能性边界移动

3．技术进步

对于生产过程，一定的生产技术确定一定的投入产出关系，生产技术反映企业将投入转化为产出的能力。当生产中存在技术进步，从而促进生产率提高时，生产可能性边界就会向外移动。

一些经济学家认为，灾后恢复重建过程中，新技术会得到广泛的应用，从而提高生产率，相应地，生产可能性边界就有可能向外移动。

综合考虑灾害对生产要素和技术进步的影响，灾害对生产可能性边界的影响就是不确定的，有可能向外移动，也有可能向内移动。

三、灾害对长期经济增长的影响

一般情况下，灾害在短期内的负面影响是显而易见的，大多数灾害会对经济造成一定程度的不利影响。短期内，灾害也有可能使一些宏观经济指标产生波动。从以下两个方面影响 GDP：一方面，GDP 可能受灾害的直接影响而降低，如干旱减少农产品产量等；另一方面，灾害通过减少资本存量，而使当年的产出下降，也就说很少有人怀疑灾害的短期经济影响。

（一）对增长路径存在有利影响

英国经济学家和哲学家约翰·穆勒（John Stuart Mill）较早注意到，灾害发生后国家能够极其迅速地从灾难状态恢复过来，穆勒在其《政治经济学原理》一书中指出：地震、洪水、飓风和战争所造成的一切破坏迹象在短时间内会消失。敌国可以用火与剑使一个国家变为废墟，把它全部可搬动的财富都毁掉或拿走，使全部居民都破产，可过不了几年，一切又几乎都恢复了原样。这种自愈力一直让人百思不得其解……

穆勒认为，资本得以一代一代地存在下去，靠的不是保存，而是不断地再生产。资本的每一部分通常在生产出来后很快就被用掉和毁坏，但消费这些东西的人同时也被雇佣来生产更多的东西。资本这种不断消费和再生产解释了国家会迅速从灾难状态恢复过来的现象。国家能否迅速从灾难中恢复过来，主要取决于国家人口有无减少。如果其劳动人口在战争中并未被灭绝，战后也没有饿死，那么由于以前掌握的技能和知识依然存在，由于土地和对土地的永久性改良并未受到破坏，由于较坚固的房屋并未遭到损坏，或是只遭到部分损坏，他们就拥有生产出以往产量的全部必要条件。如果留下来的食物，或能用于购买食物的值钱东西能使他们在艰苦的条件下生存和生产，他们就将在短时间内把产量提高到以前的水平，就将共同创造出和从前同样多的财富和资本。

穆勒的解释并不完整，仅仅考虑到资本的再生产过程，忽视灾害恢复重建投资、国内外援助、技术进步等因素。但他也是较早注意到灾后经济会快速恢复过来的经济学家。

一些学者通过研究自然灾害的影响后认为，自然灾害发生以后，常常伴随着经济的高速增长，能够弥补灾害对经济造成的损失，灾害仅仅是经济发展过程中暂时的破坏，对于宏观经济的长期增长并没有实质影响。理论或实证研究支持这种观点的经济学家或学者主要有霍华德·科隆特、菲利普·阿吉翁（Philippe Aghion)、彼得·霍依特（Peter Howitt)、阿尔巴拉·伯川德和马克·斯基德莫尔（Mark Skidmore）等。持有这种观点的学者大多认为，在灾后恢复重建过程中，新技术会得到广泛的应用，从而具有更高的生产率。其表现为：

1) 对于家庭，在房屋重建的过程中，可以采用更好的保温材料和供暖系统，从而达到节约能源的目的。

2) 对于企业，在恢复重建过程中，新技术可以替代过时的生产技术。如计算机系统替代纸介质管理文件的方式。

3) 对于政府和公共机构，可以使公共基础设施满足新的需要。如根据人口统计资料，建设更大或更小规模的学校等。

菲利普·阿吉翁和彼得·霍依特在《内生增长理论》一书中采用内生增长的熊彼特理论给出理论上的解释。该理论认为，在灾害发生以后，恢复重建过程中资本的替换促进技术进步，灾害对资本的破坏是一种"创造性破坏"，从而刺激经济的发展。结果是，自然灾害能够对经济产生积极影响。

1969年，道格拉斯·戴西和霍华德·科隆特在《自然灾害经济学》一书中认为，1964年阿拉斯加地震后，大量资金投资于阿拉斯加经济中，慷慨的政府贷款或拨款用于恢复重建，结果使灾后阿拉斯加居民的生活比灾前更好。多年以后，宾夕法尼亚沃顿商学院教授科隆特说：因为这一发现我收到了许多愤怒的信件。

在理论上，阿尔巴拉·伯川德认为，在灾后恢复重建中，只需要较小的恢复重建投资就可以弥补灾害对经济造成的影响，不会对经济造成长期的不利影响。伯川德认为，灾害是发展中的问题，但从本质上说，不会对发展形成障碍。除了在欠发达农业国家发生的大范围旱灾，通常不会对发展产生影响。一方面，灾害往往是地区性的，影响较多的是生产率低下的部门，不可能波及更广泛的经济领域；另一方面，至少在地区层面上，应对灾害会对经济产生促进作用，一些有利于经济发展的建设项目也会得到实施。灾害会造成大规模的住宅、基础设施和农业的损失及人员伤亡，但是这些损失和伤亡只能影响局部经济的发展，在短期内都不可能严重影响宏观经济，更不要说长期影响了，即宏观经济不可能受经济意义上的局部灾害的影响。

突发灾害只有通过间接影响才能形成大灾难。灾害造成的资本破坏和人员伤亡会削弱社会和经济的机能，但地区层次或国家层次上的系统的反作用措施，使宏观经济不可能受到严重的影响。对于发达国家来说，其经济是多样化的，对内或对外紧密相连，产业间的联系是动态的和包容的，并且很少依赖于特定的某种国内资源。这意味着灾害的影响可以通过经济联系扩散到更广泛的经济中。但是，内在联系的系统有可能产生内生响应，如调节库存储备、采用替代物品和充分利用新的供给和需求机会等，这些都会抑制负面影响的扩大。此外，内在的体制因素和外在因素，都会做出相应响应。因此，局部灾害的间接影响和长期影响对宏观经济不会造成重大的冲击。对于发展中国家来说，产出的增长不仅依赖资本存量的贡献，而且还依赖劳动、技术等。灾害发生以后，会产生一些新的投资机会，尤其是私人投资有可能得到政府税收等方面的支持，公共基础设施投资也会大幅增加。发展中国家存在大量的未利用生产要素，如闲置资本、未充分就业者和其他资源，因此灾后通货膨胀并不严重或持续时间较短。

（二）灾害阻碍长期经济增长

本森（Benson）和克雷（Clay）在世界银行的一份报告《理解自然灾害的经济和财政影响》中指出，灾害会严重破坏固定资产和其他资源，没有被破坏的资本和劳动力也会因为基础设施或市场破坏而使生产率下降。各种灾害会干扰长期的物质资本和人力资本投资规划，如政府会把用于投资的资源用于救灾和恢复重建。政府从国内或国外借款用于公共基础设施的重建，增加未来的偿债压力。本森和克雷认为灾后所消耗的资源具有很高的机会成本，自然灾害能够影响经济增长与发展路径。它的途径包括以下几种：

1）资本存量和人力资源受到破坏，基础设施和市场的破坏降低生产率。
2）增加的支出导致财政赤字和通货膨胀。
3）支出的再分配导致计划内投资紧缩。
4）尽管援助会为恢复重建提供资金，但援助并不是完全没有条件的。捐赠者倾向于首先承诺现有的国家项目和预算内项目，其最终结果是灾害援助资金挪用了发展援助资金。
5）接连不断的自然灾害造成不确定的气氛，阻碍投资。此外，大多数研究忽视了自然灾害增加内战的风险。

（三）灾害对长期经济增长影响的可能情形

2007年，世界银行独立评估小组在其报告《非洲撒哈拉沙漠以南地区灾害、环境变化和经济发展》中指出，由于各种因素相互作用，灾害对经济的长期影响，经济学理论还无法给出明确解释，灾后经济发展各种可能的情况如图 5-12 所示。

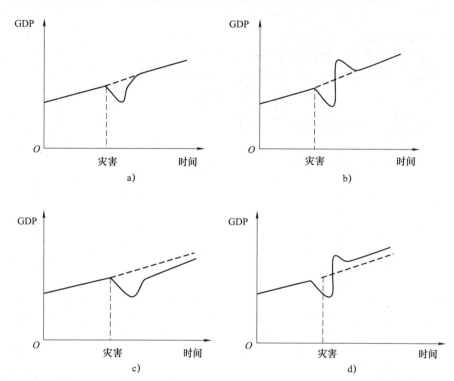

图 5-12　灾害对经济长期增长影响的可能路径

图 5-12 中显示灾害对 GDP 长期增长影响可能的情形，横轴为时间，纵轴为国内生产总值 GDP。图 5-12a 和图 5-12b 中，灾害没有影响经济的长期增长路径。灾害对 GDP 在短期内产生负面影响，在恢复重建过程中，GDP 得到恢复，产出水平恢复到原来的长期的均衡状态。在图 5-12c 中，灾害永久地破坏资本存量，在长期内达到一个新的均衡，但这一均衡要低于原来的 GDP 水平。在图 5-12 d 中，由于在恢复重建过程中，新资本的应用导致技术进步，从而增加经济增长率。

需要指出，不同类型的灾害可能会产生不同的增长结果。如地震最有可能产生图 5-12b 和图 5-12d 的情形，因为地震以后，大量的先进技术会应用到恢复重建过程中。干旱最有可能导致的情形是图 5-12a 和图 5-12c，因为灾害不仅会降低当年的产出，而且不会提高以后年份的生产潜力。

思 考 题

1. 从需求角度简述灾害给商品价格带来的变化。
2. 从需求角度简述灾害发生后对收入、预期外来援助带来的影响。
3. 用图形举例说明灾害发生后供给的变动。

4. 用图形举例说明灾害发生后需求和供给如何发生变化。
5. 简述灾害对国内生产总值的影响。
6. 简述灾害对国际收支的影响。
7. 简述灾害发生后，政府财政承担的损失的构成。
8. 用图形举例说明灾害发生后生产可能性边界的移动。
9. 如何理解灾害发生对增长路径存在有利影响？
10. 如何理解灾害阻碍长期经济增长？

第六章 灾害损失与经济补偿

 本章主要知识点

灾害损失的理解，主要包括：灾害损失分类、直接经济损失和间接经济损失；灾害直接经济损失的计量，主要包括：灾害直接经济损失的计量尺度、有关损失估计方法简介、人类创造的财富损失的计量、自然人的生命与健康损失的计量、自然资源损失的计量、相关费用损失的计量；灾害损失补偿及经济学分析，主要包括：灾害经济损失的补偿、灾害损失补偿结构的经济学分析。

本章重点和难点

灾害损失分类；直接经济损失和间接经济损失、灾害直接经济损失的计量尺度、灾害经济损失的补偿、灾害损失补偿结构的经济学分析。

第一节 灾害损失的理解

一、灾害损失分类

（一）按照灾害影响的对象分类

按照影响对象的不同，灾害损失分为经济影响、人身影响和环境影响三类。其中，经济影响可以从微观和宏观两个层面进行分析。在微观层面上，按照存量损失和流量损失的不同，划分为直接损失和间接损失；在宏观层面上主要分析灾害对宏观经济变量的影响，如图 6-1 所示。

1. 经济影响

经济分为微观经济和宏观经济两个层面，灾害也会从微观和宏观两个层面影响经济生活。

在微观层面上，灾害可能造成大量的财产损失，如房屋、厂房和设备的破坏，基础设施的损毁，农作物的损失等；灾害也会进一步改变商品的供给或需求，进而影响商品的价格。微观层面上的损失分为直接经济损失和间接经济损失两类。

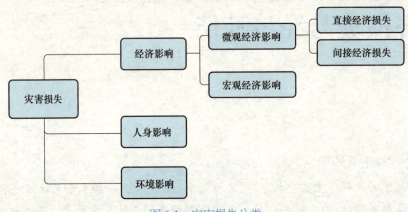

图 6-1　灾害损失分类

灾害对宏观经济的影响可以表现为国家宏观经济政策的变化和受灾国家或地区宏观经济变量的变化，主要是指灾害对国民收入、总投资、价格水平、失业率和国际收支等宏观经济变量的影响。灾害对宏观经济变量的影响反映直接经济损失和间接经济损失的宏观效应，可以用来预测如果不发生灾害情况下宏观经济变量的数值，从而判断灾害影响宏观经济目标程度，宏观经济变量的变化又在多大程度上影响灾后的恢复重建等。

灾害对宏观经济变量的影响是对直接损失和间接损失测度的补充，二者角度不同，不能把灾害引起的宏观经济变量的变化与直接损失和间接损失相加。灾害对宏观经济的影响通常是以一个国家为单位，在更小的区域范围内也可以进行类似的分析。

2．人身影响

灾害不仅会造成大量人员伤亡，许多人无家可归，而且在灾害期间个人健康也会受到直接影响。在灾害发生过程中，老人、妇女和儿童等脆弱性人群对灾害的反应更为明显，身体的健康状况会出现普遍下降甚至导致死亡；大灾之后往往形成传染病易于流行的条件，对人类生存构成极大的威胁。灾害还会给人们带来严重的心理伤害，影响人的行为和精神健康。由于自然灾害破坏人们的生存条件和环境，人们的生活方式和行为方式也会发生巨大变化，人们的心理往往出现消极、悲观和扭曲现象。灾害对人们心理的负面影响包括灾害所带来的苦难、失去亲人的悲伤、不安全感和种种不良情绪等。灾害对人们心理和精神上有时也会产生正面的影响。如被救灾过程中的英雄事迹所鼓舞，团结互助，迸发的民族自豪感和民族精神的升华等。5·12 汶川地震后，天安门广场上响起的"中国，加油"的呐喊集中体现了这种民族精神的升华。

3. 环境影响

一场大的自然灾害会对人类所依赖的生态环境和资源造成巨大破坏。灾害对环境和资源所造成的破坏，有些可以恢复，有些则难以在短期内恢复。矿产资源属于不可再生资源，受灾被毁后无法或很难恢复；水资源属于可再生资源，但受灾被污染后恢复过程非常缓慢；生物资源种类繁多，但一个物种灭绝后就会永远消失而不会再生；土地资源虽属可再生资源，但一旦受灾，将导致森林被毁土壤破坏、草地退化等一系列环境问题。自然灾害不仅破坏社会经济发展，而且危及生存发展条件。

（二）按照灾害影响是否具有市场价值分类

按照灾害影响是否具有市场价值，可以把灾害对经济、社会和环境的影响分为市场影响灾害损失和非市场影响灾害损失。市场影响灾害损失是指灾害所造成的具有市场价值的影响，它的价值可以在市场中加以衡量，具有市场价格，并且可以在市场中进行交易，包括财产的损失、收入的降低及产量的下降等；非市场影响灾害损失是指灾害所造成的不具有市场价值的影响，它的价值不能或难以在市场中加以衡量，这些影响往往没有市场价格，不能在市场中进行交易，如环境影响、心灵创伤和生活不便等。

此外，一些受到灾害影响的对象，尽管没有市场价格，但并不表明其没有价值，仅仅是市场失灵的结果，如果不充分考虑这种市场失灵的影响，往往会导致减灾、应急响应或灾后恢复重建过程中资源配置失当。道路、桥梁和生命线工程等公共基础设施具有这种特点。道路和桥梁等公共基础设施，因为是公共物品而非私人物品，供人们免费使用，没有市场价格。供水、供电等行业具有自然垄断的特点，它们的真实价格往往也难以得到。

非市场影响灾害损失是指灾害造成的损失不能在市场中进行交易，没有市场价格，例如人员的伤亡、环境的破坏、文物古迹的损失等。在灾害损失评估中，不包含非市场影响灾害损失，主要原因就是对其价值难以进行有意义的评估，但这并不是说非市场影响灾害损失不重要，许多研究表明，人们非常看重非市场影响灾害损失，在某些情况下认为非市场影响灾害损失甚至比市场影响灾害损失还重要。一些灾害所造成的非市场影响灾害损失可能远大于市场影响灾害损失，例如我国 2003 年的 SARS 疫情，其中社会恐慌、投资环境恶化等损失，远大于防范 SARS 疫情和救治病人的直接损失。

二、直接经济损失和间接经济损失

灾害损失通常可分为直接经济损失和间接经济损失。直接经济损失是暴露元素（承灾体）受到致灾因子直接破坏后所形成的经济损失，为灾后立即发生的后果，如房屋、铁路、公路等工程设施破坏所造成的经济损失等；间接经济损失是因暴露元素发生破坏进一步造成的关联性损失，或除了直接损失以外的其他损失，如因房屋、铁路、公路、设备等破坏造成企业停工停产所形成的经济损失等。进行上述划分的标准主要有两个，第一个是与致灾因子的关系，是由致灾因子"直接"造成还是"间接"造成，如果是致灾因子"直接"造成的即为直接损失，若是致灾因子"间接"造成的就是间接损失；第二个标准是损失产生的时间，若是致灾因子发生后立即产生的后果，则为直接损失，第二顺序出现的后果为间接损失。

第一种划分标准简单明了，但在实际操作过程中会发生直接损失和间接损失界限模糊的问题，如地震造成燃气管线破裂，而后又发生严重的火灾，火灾烧毁工厂并且造成工厂停产。火灾损失应该计入直接损失还是计入间接损失呢？地震并没有直接造成火灾，只是破坏燃气管线，火灾损失是地震致灾因子间接作用的结果，则应计入间接损失，但火灾烧毁工厂的损失又和地震造成的企业停产停工所形成的间接经济损失有着本质的不同。第二种划分以时间作为标准，同样无法做出准确的划分。渐发灾害的致灾因子持续时间较长，所造成的直接损失也可能经历一个长期的过程，如河流污染造成鱼类死亡，气候变化造成物种灭绝等。因此，这两个标准都不能很好地区分直接损失和间接损失。

（一）存量和流量

在经济学中，经济变量有存量和流量之分。存量是指某一时点上现存的经济量值，如某一时刻企业所拥有的厂房和设备的总价值就是存量；流量是指某一时期内发生的经济量值，如企业一个月内生产的产品及利润情况等就是流量。

（二）直接经济损失和间接经济损失的划分

在灾害经济中，一方面，灾害造成的损失影响存量，主要是物质资产的损毁；另一方面，由于物质资产的损毁也会对产品或服务的流量造成影响。这是两种不同性质的损失。根据灾害影响的存量和流量的不同，即以存量和流量为划分原则，把经济损失分为直接经济损失和间接经济损失。直接经济损失为存量损失，间接经济损失为直接损失的后果，为流量损失。直接经济损失和间接经济损失二者可以相加以确定灾害造成的总损失。

（三）直接经济损失

直接经济损失有时简称为直接损失，为各种致灾因子对物质资产存量造成的损失，主要表现为资产的损失，包括建筑、机器设备、各种交通工具、成品或半成品和准备收获的农作物等，如地震造成房屋倒塌、厂房或基础设施破坏等。直接损失是在致灾因子发生过程中产生的。

在致灾因子发生的过程中，会发生各种次生灾害，如地震造成燃气管线破坏进而引发大火，火灾又造成直接财产损失，如烧毁房屋、厂房和设备等。为了进一步区分地震直接造成的损失和火灾造成的损失，可以进一步把直接损失分为：原生直接损失和次生直接损失。原生直接损失是自然事件即致灾因子导致的直接损失，如地震、飓风、洪水所导致的房屋、建筑物的损坏等。次生直接损失为物理破坏的后继事件而带来的损失，如地震造成燃气管线破裂，进而引起火灾而造成的损失，也就是次生灾害所带来的损失属于次生直接损失。这样，以存量和流量为划分原则，可以把地震与其次生灾害火灾的损失进行清晰的划分。火灾烧毁厂房、设备的损失尽管是由地震致灾因子间接造成的，但这部分财产损失为资产存量损失，应该属于直接损失，也可以更确切地说属于次生直接损失。次生直接损失不是流量损失，不能划分到间接损失中。在某些情况下，次生直接损失比原生直接损失还要大，如地震带来的惨重损失，有时并不都是由地震直接造成的损失，而是由地面强烈震动和地表破裂变形引起建筑物工程设施的破坏造成的损失。地震所诱发的次生灾害如火灾、洪水、海啸、山崩、滑坡、泥石流等造成的损失往往也很严重，有时甚至会超过原生直接损失。例如，1923年日本关东大地震，在地震中毁坏的70多万所房屋中，有一大半是被地震引发的大火烧掉的；死亡的10万人中有5.6万人是被大火烧死的。

前面提到火灾烧毁厂房设备等直接损失，实际上，火灾所带来的直接损失同样会造成产品产量的下降和收入的降低等流量损失，即间接损失。此过程如图6-2所示。

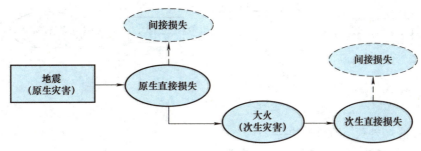

图6-2　直接损失带来间接损失

（四）间接经济损失

间接经济损失经常被简称为间接损失。间接损失为直接损失的后果，为商品和服务的流量损失。间接损失源于灾害对生产能力的直接破坏或者基础设施的损毁，影响企业的正常生产，从而造成产量下降或停产。间接损失还包括由于公共设施供给成本或费用的提高而导致的成本上升。例如，由于洪水或持续干旱引起的未来收成的损失，工厂损毁、原材料不足造成的产量下降，运输路线、运输方式改变导致的成本提高。间接损失是在灾害发生以后的一段时间内产生的。

灾害会造成企业发生营业中断或商业中断。营业中断是指物质资产损毁或员工伤亡，企业在一段时间内停产、停业或营业受到影响的间接经济损失。例如，由于地震、洪水的影响，厂房、设备发生部分或全部损毁，产量下降的损失。营业中断也包括企业的资产没有发生直接损毁，但由于交通、电力等基础设施受到破坏以后，企业的经营活动受到影响而遭受的损失。例如，道路桥梁破坏后，企业无法得到原材料供给而停产。灾害造成营业中断，但灾害对经济的影响并没有就此结束，而会发生连锁反应。

在介绍连锁反应之前，先介绍前向联系和后向联系两个概念。按照产业之间的供给与需求联系分类，可以把产业联系分为前向联系和后向联系。前向联系就是通过供给联系与其他产业部门发生的关联。当甲产业在经济活动过程中需吸收乙产业的产出时，对于乙产业来说，它与甲产业的关系便是前向联系。例如，对于钢铁业来说，它与汽车制造业的联系就是前向联系的关系。后向联系就是通过需求联系与其他产业部门发生的关联。当丙产业在经济活动过程中向乙产业提供产出时，对于乙产业来说，它与丙产业的关系就是后向联系。例如，对于钢铁业来说，它与煤炭采掘业的联系就是后向联系的关系。

图 6-3 简单描述了直接损失是如何导致间接损失及其连锁反应的。在图 6-3 中，企业 A 为企业 B1、B2 提供产品，企业 B1、B2 为企业 C 提供产品。如果企业 B1 受到灾害破坏而停产，减少对企业 C 的产品供给。此时，如果企业 C 不能获得替代资源进行生产，可供选择的办法有三种。

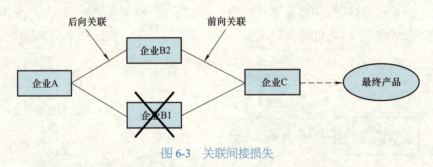

图 6-3　关联间接损失

1）从区域外获得额外的供给。
2）未受影响的企业 B2 可能存在超额生产能力，可以获得额外的供给。
3）购买企业 B1 的存货，也就是未销售的产品。

企业 B1、B2 供给减少的净效果，就是前向关联损失，直接损失的影响就转移到下一个生产阶段。在这个阶段，企业 C 由于关键投入的短缺，不得不降低产量或停产，则企业 B1、B2 对企业 C 通过前向联系（经常指的是下游方向）发生作用。同理，企业 C 产量的下降同样有可能对其客户的生产造成同样的影响。

从另一个方向看，企业 B1、B2 降低产量或停产，原材料或产品投入需求下降，会对向其提供原材料或产品的企业 A 造成影响，企业 A 可能会由于订单取消等原因不得不通过其他渠道增加产品销售或增加企业的存货。如果依然存在找不到出路的产品，企业 A 将不得不降低产量，企业 B1、B2 对企业 A 通过后向联系发生作用，企业 A 遭受后向关联损失。同理，向企业 A 提供产品的企业生产也会受到影响。

通过前向联系和后向联系，直接损失会产生连锁反应。总的间接损失将是直接损失的一个倍数，会以"乘数"的方式影响着社会经济，称为损失的乘数效应。例如，投资增加会增加国民收入，可是当投资增加 100 元时，收入增加是投资的一个倍数，即收入的增量将是投资增量的数倍，这个倍数就是投资乘数。投资乘数产生的机理：增加的投资形成另外一些人的收入，于是增加收入的人们消费更多的商品，消费增加又导致一些人收入增加，这一过程一直持续下去，产生连锁反应。灾害损失的乘数效应与投资乘数效应类似。

为了区分企业自身资产损失所造成的间接损失和由于前向联系和后向联系造成的间接损失，可以把间接损失分为原生间接损失和关联间接损失。原生间接损失为财产损失的直接后果，关联间接损失为前向联系和后向联系而造成的损失，包含前向关联间接损失和后向关联间接损失，是以乘数形式影响经济的。

关联间接损失的大小与致灾因子本身有关，也与企业的恢复力和宏观经济政策密切相关。恢复力的概念前面提到过，是指暴露于致灾因子下的系统、社区或社会及时有效地抵御、吸纳和承受灾害的影响，并从中恢复的能力，包括保护和修复必要的基础工程及其功能。恢复力是一种受到打击时的"承受力"或"反弹力"。企业应对致灾因子的恢复力取决于它拥有的资源和自我组织能力。企业的恢复力取决于以下几方面：

1）企业的原材料储备。当企业拥有一定数量的原料储备时，企业可以动用储备的原材料继续生产，有效降低灾害的影响。

2）备用设备。当灾害破坏企业的生产设备时，企业可以启用备用设备进行生产。

3）原材料的可替代性。企业使用的某种原材料的生产受到灾害的影响时，企业是否可以采用替代的其他材料进行生产也是决定企业恢复力的因素之一。若生产中可以选择其他的材料作为投入品或者通过进口的方式替代当地生产的产品，产品生产就可能不会受到严重影响，则损失较小。

4）工艺改造能力。

5）扩大生产规模的难易程度。当灾区的生产受到影响时，其他地区如果可以比较容易地扩大生产规模，从而弥补灾区生产的不足，则可能不会产生严重的关联损失。

公共政策也是影响关联损失的重要因素。例如，政府是否具备充足的财政资源对企业的恢复重建提供财政支持，是否能够及时准确地提供生产经营信息。此外，政府的其他公共服务，如维持公共秩序和提供公共卫生服务等，也会对灾害的间接损失产生一定的影响。

不同类型的致灾因子或灾害造成的直接损失和间接损失比例不同。一些研究资料表明，地质灾害如地震、海啸和火山喷发等，往往会导致较高比例的直接损失，而间接损失比例较低；一些水文灾害如干旱，对财产和基础设施基本没有影响，直接损失比较低，但却可能产生较高的间接损失。

灾害对生命线工程的破坏不仅会造成生命线工程本身的直接损失，还会产生更加严重的间接损失。生命线工程为涉及维持城市或区域生存功能系统和对国计民生有重大影响的工程，包括：①交通工程，如铁路、公路、港口、机场；②通信工程，如广播、电视、电信、邮政；③供电工程，如变电站、电力枢纽、电厂；④供水工程，如水源库、自来水厂、供水管网；⑤供气和供油工程，如天然气和煤气管网、储气罐、煤气厂、输油管道；⑥卫生工程，如污水处理系统、排水管道、环卫设施、医疗救护系统；⑦消防工程等。这些工程系统对于现代经济和社会活动起着至关重要的作用，从而被人们形象地称为生命线工程。生命线工程一旦被破坏，就会给人们的生产和生活造成极大的影响，生产下降或中断，生活也会变得不便利，生活质量下降。

第二节　灾害直接经济损失的计量

一、灾害直接经济损失的计量尺度

灾害经济损失的量化是准确、科学地评价各种灾害事故损害程度的需要，而量化灾害经济损失必须有相应的量化尺度（或计量单位）。从现实出发，一般可以参照受害体的已有的计量尺度（或计量单位）来进行累加统计，如人员伤亡即以"人"为计量单位，田地以"万 m^2"为计量单位，道路以"km"为计量单位，车辆以"辆"为计量单位，房屋以"幢"或"间"或"m^2"为计量单位，飞机以"架"为计量单位等。由于各种受害体的计量单位与计量方式多，灾害经济损失的计量尺度也很多。然而，上述计量单位却有如下三个弱点：①相互之间无法通用，如损失汽车两辆和飞机三架就无法直接叠加，从而无法得出总量上的经济损失数；②对于只受到部分损失的受害体，因损害的程度不同，却只能用"受损"概括，此概念并不能反映灾害事故造成的真正损害后果；③不能真正反映受灾体的实际价值，即不能适应市场经济条件下财富价值的计算应当以即期的标准为标准，是一种动态的计量而非固定的计量，且反映不出新旧程度等。可见，灾害经济损失的计量虽然可以采用上述计量单位对受灾体的损失进行统计，但更科学、更合理的计量单位仍然是可以用于评估各种受损对象价值的通用尺度——货币。因此，应当用货币作为评估灾害经济损失的主要尺度。

对于评估灾害事故中各种物质财富的损失、自然人的生命与健康损失、自然资源损失、各种相关费用的损失以及灾害造成的总量经济损失，货币是最具优势且不可替代的计量尺度。虽然全球的货币制度也不统一，但这并不妨碍对各国的灾害经济损失进行量上的比较和总括反映，因为各种货币之间是可以按照一定的比例来换算的。例如，国际机构公布的灾害事故经济损失一般采用美元来表示，而在中国则采用自己的本位币——人民币作为计量尺度，美元与人民币之间可以按照一定的汇率进行换算。

综上，在灾害经济损失的评估中，适宜以货币作为主要的计量尺度，而辅之以其他计量单位，二者虽然主、辅地位分明，但需要有机结合且缺一不可。

二、有关损失估计方法简介

海因里希法：是一种通过灾害的直接经济损失来估算灾害的间接经济损失及总损失数额的理论方法。它的基本内容是把一起事故造成的损失划分为两类：将生产公司申请、由保险公司支付的损失金额划为"直接损失"，把除此以外的财产损失和因停工等使公司受到的损失部分作为"间接损失"，并对一些事故的损失情况进行了调查研究，得出直接损失与间接损失的比例为1：4，由此揭示灾害事故中间接损失较直接损失要大得多的基本规律。该方法是先计算出灾害事故的直接损失，再按1∶4的规律，以4倍的直接损失数量作为灾害的间接经济损失的估计值。海因里希法主要是针对工业事故，且由于灾害事故的种类不同、各受灾体的具体情况不同，各种灾害事故造成的间接损失也并非都一定是直接损失的4倍。

西蒙兹计算法：是从企业经济角度出发对灾害事故损失进行判断。这种方法是把"由保险公司支付的损失金额"定为直接损失，把"不由保险公司补偿的损失金额"定为间接损失。在此，非保险费用虽然与海因里希法的间接费用是出于同样的观点，但其构成要素却发生了变化，西蒙兹还否定了海因里希的直接损失与间接损失之间的比例为1∶4的结论，并代之以平均值法来计算灾害事故的总损失，提出如下公式：

$$事故总损失 = 由保险公司支付的费用（直接损失）+ 不由保险公司补偿的费用（间接损失）$$
$$= 保险损失 + A 停工伤害次数 + B 住院伤害次数 + C 急救医疗伤害次数 + D 无伤害事故次数$$

在上述公式中，A、B、C、D 表示各种不同伤害程度事故的非保险费用平均金额，是预先根据小规模试验研究而获得的。

海因里希法与西蒙兹计算法在美国得到了广泛的应用，但它主要适用于企业经济，且以所有企业都高度自觉地参加保险公司的各种财产保险等为前提，具有明显的缺陷：

1）上述计算法中的间接损失中实质上包括了灾害事故的直接损失。因为某些保险公司未保的财产物资或损失原因不在保险责任范围内的损失并非是灾害事故的间接经济损失，与前述的灾害直接经济损失与间接经济损失概念有很大的差距。例如，某企业虽然参加了企业财产保险等，但属于不足额保险，其实际价值高达1亿元的财产仅仅投保了5000万元，而一场大的灾害事故却使该企业的财产物资损失了7000万元，即使该损失是由保险责任范围内的灾害事故引起的，保险公司的赔偿额度也仅限于5000万元的保险金额，而超过保险金额的部分（2000万元）作为非保险损失也是受灾企业的直接灾害经济损失。因此，将灾害事故损失完全划分为保险损失与非保险损失并据此划分直接损失与间接损失显然并不是一种可以通用的计算灾害事故损失的方法。

2）在发展中国家不一定适用，因为发展中国家的保险业发达程度有限，保险损失补偿往往只是灾害事故损失补偿中的一部分。因此，保险业特别发达且有风险的各种受灾体普遍参加保险，是上述计算方法的基本条件。

此外，在国外还有人力资本法、影子价值法、市场价值法、调查评估法等，都从某一侧面为评估灾害事故的经济损失提供了方便。例如，影子价值法是指当财产物资受损后，需要重新创造这些财产物资而花费的费用即是灾害事故损失的价值量，也称为恢复费用法；市场价值法则以现行市场价格重新购置受损财产物资所需的费用来估计财产物资的损失货币量，它能够反映受灾财产物资的现值；上述两种方法都适用于人类创造的财富的损失的评估。人力资本法则是评价生命价值的一种应用最广泛的方法，它假定人失去寿命或损失的工作时间等于个人劳动的价值，一个人的劳动价值是每个人未来的收入经贴现折算为现值后再行评估其损失,它主要动用的参数有发病率增加、劳动日损失、人工的损失(包括护理人员的误工等)、人均国民收入损失、医疗费用损失等,它适用于灾害事故中对人身伤害损失的货币计量。

三、人类创造的财富损失的计量

人类创造的财富包括一切包含人类劳动价值在内的物质财富或以物质形态表现的社会财富。图 6-4 所示为人类创造的财富结构。

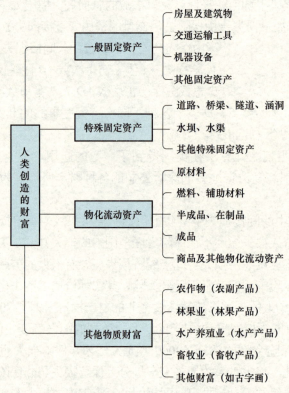

图 6-4　人类创造的财富结构

图 6-4 基本揭示了人类创造的物质财富的结构和种类,它们的共同特点是都包含人类劳动的价值,是加入人的劳动价值之后才得以形成的财富。例如,原始森林是人类社会的宝贵财富,但它是天然形成的,从而不能纳入人类创造的财富范畴,只能作为自然资源来计算;同样是林业,但经过了人的种植、维护、管理等,即成为人类创造的财富。不过,无论是作为自然资源的原始森林,还是作为人类创造的财富的人工林,最终产品即经过采伐而形成的木材产品均属于人类创造的财富范围。类似的情况还有矿藏资源、动植物资源等。

灾害事故导致人类创造的财富损失的表现形态有如下三种:一是数量损失,即灾害事故导致整件物质财富的完全灭失;二是质量损失,即灾害事故虽然未造成整件物质财富的完全灭失,但损害了其使用价值,进而导致该件物质财富贬值或需要经过维修才能恢复正常;三是数量与质量损失的组合,即灾害事故中既造成了部分物质财富的完全灭失,又造成了部分物质财富的贬值或需要付出相应的维修费用,从而是前两种形态的组合形态。例如,某运输船舶在运输过程中发生沉船事故,不仅船舶无法打捞,船上运载的 2000 台电视机也全部沉入海底,该起事故造成的是完全灭失型的数量损失;某仓库储存的一批品种、规格不一的纺织品因暴雨成灾而受潮变质,经鉴定只能削价 40% 处理,该起灾害导致的即是物质产品的质量损失;某地发生地震,造成当地民房倒塌 5 万间(或 50 万 m^2),损坏民房 2 万间(或 20 万 m^2),倒塌的民房必须重建,而损坏的民房只需要做不同程度的维修,则该起地震导致的民房损失中既有数量损失,又有质量损失,属于组合型损失。因此,各种灾害事故造成人类创造的财富的损失,均不外乎上述三种表现形态。

根据各种灾害事故造成人类创造的财富的损失的三种表现形态,有如下灾害直接经济损失的计算公式:

人类创造的财富的直接经济损失 = 数量损失价值 + 质量损失价值

由于人类创造的财富的价值都有其客观标准,对其损失的计算也就较为方便。如固定资产的损失价值一般为:报废的固定资产以其净值减去残值计算;损坏的固定资产按其修复费用计算;流动资产中的原材料、燃料、辅助材料等均按账面原值减去残值计算,半成品、成品、在制品等均以企业实际成本减去残值计算。它们的计算标准可按现行会计制度或国家规定的灾害事故损失计算标准。因此,在上述公式中,以各种物质财富的非货币计量单件为单位,通过与相应的价格相乘,可以得出其损失金额。其中:

数量损失价值 = 全损的数量 × 单价

质量损失价值 = 部分损失的数量 × 单价 × 贬值率

例如,某企业发生火灾,损失的均为人类创造的财富,计烧毁厂房 $100m^2$(每 $1m^2$ 造价为 500 元),烧坏厂房 $1000m^2$(平均损失程度为 30%),一台设备报废(价值为 5 万元),一台设备受损(需要维修费用 1 万元),则该起火灾造成受灾企业的直接经济损失为:

灾害直接经济损失 =100×500+1000×500×30%+50000+10000
=200000+60000=260000(元)

该次火灾造成的直接经济损失为 26 万元。

四、自然人的生命与健康损失的计量

与人类创造的财富相比,自然人的生命与健康损失的计量较为复杂,因为对人的价值的衡量并不似物质财富那样有一个客观的计价标准。在国际上,对人的生命与健康损失的计价也不同,人力资本法作为一种新的计量自然人价值的方法虽然在学术界有一定的影响,但并未得到普遍应用。在我国,国家制定适用于企业职工伤亡事故经济损失计量的办法,也需借鉴国外的经验,同时加以创新。

计算自然人的生命与健康损失应当考虑年龄（如是否进入或退出劳动年龄等）、数量、技能、医疗代价以及新旧劳动力的更换代价等因素；同时区分社会的、企业或单位的、家庭的、个人的层次，即自然人在灾害事故中受到的伤害越在低层次上，损害后果就越严重。如某职工是家中的主要劳动力，在一次工伤事故中受伤害而成为丧失劳动能力的残疾人，此后果对个人而言几乎是致命性的损失，且这种损失是终生的；对其家庭而言，是家庭经济的重大损失，家庭因为丧失一个主要劳动力而可能陷入生活困境，这种损失是相当持久的；对企业而言，则需要付出相应的医疗、抚恤代价和更换新工人的代价，这种损失可以通过新工人的培训和逐渐适应工作岗位在较短的时间内消除；对社会而言，该工人的致残虽然也是一种损失，但个体的损失却不会对社会造成较大的影响，在人力资源过剩或后备劳动大军充足的条件下，个体的损失甚至可以忽略不计。可见，在计算自然人的生命与健康损失时，越是个体的就越是对家庭或个人的影响大，越是群体的、大量的，就越是对企业或单位乃至社会的影响大。宏观层次上讲究的是总量的损失，微观层次上讲究的则是个体的损失。

需要强调的是，自然人的生命与健康损失作为一个理论概念，应当考虑其成长过程中已经支付的成本（如一个人从出生到长大成人的哺育成本、教育成本及劳动技能培训成本等）和他在未来时期内可能创造的价值。自然人成长的投入成本虽然可以计算，但这种投入的性质并非物质产品生产的成本投入，它不能反映自然人本身的价值；自然人在未来可能创造的价值，则只能是一种预期利益，这种损失也只能是灾害事故带来的一种间接损失。因此，自然人成长过程中的投入成本与未来预期利益的丧失，均非灾害经济学中能够考虑的直接经济损失。根据计算灾害直接经济损失的规则，自然人的生命与健康损失也需要以灾害事故现场损失为计算依据，即可以自然人在各种灾害事故中遭受的直接损害后果及其费用代价为依据，损失计算公式如下：

自然人的生命与健康损失 = 医疗费 + 歇工工资 + 劳动力的丧失 + 抚恤费与丧葬费用 + 其他费用

上述公式可以逐项解析如下：

1）医疗代价的计算。它包括受害者的医药费、医疗器械费用、血液费用、检验费用、受害者的伙食费用、残疾用具费用和直接用于受害者的其他医疗费用，以及护理费用（如护理人员的工资、伙食费用等），它应当按照实际支付的医疗代价计算。

2）歇工工资的计算。歇工工资是指处于劳动年龄阶段的受害人，因灾害事故的伤害致使不能工作或劳动的日数，由所在企业或雇主或责任人负责支付的工资，计算公式：

$$L = M \times D$$

式中　L——受害者的歇工工资；

M——受害者的日工资或当地平均日工资；

D——受害者因灾害事故导致的歇工日数。

上述公式是测算一名受害者的歇工工资，当一次事故造成多名受害者歇工时，则应当累加计算。

3）丧失劳动力的计算。丧失劳动力的计算是指成年劳动者因灾害事故的伤害导致部分劳动能力的丧失，这种损失不仅是受害者自己的损失，也是社会性损失。计算依据是该受害者在灾害事故后所获得的收入较此前所获得的收入的差额，一直计算到其达到退休年龄为止。例如，某职工现年 45 岁（假设 60 岁退休），在一次工伤事故中受伤，事故后因存在功能障碍，不得不从原先的工作岗位调换到一个新岗位，其收入年均下降 2400 元，则其丧失劳动力的代价是 3.6 万元 (15×2400)。当然，在实际计算中还应当加上社会平均工资的增长幅度。

4）抚恤费与丧葬费用。在灾害事故导致的人身伤害中，有许多是死亡或残疾，对残疾者需要支付相应的抚恤金或救助金，对死者则需要支付丧葬费等，因此，抚恤费、丧葬费是灾害事故中经常支出的费用，是自然人在灾害事故中的生命与健康损失的重要组成部分。

5）其他费用的计算。除上述项目外，灾害事故导致的自然人的生命与健康损失，事实上还包括一些其他相关费用。例如，疗养费用、亲属抚恤或救助费用、新员工的培训费用等。

需要说明的是，上述计算是从灾害直接经济损失的角度出发的，它与企业经济中对职工伤亡支付的代价或造成灾害事故的责任方对受害者支付的代价具有差别性。

五、自然资源损失的计量

自然资源是人类社会财富的极为重要的构成部分，它的特点是处于自然状态，未经过人类的加工，它的价值中也不包括人的劳动价值（或人的劳动价值极端有限）。对人类社会而言，自然资源一方面是一种可供直接使用的财富，另一方面则是一种可供人类进行深度加工并使其价值发生累增的财富。从农牧业时代到工业时代，人类社会在观念上经历了从依附、迷信自然到征服自然的转变过程。工业社会形成的自然资源属于取之不尽、用之不竭的财富的观念，促使人类社会为了加快经济的发展而采取了过度掠夺资源的行为。自然资源实际上并不真正被视为一种财富，也不出现在国民财富的统计范围之列；然而，随着人口的不断膨胀和工业发展对各种资源的不断消耗等，许多自然资源客观上正在趋近枯竭，这表明各种资源都是有限的。因此，将自然资源纳入社会财富的统计范围并采取相应的保护措施不仅成为越来越多的人的共识，而且在客观上成了人类社会可持续发展的前提与保证条件。

对自然资源的消耗，不仅表现在工业生产等的需要上，同时表现在各种灾害事故造成的资源损失方面。因此，灾害经济学研究社会财富在灾害中的损失问题，必然需要考虑到自然资源的灾害性损失。这种灾害性损失包括如下两种情况：一是各种灾害事故直接造成的资源损失，它往往具有意外突发性、短暂性等特征，如地震、洪水毁灭了田地，大火烧毁了森林等；另一种是工业污染等造成资源的损失，它往往具有必然性、持续性等特点，如土地被污染而不能再耕种，水源被污染而不能再饮用等。

在灾害直接经济损失的评估中，自然资源的损失评估是最难的一部分，它的总损失是不同种类的资源损失总和。在此,仍然以灾害事故造成的资源现场损失为计算损失的依据,则不同的资源损失会有不同的计算公式。

1. 土地资源因灾损失的计算公式

土地资源损失 = 恢复该块土地原状的恢复费用或重置相同的土地的重置费用

如某地因遭水灾,冲毁田地5万 m^2,冲坏田地10万 m^2。该地农民为恢复被水灾毁坏的田地而开展了恢复重建工作,其中为重整被冲毁的田地,每1万 m^2 需付出石料、土料、肥料及劳动工日等代价合计达1.2万元;为恢复被冲坏的田地,每公顷需付出代价0.2万元,则该次水灾造成土地资源的直接损失为($5×1.2+10×0.2$)万元 = 8万元。当然,对完全灭失形态的土地资源的损失,还可以采用土地的市场价值进行直接计算。由于新整的田地或恢复的田地肥力不够而导致该地农作物产量在此后减产(每年减产幅度递减,到第 n 年才得以完全恢复地力)或减收损失,实质上也是土地资源的损失,但适宜计入土地资源因灾害带来的间接损失中。

2. 森林资源因灾损失的计算公式

森林资源损失 = 损失面积 × 每单位木材蓄积量 × 单价

在上述公式中,森林损失面积可以公顷或 m^2 为计算单位,每单位木材蓄积量以立方米为计算单位,单价可按当时木材每 $1m^3$ 的市场价扣除相应的人工费用(将森林中的立木经过砍伐加工变成可供出售的木材所耗费的人工费用等)后计算,假设人工费用约占木材市场价的30%,则上述单价应为市场价的70%。这样,便可以计算出森林资源的直接损失了。当然,森林火灾还会造成森林植被及幼苗的损失,但这种损失相对于成材的木材资源而言,几乎可以忽略不计或作为间接损失加以处理。

例如,1987年我国大兴安岭特大森林火灾不仅造成了数以亿元计的人类创造财富(如工厂、机器设备、民房等)的损失,而且造成了严重的森林资源损失。该次火灾造成过火有林面积90亿 m^2,每1万 m^2 木材蓄积量为 $90m^3$。因在过火有林地烧损状况有轻有重,据有关部门抽样调查,全部受灾木材蓄积量可按60%的损失计算,当时木材的市场价格(议价)为270元 $/m^3$。据此可以计算出该次火灾造成的森林资源直接经济损失。

首先,计算受灾的木材蓄积总量:$90×90$ 万 m^3 = 8100万 m^3

其次,计算受灾木材蓄积总量的实际损失量:8100万 $m^3 ×60%$ = 4860万 m^3

再次,计算该次火灾造成的森林资源损失总量:4860万 $m^3 ×270$ 元 $×70%$ = 91.854亿元

上述计算结果与当时公布的该次火灾造成的直接经济损失为5亿多元的结果并非同一范围,当时公布的损失结果仅仅是人类创造的财富在该次火灾中的损失统计数,而未将森林资源损失统计在内,上述计算表明,森林资源的直接损失才是大兴安岭特大森林火灾中最为重大的损失。

此外,还有水资源、动植物资源、矿产资源等,均存在着因灾发生直接损失的问题。如某校化工厂发生火灾,造成附近一水厂的水被污染,水厂被迫更换水池中的全部

饮用水，损失水量若干万吨，同时为消除污染而付出费用若干，该两项损失即为水资源因事故而致的直接经济损失。

六、相关费用损失的计量

在灾害事故发生过程中，除上述具体的损害标的外，还需要支付各种费用，费用的支出同样是灾害事故造成的直接经济损失，它可以用灾害事故发生过程或发生后实际支付的货币（物资费用、人工费用等）量来计算。它的总计算公式为

$$灾害事故造成的直接费用损失 = 紧急抢救费用 + 现场清理费用 + 污染控制费用 + 其他相关费用$$

1. 紧急抢救费用

它是指灾害事故发生时或发生后，对受灾人员和受灾财产等进行紧急抢救而支出的费用。例如，发生爆炸、火灾事故时，为扑灭火灾而投入的人员费用、用于扑火的车辆及消防设施费用、对受灾财物或人员的紧急转移费用等，均为灾害事故导致的直接费用损失。

2. 现场清理费用

灾害事故的发生，必然使受灾处所处于非正常状态，要恢复受灾处所的正常状态，就必须付出相应的清理费用。例如，地震、洪水、火灾等造成房屋及建筑物损毁，必然需要支付房屋及建筑物清理费用，这种清理费用往往等于投入的人力费用与物力费用之和。再如，轮船在航道中沉没，造成航道堵塞，若不加以清理，该航道就不能通航，从而必须对沉没的轮船进行清理，为此而支付的清理费用即航道清理费用，也属于海上交通事故的直接费用损失。

3. 污染控制费用

许多灾害事故往往造成突发性的污染，如运载石油的航船在河流、湖泊或海洋出事，油类物资渗出而造成污染，致害者必须为此支付相应的费用以控制污染；动物因传染病而大量死亡并酿成污染，就必须采取掩埋等措施来控制污染的扩散；核电站发生事故造成核污染，更是需要政府投入大量的人力、物力，才能将核污染控制在一定的范围内等。因此，污染控制费用属于某些灾害事故中必然的直接经济损失。

4. 其他相关费用

除上述直接费用外，灾害事故中还会发生一些直接的费用。例如，灾害事故的善后处理，就会发生相应的交通费用、检验费用、调查费用、招待费用等，这些费用均是灾害事故造成的直接费用损失。

在上述费用计算中，人工费用可以按当时当地的人均日工资标准乘以投入的劳动日计算，使用的机器设备及运输工具按其平时单位时间创造的价值或标准时间折旧额

计算，投入的材料等按市场价值计算，其他费用则按实际支付的金额计算。需要指出的是，对微观层次而言，灾害事故发生时导致的有关罚款（如对制造污染事故的企业实施罚款是许多国家的法律或法规规定的政府行为）也是灾害事故造成的直接损失。

综上可见，相关费用的损失，实质上是受灾体经营成本的上升或费用支出的扩大，它既构成微观受灾体灾害直接经济损失的组成部分，同时也是宏观层面灾害直接经济损失中不容忽略的组成部分。

第三节 灾害损失补偿及经济学分析

一、灾害经济损失的补偿

（一）灾害经济损失补偿理论

灾害的不可绝对避免与灾害损失的客观存在，使人类社会不能不考虑如何补偿灾害事故损失的问题，否则，灾害事故造成的损失无法得到补偿，社会再生产就不可能顺利进行。基于灾害损失补偿的必要性，国内外许多学者均提出过相应的灾害损失经济补偿理论与方法。

首先，马克思的社会扣除理论。在《哥达纲领批判》一书中，马克思批判拉萨尔"劳动所得应当不折不扣和按照平等权利属于一切成员"的理论时指出："如果我们把'劳动所得'这个用语首先理解为劳动的产品，那么集体的劳动所得就是社会总产品。现在从它里面应该扣除：第一，用来补偿消耗掉的生产资料的部分；第二，用来扩大生产的追加部分；第三，用来应付不幸事故、自然灾害等的后备基金或保险基金。从'不折不扣的劳动所得'里扣除这些部分，在经济上是必要的"。同时还指出："剩下的总产品中的其他部分是用来作为消费资料的，把这部分进行个人分配之前，还得从里面扣除：第一，和生产没有直接关系的一般管理费用。和现代社会比起来，这一部分将会极为显著地缩减，并将随着新社会的发展而日益减少。第二，用来满足共同需要的部分，如学校、保健设施等。和现代社会比起来，这一部分将会显著地增加，并将随着新社会的发展而日益增加。第三，为丧失劳动能力的人等等设立的基金，总之，就是现在属于所谓官办济贫事业的部分"。

马克思的社会扣除理论是马克思理论的重要组成部分，它揭示了灾害损失经济补偿的必要性和重要性，并说明了这种补偿的来源是社会总产品，即人类创造的财富中还需要留出一部分用于补偿灾害损失：一是直接从社会总产品中扣除一部分用来应付灾害事故的发生；二是"剩下的总产品中的其他部分"在进行个人分配前，还需要为丧失劳动能力的人储备相应的基金，该基金中事实上包含了劳动者人身伤害的补偿费用；上述两项即为直接的灾害事故损失补偿费用。由此可见，马克思的社会扣除理论已经从理论上基本解决了灾害直接经济损失的补偿资金的性质及来源问题。当然，由于马克思不是从灾害事故损失补偿的角度来分析社会总产品的分配方案，从而在社会扣除理论中也省略了灾害事故损失补偿资金的另一个来源，这就是已经分配给个人并用于消费的资金中还会有一部分将用于补偿灾害事故的损失，如个人参加商业保险而交纳的保险费、个人用于补偿灾害事故损失的储蓄积累、用于救灾的个人捐献等，均源于社会总产品中已经分配给个人的部分，它们不在马克思社会扣除理论中的补偿范围，但又确实是用于补偿灾害损失的一个来源。

其次，对灾害损失经济补偿问题还有如下一些观点：

（1）政府补偿论　政府补偿论认为灾害是一种不可预料的意外损失，是非个人能够抵御的风险，因此，政府应当承担起补偿灾害事故损失并维护社会再生产顺利进行和社会成员生活秩序不致因灾中断的责任。这种观点将政府看成是补偿灾害事故损失的直接责任主体，并以财政分配作为补偿灾害事故损失的主要资金来源。政府救灾通常被看成是政府补偿论的具体实践。

（2）自我补偿论　自我补偿论认为灾害事故造成的损失是受灾者自己的事情，因此，受灾者应当有风险意识和补偿可能发生的灾害事故的财力储备。这种观点将灾害事故损失的补偿纯粹看成是受灾者自己的事情，将个人在社会财富中的分配额看成是补偿灾害事故损失的资金来源。储蓄性的防灾和通过参加保险公司的保险来转嫁风险通常被看成是自我补偿的具体实践。

（3）社会补偿论　介于政府补偿论与自我补偿论之间的是社会补偿论，它强调社会各界的参与和社会成员之间的相互援助，其中也必然包含政府补偿的部分和个人自我补偿的部分。

纵观中外灾害损失补偿理论，很容易发现它们之间存在着差异。例如，西方国家更多地强调自我补偿，东方国家则更多地强调政府在灾害事故损失中承担的补偿责任。我国历史上的仓储后备论、赈济说、调粟说、养恤说、安辑说、放贷说等论述，均是以国家为直接责任主体的，这些论述反映了我国的政府补偿理论具有源远流长的历史。

对灾害损失进行经济补偿的理论前提，是生产的发展超过了灾害问题的发展，即人类创造的财富除了维持自身的正常发展外，还有余额用于补偿各种灾害事故造成的经济损失并恢复被灾害事故中断了的生产或生活秩序，为此，发展生产与发展经济才是补偿灾害损失的最为有效的途径。否则，生产的发展或经济的发展若是停滞的，或与灾害问题的发展同步或较灾害问题的发展还要滞后，即使能够通过社会化的手段来补偿灾害事故造成的直接经济损失，这种补偿也只是具有微观的经济意义而并非是真正宏观上的经济补偿，因为这种补偿不过是将未受灾地区或未受灾群体的必要的维持费用或发展费用"挪用"到灾区与受灾群体，整个社会经济将因为灾害造成的损失而步入"负"发展之中。在人类社会的发展史上，由于生产或经济发展不够，一旦发生重大灾害事故，往往造成一国或一地区经济的严重停滞乃至衰退，即表明灾害损失的经济补偿问题不能单纯地从微观补偿的角度出发，还需要从宏观的、社会的乃至历史的角度来加以考察。

（二）灾害经济损失补偿实践的发展

首先，需要考察的是生产力水平、经济发展水平与灾害损失补偿能力之间的关系。从人类社会灾害损失补偿实践的发展历史出发，可以发现其发展过程经历了由低水平到较高水平的变化。例如，在原始社会，即使灾害发生，造成了人类居住的巢穴荡然无存，原始人类也只能是迁居他处而无以补偿；封建社会即使有所补偿，也只是应急性的赈济，这种补偿的作用只是帮助受灾者摆脱灾害事故导致饥饿而亡的生存危机，有的还根本不可能解决受灾者的饥饿问题，从而是极低层次上的灾害损失补偿；进入工业社会后，随着生产力的发展和社会财富的不断累积，人类对灾害损失的经济补偿能力也在不断增强，一般灾害事故造成的损失因有以往积累的财富及时补偿，灾后的恢复与重建往往能够在短期内完成，被灾害事故中断了的正常的生产与生活秩序也会很快地得以恢复。从听天由命、无法补偿灾害造成的任何损失，到灾害损失补偿能力的不断增强并能够迅速恢复被灾害事故造成的创伤，表明了社会生产力的发展和经济的持续发展是补偿灾害直接经济损失的经济基础，生产力水平、经济是否持续发展与人类社会对灾害损失的补偿能力存在着直接的正相关关系。

其次，需要考察人类社会对灾害损失的补偿，是依靠以往的财富积累来消化的，还是依靠未来时期社会生产力的不断发展并创造新的财富来逐步消化的。越落后社会，可供补偿灾害事故造成的损失的社会财富余额就越有限，灾害事故造成的直接经济损失就越依靠未来时期社会生产力的不断发展并创造新的财富来消化；越发达社会，可供补偿灾害事故造成的损失的社会余额就越充足，灾害事故造成的直接经济损失就越能够依靠平时的财富积累来弥补。这种划分并不具有绝对性，但在人类社会发展的历史长河中，确实存在着彼此消长的现象。这一规律不仅适用于整个人类社会的发展，而且适用于不同地区乃至经济发展基础不同的家庭，从而是灾害损失经济补偿中的一条共同规律。

再次，灾害损失的经济补偿方式经历了由简单到复杂的发展过程。一方面，早期的灾害损失补偿往往只有较为单一的补偿方式。例如，早期的西方国家主要是教会组织救灾事务，政府并不承担责任或极少承担责任，我国则基本上是政府承担责任；发展到现代社会，则不仅保留了政府的灾害损失补偿职能，而且还有保险补偿、互助补偿等多种形式。西方国家教会所承担的灾害损失补偿职责相对而言，则在不断下降。另一方面，早期社会对损失的补偿主要是赈济食物和救济衣物，而随着灾害补偿实力的不断增强，对灾害损失的补偿也逐步扩展到受灾体各种损失的重建。到当代社会，几乎任何物质财富损失都可以通过经济补偿来得以恢复重建，而医疗技术的进步则使更多在灾害事故中遭受伤害的人员得到及时、有效的救治。可见，当代社会对灾害损失的经济补偿无论从方式上，还是从规模上、内容上，都是广泛而复杂的，这是生产力发展、经济发展和科学技术发展推动的结果。

此外，灾害损失补偿理论的差异使中外灾害损失补偿的实践也存在着较大的差异。在西方国家，历史上曾经由宗教教会根据宗教教义来承担对灾民的救济，接着是民间自发地组织起来的各种互助性质的保险组织，使风险在参加者之间进行分散，而政府则是逐渐地介入灾害损失的补偿。因此，西方国家是宗教补偿和自我补偿相结合，在自我补偿走向联合发展的基础上，则较早地产生并形成了具有众多优势的保险补偿方式，而政府始终只在灾害损失补偿中居于次要的地位（从补偿范围到支出额等均是如此）。

在我国，则以政府补偿为主，即以政府为直接责任主体的政府救灾与灾后恢复重建工作，历来被认为是政府的当然职责，尤其是经过新中国成立以来的数十年强化，更形成了灾害损失补偿完全依靠政府的观念。当然，家族内部的补偿也曾经是我国社会的一种传统的灾害损失补偿方式，但这种方式受到了有产阶级与无产阶级之间的鸿沟的制约，且在新中国成立后的计划经济时代被完全摒弃。因此，我国的灾害损失补偿长期以来都是政府承担主要责任，而民间救灾行为则较少，保险业虽然从出现至今已有100多年的历史，但涉及程度也较低。

（三）灾害经济损失补偿的趋势

第一，人类社会对灾害损失的补偿能力越来越强。生产力的发展尤其是科技水平的迅速提升，极大地促进了经济的发展和物质财富的加速积累，从而使可用于补偿灾害损失的财富余额也在不断地累积和增加。在此，以作为发展中国家的我国为例，用国民生产总值（GNP）、人均国民生产总值及财政收入等指标来反映其经济发展速度和财富的增长情况。根据国家统计局《中国统计摘要（1996—2019）》的统计数据。从1996年到2019年的24年间，中国的国民生产总值增长了13.74倍，人均国民生产总值增长了12.02倍，国家财政收入增长了25.7倍，即使扣除物价上涨的因素，中国国民财富的增长速度也是惊人的；与此相适应，可供政府、社会和居民家庭用于补偿灾害损失的财富也在不断增长。尽管进入20世纪90年代以后连年灾情严重，但因经济补偿能力增强，国民经济仍然保持着持续、高速增长，人民的生活水平也在持续提高。印度等东南亚地区的发展中国家也呈现经济持续增长的势头，它们对灾害损失的经济补偿能力也同时得到增强。

第二，灾害损失经济补偿的结构日益走向混合化、社会化。换言之，像我国计划经济时代仅仅依靠国家或集体补偿灾害损失的单一灾害损失补偿方式已经被时代摒弃，代之以多种补偿方式；同时，自我补偿方式通过保险公司或互助组织等，以社会化补偿的方式出现。在这种发展变化中，政府承担的责任相应地得到减轻，保险方式的社会化补偿则日益得到重视和发展，进而成为现代社会补偿微观层面的灾害经济损失的主要途径。

第三，全球灾害损失补偿趋向同化。尽管在探讨灾害损失补偿的发展趋势时，还需要区分发达国家与不发达国家在补偿水平、补偿结构等方面存在的差异，但发展却使发达国家与不发达国家出现了更多的共性。例如，不仅发达国家继续高度重视保险补偿方式，许多发展中国家也日益重视保险补偿方式，一些风险还通过保险公司的分保而在全球范围内得以分散；当一国发生重大灾变时，往往还能得到来自国外的经济援助；全球性的减灾行动已经由经济援助发展到减灾技术的合作。这些现象均表明各国对灾害损失的经济补偿出现了越来越多的共性，相互交流、加强合作，已经成为当代国际社会走向合作的重要内容。

第四，越来越多的国家日益重视对资源的保护，并开始考虑对自然资源的灾害性损失进行补偿的问题。如有的国家将自然资源纳入国家财富的统计范围，绝大多数国家或地区会对被灾害毁灭了的土地资源、森林资源等进行恢复，并日益重视对被污染了的水资源等进行治理等，这些均说明人类社会在考虑灾害经济行为时，已经从单纯考虑对自己创造财富的灾害损失补偿发展到了对自然资源的灾害损失补偿。

二、灾害损失补偿结构的经济学分析

对各种灾害事故造成的损失进行经济补偿，是一种纯粹的经济行为，不同的补偿方式会产生不同的经济效果。在实践中，经济效果的差异主要表现在宏观层面上和微观层面上。因此，灾害经济学应当分析隐藏在补偿结果背后的补偿结构的经济性质和经济效率问题。

（一）灾害损失补偿的基本结构解析

对灾害损失的经济补偿进行结构上的分析，首先需要根据不同的依据对其进行一定的划分。例如，根据灾害损失经济补偿的资金来源，可以划分为外部的经济补偿和自我的经济补偿，前者如财政补偿、社会捐献等，后者如家庭储蓄、自愿保险、借贷补偿等。根据灾害损失的经济补偿的组织形成，可以划分为政府补偿、保险补偿、互助补偿、自我补偿等；其中，政府补偿由政府有关职能部门组织实施，保险补偿由各种商业保险公司组织实施，互助补偿由各种互助性组织或合作组织负责实施，自我补偿则由受灾体自己组织实施。根据灾害损失补偿的实际效果，可以划分为足额补偿与不足额补偿，前者是指通过经济补偿能够完全弥补灾害造成的损失，使受损的对象恢复正常；后者则是指虽然在灾后对受灾的对象给予了经济补偿，但这种补偿未能完全使受灾体得以恢复正常；在此，足额与不足额的划分是以灾后一定时期为界限的，它不是指一个无限制的期限。

下面以根据组织形式划分的灾害损失补偿结构作为解析的具体对象，即将灾害损失的经济补偿划分为政府补偿、保险补偿、自我补偿和互助补偿四种方式，解析灾害损失的经济补偿结构，并揭示其不同的经济意义。

1）政府补偿是以政府为直接责任主体，以国家财政为直接经济后盾，由政府有关职能部门承担具体组织实施任务的灾害损失补偿方式。在实践中，政府补偿又通常会按照分级负责的原则来承担对灾害损失补偿的责任，即各国的中央政府与地方政府均负有补偿有关灾害损失的任务，职责的划分一般以本国的财政体制为划分依据，即根据各级政府所拥有的财力来共同分担对相关灾害损失补偿的责任；在补偿的灾害种类结构方面，政府主要负责自然灾害尤其是地震、洪水等重大自然灾害的损失补偿，而对小型的自然灾害及人为事故则较少关注；在补偿的具体对象方面，政府补偿侧重于对受灾人口的紧急救助（救灾）和对公共设施、相关资源等的补偿，其中救济灾民的任务往往最为急切。因此，政府补偿在任何时代和任何国家都是必要的，但不同时代与不同国家的政府补偿在补偿内容与对象方面又存在着一定的差异。

2）保险补偿以投保人交付保险费并形成保险基金为经费来源，由经过法定程序获得经营保险业务的企业——保险公司承担具体组织实施灾害损失补偿任务，且仅仅面向签订了保险合同的受灾体的灾害损失补偿方式。在实践中，保险补偿的直接责任者在形式上是保险公司，但实质上是投保人自己，因为投保人向保险公司交纳的保险费是保险公司用于补偿灾害损失的资金的源泉，从而在经济上只是投保人用一笔固定的保险费支出来转嫁自己某些风险的一种风险处理办法，也可以称为宏观意义上的受灾体自我补偿。在现代社会，组织保险补偿的公司一般按照财产保险与人身保险业务进行划分，绝大多数国家均规定一家保险公司不能同时兼营财产保险与人身保险业务。因此，财产与责任保险公司往往经营着各种财产物资或费用的损失风险，从事的也是有关财产物资或费用损失的补偿；人寿保险公司则主要经营人寿保险、健康保险和意外伤害保险，从事的则是对受伤害的自然人进行经济上的补偿。不过，由于保险公司是企业，保险公司经营风险业务纯粹是一种企业行为，投保人、保险对象、投保的灾害事故风险等均要受到保险公司追逐利润目标的制约。因此，保险补偿虽然具有社会化程度高、经济效率高、补偿程度高等优越性，但它并不能完全替代其他各种补偿方式，从而始终只能是灾害损失补偿方式的一种形式，它在灾害损失补偿体系中的主体作用的发挥还需要其他补偿方式的配合。

3）自我补偿是指各受灾体在平时积累一定的财物或储蓄，在发生灾害事故并造成损失时用作补偿。在政府财力有限和保险补偿不发达的条件下，自我补偿往往是受灾体恢复灾害损失的主要方式。在实践中，受灾体为自己的灾害损失补偿提供资金，自己根据自己的补偿资金储备对灾害损失进行补偿。一般而言，受灾体并不是特意为自己准备灾害损失补偿基金，而是在平时注意积蓄以防灾害事故的发生而已，这样的积蓄并不一定像保险基金或政府的救灾基金等一样，只能用于灾害损失补偿，而是根据需要安排并运用。自我补偿的存在，表明政府的补偿有限，保险公司的保险留下了一些灾害事故损失的缺口需要受灾者自己来承担，从而需要有自我补偿。从宏观意义上说，保险补偿也应当属于自我补偿的范畴，但此处的自我补偿显然是指受灾体在灾害事故发生后由自己直接支付补偿费用的补偿方式。

4）互助补偿是指建立在经费分担、相互补偿的基础上的一种灾害损失补偿方式，它是补充上述补偿方式不足的一种特殊的补偿方式。它包括：①家族内部的互助补偿，即以血亲关系为纽带、以家族成员为对象，在家族内部筹集补偿资金并仅对家族成员负责的灾害损失补偿；②社区性的互助补偿，即以社区为单位，以社区内的社会成员为对象，在社区内筹集补偿资金并仅对社区成员负责的灾害损失补偿；③团体内的互助补偿，如工会互助，即在工会成员间筹集补偿资金并对工会会员的灾害损失给予相应的补偿。此外，社会性的救灾捐献，实质上也是一种在宏观层面上具有互助意义的损失补偿。

上述各种补偿方式共同构成了当代社会灾害损失补偿的宏观体系，每一种补偿方式均有其存在的客观必然性和合理性。

（二）各种补偿方式的比较与效率分析

尽管前述补偿方式在灾害损失补偿体系中均是不可缺少的，但各种补偿方式又存在着效率差异，并在灾害损失补偿实践中表现出如下规律：

1）从灾害损失补偿资金的使用效率出发，来自外部的经济补偿不如自我补偿有效率。因为自己用自己的资金来补偿灾害损失，将使受灾者更加注重损失补偿的直接效果并更加合理地使用补偿资金；而对来自外部的补偿因为存在着补偿资金的相互竞争，受灾体会将注意力首先集中在补偿资金的获取竞争上，对补偿实际效率的考虑则会居于第二位，加上某些来自外部的补偿还有一定的限制性条件或附加条件，从而会对灾害损失的补偿效果产生某些影响。

2）从灾害损失补偿资金的宏观效率出发，社会化程度越高的补偿方式具有较社会化程度低的补偿方式更高的效率。因为补偿方式的社会化程度越高，表明可供补偿灾害损失的资金规模或实力就越大，该资金的调度就更加具有灵活性，补偿资金闲置的可能性也会相对较小，从而使灾害损失经济补偿的宏观效率会更高。反之，补偿方式越是分割化、自我封闭化，其资金规模就越小，调度的余地也会相应缩小。尽管每一单位的补偿资金闲置规模有限，但每个孤立单位的备用补偿资金的集合，都是一笔巨额的闲置资金，从而会造成补偿资金使用效率的浪费。

3）从灾害损失补偿行为的效率出发，市场化的补偿方式往往较非市场化的补偿方式具有更高的效率。因为市场化的补偿行为会在补偿资金的筹集与使用过程中直接考虑价值规律与经济效率，组织者会尽可能地消除补偿资金的浪费，并通过规范化的经济合同方式等来确保补偿资金的使用效率；而非市场化的补偿方式，在考虑经济效率的同时，还会受到某些非经济性因素的影响，有时甚至会将社会效益置于经济效率之上，从而会影响灾害损失补偿的经济效率。

4）补偿者与被补偿者之间的距离远近与灾害损失补偿的效率高低存在负相关关系。即补偿者与被补偿者之间的距离越近，补偿者对受灾者的灾害损失的了解越真切，经济补偿越及时，效率必然越高；反之，补偿者与被补偿者之间的距离越远，补偿者对受灾者的灾害损失的了解可能会失真，经济补偿的及时性也会受到影响，从而会使灾害损失补偿的效率降低。

此外，补偿者与被补偿者之间的权利义务关系，也会影响灾害损失补偿的效率。例如，补偿者与被补偿者之间存在双向权利与义务关系者，其效率会高于只存在单向权利与义务关系者。如保险补偿是建立在权利与义务相对应的保险合同基础上的，而政府补偿则只强调政府补偿的义务和灾民享受补偿的权利，保险补偿的效率就会比政府补偿的效率高。当然，这种比较是从宏观意义出发的，微观的、具体的个案则不一定如此。

综上所述，基本的结论便是自我补偿的效率高于来自外部的补偿，社会化补偿的效率会高于非社会化补偿，市场化补偿的效率会高于非市场化补偿，距离近的补偿效率会高于距离远的补偿，有双向权利义务关系的补偿的效率会高于单向权利义务的补偿。然而，由于效率高的补偿方式也存在着保障不足或不能全面补偿灾害损失的缺陷，效率次之的补偿方式也会成为必要的补偿方式，而对整体效率的追求则主要体现在灾害损失补偿体系结构的合理组合上。

（三）适宜的灾害经济补偿组合方式

根据前面的分析，可以对不同的补偿方式的效率做如下分析：保险补偿是高度社会化的、市场化的、权利义务关系双向化的且保险基金来源于投保人自己的交费，所以补偿效率最高，但也存在着受制于保险范围、保险责任等的缺陷；政府补偿虽然也是社会化的，但它同时也是非市场化的，且补偿者与被补偿者之间的关系是单向的，从而使经济效率要打一些折扣；直接性的自我补偿具有距离最近和自觉节约的优势，但补偿资金的实力往往极为有限，且不具有社会化、市场化的特点，从而降低了补偿的效率（不包括属于宏观意义上的自我补偿的保险补偿）；而互助补偿有一定的社会性，但社会化程度不高并属于非市场化行为，尽管距离一般较近，但在补偿实践中的效率也会受到严重制约。可见，各种灾害损失补偿方式在实践中的效率存在着客观的高低之分。

前述各种灾害损失补偿方式均是补偿灾害损失的必要方式，都具有不可或缺性，但彼此之间的效率高低差别，表明存在着优化组合的必要性，即根据各种灾害损失补偿方式的效率高低来确定其在整个灾害损失补偿体系中的地位，并发挥各种损失补偿方式的互补性，将会促使灾害损失补偿取得最佳的宏观效益或效率。

思 考 题

1. 如何按照影响对象进行灾害损失划分？
2. 如何按照灾害影响的市场价值进行灾害损失划分？
3. 简述灾害直接经济损失和间接经济损失划分标准。
4. 什么是灾害直接经济损失？请举例说明。
5. 什么是灾害间接经济损失？请举例说明。
6. 简述灾害直接经济损失的计量尺度。
7. 简述灾害损失估计的海因里希法和西蒙兹法。两种方法有何缺陷？
8. 简述灾害事故导致人类创造的财富损失的表现形态。
9. 根据计算灾害直接经济损失的规则，自然人的生命与健康损失如何计量？
10. 简述灾害导致的土地资源因灾损失和森林资源因灾损失的计量。
11. 某地火灾造成过火有林面积 90 亿 m^2，每 1 万 m^2 木材蓄积量为 $100m^3$。因过火有林地烧损状况有轻有重，据有关部门抽样调查，全部受灾木材蓄积量可按 60% 的损失计算，当时木材的市场价格（议价）为 300 元 $/m^3$。计算该次火灾造成的森林资源直接经济损失。

12. 为什么说马克思的社会扣除理论已经从理论上基本解决了灾害直接经济损失的补偿资金的性质及来源问题？

13. 简述灾害损失经济补偿问题中的政府补偿论、自我补偿论和社会补偿论。

14. 简述灾害经济损失补偿实践的发展。

15. 简述灾害经济损失补偿的趋势。

16. 简述政府补偿方式、保险补偿方式、自我补偿方式、互助补偿方式在灾害损失补偿实践中表现出的规律。

第七章

减灾与经济效益分析

 本章主要知识点

减灾的一般经济学分析，主要包括：减灾目标及其经济学意义、减灾的经济功能、两类不同性质的减灾方式、持续发展的减灾运动；减灾投入分析，主要包括：减灾投入及其结构分析、减灾投入与常规经济投入的差异、减灾投入的影响因素分析；减灾决策分析，主要包括：减灾决策的经济价值、减灾方案的制定与优选、宏观的减灾决策、微观的减灾决策；减灾效益的评价，主要包括：减灾效益的经济学分析、减灾效益的非经济学思考。

本章重点和难点

减灾的经济功能、两类不同性质的减灾方式、减灾投入及其结构分析、减灾投入与常规经济投入的差异、减灾投入的影响因素分析、减灾决策的经济价值、减灾方案的制定与优选、减灾效益的经济学分析、减灾效益的非经济学思考。

第一节 减灾的一般经济学分析

所谓减灾，即是人类社会通过采取各种相应的行动或措施来达到减轻灾害事故的危害的活动。广义的减灾包括一切可以减轻或控制灾害事故危害的活动，以及通过及时的灾后补偿使受灾体尽快恢复正常生产、生活秩序的活动。例如，灾害预报、防洪工程建设、政府救灾、保险赔偿与医疗救助，乃至对灾害事故中各种损余物资的及时处理等，都可以纳入减灾的范畴；狭义的减灾则主要是指灾害事故发生前的防灾活动与灾害事故发生时的抗灾活动，侧重点在于减少灾害事故的发生次数和减轻灾害事故的危害后果，而不包括对灾害损失的补偿。本章探讨的即是狭义的减灾。

一、减灾目标及其经济学意义

在人类社会漫长的减灾实践中，可以发现减灾的经济目标即是维护人类既得的利益，追求财富损失的减少和整个社会经济的可持续发展，这也是灾害经济学的根本目标。历史与现实均表明，任何防灾、抗灾措施都是对既得利益或现有财富的保护性措施，是避免既得利益和现有财富遭受灾害事故袭击的防范性或控制性措施，而各种防灾工程的建设、对各种灾害的监测和预报等，都能够使现有财富避免损失或减少可能遭受的损失，并对人类社会经济的未来发展产生积极的影响，从而揭示出减灾的直接目标是寻求灾害损失的最小化。随着财力的日益增长和减灾工程的巨型化，越来越多的工程具有了保护人类社会长远利益的功能。由于各种减灾活动均需要以耗费现时的社会财富为代价，如果单纯为了长远利益或未来的利益，人们将不会立即采取减灾行动。因此，尽管减灾效果的真正取得较减灾行动的采取要滞后，尽管越来越多的减灾行动具有了保护人类社会长远利益的功能，但各种减灾活动的开展却无疑是人类现时遭受灾害事故袭击或严重威胁的结果；换言之，减灾的直接目标是努力保护既得利益和现有财富，而在保护既得利益和现有财富的过程中，需要尽可能地发挥维护人类社会长远利益的作用。

从经济学意义出发，减灾活动本身因投入日益巨大，早已被视为当代社会的重要经济行为。

一方面，任何减灾活动都是以付出相应的经济代价，即消耗现有财富为必要代价的，而一国或一地区乃至一企业或一家庭能否付出减灾活动所需要的经济代价或承受减灾代价的能力高低，却受减灾主体现阶段已有的财力、物力与人力的直接制约，经济基础决定着减灾实践是灾害经济学中的又一重要规律。例如，我国长江中下游地区的水患自古以来就相当严重。据历史记载，自公元前185年（西汉初）至1911年（清朝末年）的2096年间，长江共发生较大洪水灾害214次，平均10年一次；1499—1949年的450年间，湖北省境内江汉干堤溃口达186次，平均每2～3年一次；1788—1870年不到100年间长江发生3次特大洪水，均对中下游地区造成巨大的洪水灾害；1860年和1870年的两次特大洪水使两湖平原一片汪洋；20世纪以来，长江又发生多次损失巨大的洪水灾害。长江洪水的严重性早已引起我国政府与人民的重视，也被世界所关注。到20世纪80年代，我国实施改革开放国力逐年增强，我国政府决定于90年代开始兴建三峡工程，被称为"百年梦想"的三峡工程作为一项减灾工程，经过近百年的努力才决定建设，并用了10多年建成，即揭示了减灾活动本身的经济意义及其对减灾主体财力、物力和人力等的依赖。

另一方面，减灾又影响着现阶段的财力、物力与人力的分配格局，即灾害损失是非常规经济损失，减灾投入也非常规经济投入，从而必然对常规的经济分配格局产生影响，越重大的减灾活动就越对国民经济分配格局产生重大影响。仍以三峡工程为例，1991年我国决定三峡工程建设时，预算静态投资为570多亿元，随后预算的动态投资为1200多亿元，而随着材料等价格上涨等因素，预算数额还明显偏低，即建设三峡工程需要投入的资金高达2000多亿元，这笔资金主要来源于国家财政拨款和向国内外银行贷款，这是对现有财富的消耗，而国家财政与银行机构自三峡工程开始建设后的若干年内，每年需要为三峡工程投入巨额资金，这就影响国民财富的现有分配格局，减灾工程对现阶段财力、物力和人力分配格局的影响显而易见。当然，三峡工程并非是一项单纯的减灾工程，但减灾确实是其首要的、根本的目的。因此，减灾活动本身的经济行为性质与经济学意义是毋庸置疑的。

在当代社会的减灾实践中，减灾活动通常与其他常规经济活动或经济行为存在着内在的、不可分割的联系。例如，兴修水库和在大江大河上修筑大坝的主要目的是防洪、抗旱，但同时也可以用于渔业生产和水力发电，则水利减灾工程同时也是渔业生产发展工程和电力工业发展工程，并促使这些产业的发展。如三峡工程作为一项特大型水利工程，在以防洪为主要目的的同时，也兼具发电、航运、养殖和供水等效用；而工矿企业对污染的治理或对"三废"的处理，既是企业生产过程中的直接减灾活动，又是现代企业生产过程中的一个必要环节。因此，减灾的经济学意义还表现在与常规经济问题密不可分，并对常规经济发展产生相应的影响。

至此可以发现，没有减灾便不可能实现灾害经济学寻求灾害损失最小化的目的，没有对减灾问题的研究便必然影响灾害经济学的积极意义。尤其是在当代社会，减灾不仅是灾害经济学中的关键性命题，同时也是许多常规经济活动中的必要命题，从而是整个国民经济中的重要命题。

二、减灾的经济功能

减灾是一种经济行为，它需要产生相应的经济效果，而减灾方式的选择是否合理，措施是否得当，又决定着减灾的经济效果。强调标本兼治才是解决（减轻）各种灾害问题的最佳选择，在标本兼治的条件下，减灾能够产生如下经济效果：

1) 减灾能够通过各种相关措施来直接减少财富的灭失和增加财富的积累。首先，减灾活动能够减少灾害事故的发生，能够通过有效的防灾、抗灾手段使灾害事故的损害后果得到有效控制，从而能够使灾害事故的损失得以减少；其次，灾害事故的避免不仅使灾害事故损失减少，而且使生产的发展具有了正常增长的前提与基础，进而使社会财富的积累得以加速，并进一步促进经济在不同层面上得到健康发展。因此，减灾的首要经济功能便是减损增效，即通过减少灾害事故的发生和减轻灾害事故损失来维护社会再生产的顺利进行，最终使社会财富的积累得以加速。

2) 减灾能够保护环境，维护生态平衡，提高资源的利用效率与再利用等，促进社会经济的可持续发展。工业化以来，人类面临的最大威胁莫过于环境污染及其对人类生产、生活环境的严重损害。这种损害以透支未来资源财富的形式出现，绝大多数国家的政府和研究者已经认识到不改变传统工业化的污染局面，经济的发展便不可能走上持续发展之路。因此，治理污染和保护环境便成为当代社会减灾活动中的重点领域。例如，建筑防护林以阻止沙漠化，植树造林以治理水土流失，开展"三废"利用和限制污染物的排放或制定严格的排污标准以保护水资源等，都是许多国家高度重视并不断投入巨额资金的减灾活动。这些活动所取得的效益，是长期效益要大于短期效益，是人类社会在生存环境遭到严重破坏条件下开始着眼持续发展问题的直接表现。可见，减灾对经济、社会的可持续发展而言，既是必要且重要的内容，也是先决条件。

3）减灾能增进人类自身的健康，降低人类的生存与发展的经济代价，从降低成本的角度来增进经济效益。例如，我国1997年开展的对淮河污染的治理，使淮河两岸人民的生存环境在经历工业化以来的损害后得到改善，良好的自然环境必然增进人类自身的抗病能力。因此，以防治污染为基本内容的减灾工程或措施的实施，必然使人的生存与发展代价得以大幅度降低，这种成本降低客观上创造的也是正效益。

4）减灾项目还能够直接创造或增加财富。尽管减灾活动的主要目的是减轻灾害事故及其危害后果，但并不妨碍某些减灾活动取得直接的经济效益。例如，三峡工程的建成与使用，不仅从根本上减轻长江中下游地区的洪水灾害，而且为国家提供了强大的电力资源，从根本上改善了宜昌至重庆的航运条件，还可以利用300km的坝区发展养殖业，同时为邻近地区的工业与农业生产提供水资源。三峡工程不仅减轻长江中下游地区的水灾，而且直接创造社会财富。

上述经济效果通常是合理减灾活动的回报，如果减灾活动本身不当，也有可能产生直接的负效益。例如，河流上的水坝建筑属于常见的减轻水灾的工程，若选坝址不当，或施工时期不当，或施工质量不良，或管理不良等，直接后果就可能是加重水灾。例如，2017年2月，美国奥洛维尔大坝溢洪道发生泄洪冲刷破坏事故，就奥洛维尔大坝而言，主溢洪道存在没有设置掺气设施、主溢洪道混凝土底板最小厚度仅38cm、泄槽底板多建于基于风化较严重的基岩上等问题，再加上水库运行调度未能根据气候变化及时调整，大坝安全管理未能听取社会公众的意见。2018年7月23日，老挝首都万象东南约560km的阿速坡省在建的桑片—桑南内水电站副坝发生溃坝，导致35人遇难、99人失踪，6个村庄严重受损，约1.3万人受灾，该溃坝事故与其副坝基础不牢固有关。

三、两类不同性质的减灾方式

从减灾的实施方式来看，通常划分为工程减灾与非工程减灾两种类型。

工程减灾是指人类社会通过投入相应的财力、物力、人力兴建各种工程项目以达到防范、控制灾害事故发生、发展的减灾方式。工程减灾的特点，主要包括以特定地域为实施空间，以建设时间为实施周期，以固定物体（工程项目）为减灾载体，以专门灾种为减灾对象，以直接而具体的减灾效果为实施目标。水利工程、防震工程、防风固沙工程、治理水土流失、治理土地盐碱化、人工降雨、消防工程等，都是工程减灾方式的重要表现形式。以我国的工程减灾为例，从古代兴建的都江堰到三峡工程，从20世纪70年代开始建造的"三北"防护林到淮河治污工程，从城镇防震工程、消防工程的建设到山西昔阳县大寨村对七沟八梁的治理，以及沿海、沿江地区兴修的防洪堤、防潮堤等，都是人类社会工程减灾方式中的成功典范。

非工程减灾则是指人类社会通过投入相应的财力、物力、人力，利用传媒宣传减灾常识、组织减灾演习、提供减灾技术与信息服务等各种非工程的形式以达到减轻灾害事故的危害的减灾方式。非工程减灾的特点，主要包括以大众为服务对象，以各种传媒为传导机制，以专业人士为实施主体，以经常性活动为主要工作方式，以技术、信息服务和制度建设为主要内容。减灾宣传、减灾技能训练、安全管理、灾害监测、灾情预报、灾害法制建设等，都是非工程减灾方式的表现形式。例如，消防知识宣传、防震演习、气象预报、国家对有关灾害问题（如环境污染等问题）的立法和安全管理制度，以及企业安全管理规章制度等，都是现代社会必不可少的减灾方式。

　　无论是工程减灾还是非工程减灾，都有治本之策与治标之策之分。治本与治标相结合（标本兼治）作为灾害经济学中的重要原理，对工程减灾与非工程减灾都具有适用性。例如，在工程减灾中，植树造林工程、"三废"利用等通常被视为治本之策，而人工降雨、农药灭虫等则通常被视为治标之策；水利工程建设则在不同的地点与不同的时期有不同的表现，如三峡工程在当代社会堪称解决长江中下游地区洪水灾害的治本之策，但某些地区兴建的防洪堤却只能称为治标工程。在非工程减灾中，气象监测、气象预报属于治标之策，而树立全民减灾意识和使各种减灾知识、技能普及化、大众化却无疑是治本之计。实践证明，工程减灾与非工程减灾虽然在治本与治标方面有自己的侧重点，但均应当考虑将治本之策与治标之策有机地结合起来。

　　无论是工程减灾还是非工程减灾，都需要投入相应的人力、物力和财力，都需要有组织地实施，都需要将治本与治标之策有机地结合起来，且都能够产生相应的减灾效果。工程减灾与非工程减灾的差异性，主要表现在以下方面：①工程减灾的投入往往大于非工程减灾，需要较强的财力作为后盾，而非工程减灾的投入相对较少；②工程减灾的效果往往表现为直接的减灾效果，而非工程减灾的效果主要表现为间接的减灾效果；③工程减灾的目标往往十分明确且相当具体，如长江三峡工程的兴建主要是防患长江中下游地区的洪水灾害，而非工程减灾的目标较为泛化，并非一定指向某一具体灾种或特定区域；④工程减灾侧重于应付自然灾害，而非工程减灾更重视应付人为事故；⑤工程减灾需要有相应的地域（空间）、相应的施工设备和施工对象，并在建成后形成新的社会财富（固定资产），而非工程减灾需要有相应的机构、专门的传导媒介、特定的技术人员等，二者的条件要求并不一致；⑥工程减灾都有工程周期，从开工之日到工程完工并经验收、考核合格即标志着该减灾工程开始发挥效能作用，而非工程减灾往往缺乏明显的周期特征。此外，工程减灾通常更为注重经济核算和直接效益的考核等。可见，工程减灾与非工程减灾作为人类社会减灾实践的一体两面，是既有共性又有差异的异质同途的减灾方式。共性表明它们的目的都是减少灾害事故的发生和减轻灾害事故的损失；差异性表明需要有不同的条件，并肩负着不同的使命，发挥着不同的作用。在人类减灾实践中，工程减灾与非工程减灾都属于缺一不可的减灾方式，并需要走有机结合、合理推进的道路。

四、持续发展的减灾运动

　　灾害问题的严重化及其对人类社会发展尤其是经济持续发展的严重威胁，促使各国政府日益重视采取相关的行动来减轻灾害问题。尽管人类社会抗御灾害的行动从未中断过，但由被动抗灾到主动减灾，从防御自然灾害到防范人为事故尤其是治理各种环境灾害，从个别行动和局部行动到普遍行动和全球行动，却是20世纪70年代以来的事情。到20世纪90年代，以大规模的治理环境污染运动和国际减轻自然灾害活动为标志，全球减灾运动进入蓬勃发展时期。

在当代社会的减灾运动中，发达国家因较早实现工业化，社会财富的积累日益雄厚，但工业化带来的灾害问题也日益严重而深刻化，从而不得不率先反思传统的工业化道路，并凭借雄厚的财力，先后于20世纪60年代到70年代开始治理环境灾害问题，如实行立法，建立专门的管理机构，依靠经济规律和立法加强治污措施与安全管理工作，以此减轻灾害事故的发生，这一时期的减灾主要局限于发达国家。到20世纪80年代以后，一方面是污染导致的温室效应、酸雨、臭氧层损毁以及赤潮等灾变跨越国境成为全球灾害问题，另一方面是许多发展中国家在经济加速发展中面临的灾害问题越来越严峻，进而导致灾害问题的全球化与深刻化，减轻灾害便需要采取国际行动才能奏效。因此，1987年12月第42届联合国大会上，通过了由美国、日本等数十个国家联合提出的提案并形成169号决议，确定从1990年到1999年为"国际减轻自然灾害十年"，目的是通过一致的国际行动，减轻自然灾害给人类社会带来的严重危害，以及由此引起的社会和经济停顿；1988年10月，联合国成立了"国际减灾十年"指导委员会，由联合国经济合作总干事詹姆·里佩特任主席，并成立了由24个国家的专家组成的专家委员会，由美国科学院院长弗兰克·普雷斯任组长（中国科学家谢礼立是专家组成员）；1989年12月第44届联合国大会又通过了《国际减轻自然灾害十年决议案》及《国际减轻自然灾害十年国际行动纲领》，建立了相应的机构以统一协调世界各国的减灾活动。联合国开展的减灾活动得到了绝大多数国家的积极响应，如我国政府即于1989年4月3日正式成立了部际协调机构——中国国际减灾十年委员会，我国的减灾委员会由此开展了积极有效的减灾工作；其他国家也成立了相应的机构开展减灾工作。2009年，联合国大会通过决议将每年10月13日定为国际减轻自然灾害日，简称"国际减灾日"。

联合国发起的国际减灾活动是一项旨在减轻自然灾害对人类危害的重大国际行动，它以各国政府之间、非政府组织之间的合作为基础，推动各国内部的减灾活动，是当代社会蓬勃发展的减灾运动的巨大推动力量。近几年来，国际减灾活动已经在某些领域取得了显著的成效，如发展中国家的预警系统和抗灾结构已得到较大提升并在不断优化；各种科学与工艺技术得到集合，致力于填补知识方面的空白；国际救灾合作和对某些全球性灾变采取的一致行动等均相应地提升了人类社会的抗灾能力，某些灾害的危害后果已经减轻或正在减轻。因此，应当积极评价国际减灾活动所带来的巨大减灾经济效果。

第二节 减灾投入分析

一、减灾投入及其结构分析

灾害问题不断恶化的主要致因是经济利益的诱导,而减轻灾害问题的关键也在于经济投入,即任何减灾活动(包括工程减灾与非工程减灾)都以一定的经济投入为前提条件。灾害与减灾在经济上存在着如下规律:灾害损失出现或扩大—减灾投入或投入扩大—灾害损失缩小—减灾投入缩小—灾害损失扩大。

当然,灾害与减灾在经济上的上述规律直接受当时当地的经济基础制约,即在经济基础雄厚的条件下,减灾投入可能持续增长,灾害损失可能持续缩小;而在经济基础薄弱的条件下,即使是灾害损失扩大化,也无从扩大减灾的投入,这时减灾便在很大程度上依赖于灾害周期发展变化的自我缩小(主要表现为自然灾害)。但这种周期发展变化若没有相应的减灾投入,在经历相当的时期之后将会以更加扩大化的灾害损失面目出现。因此,经济发展在一定程度上受灾害问题的制约,而经济基础又在很大程度上制约减灾活动。需要强调的是,灾害损失是一种非常规经济损失,减灾经济投入也是一种非常规经济投入,它与常规经济投入存在很大的差异。根据减灾实践,减灾投入有如下公式:

减灾投入 = 减灾工程投入 + 后续维护费用

在上述公式中,减灾工程投入是开展减灾活动的实际投入,后续维护费用则是减灾工程完工后在正常使用期内所需的维修、管理费用。减灾投入除上述计算公式外,还可以细化分类。分类投入相加之和与上述公式的计算结果应当一致。

根据减灾投入的不同主体,其结构可用图 7-1 表示。

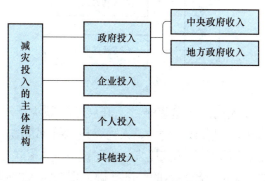

图 7-1 减灾投入的结构(一)

图 7-1 表明,减灾投入的主体应当是多元的,但在不同的社会时期与不同的经济制度下,减灾投入的主体结构又会出现较大的差异。例如,在农牧社会,就不可能有企业投入;在计划经济时代,减灾投入又主要成了政府的直接责任;在市场经济条件下,减

灾活动在更广阔的范围内得到发展，且必然会因为经济利益的多元化而促使减灾投入主体的结构走向多元化，即政府、企业、个人及其他社会组织都将成为减灾投入的主体，经济制度与市场调节则成为影响市场经济条件下各利益主体方减灾投入的基本的、决定性的因素。在多元化的减灾投入主体结构中，不同的投入主体又会有不同的目标和侧重点，如政府投入解决的通常是涉及一国或一地区全局的自然灾害风险与重大人为事故风险，下级政府的减灾投入目标则是减轻本地区的主要灾害问题。企业作为市场中的基本细胞和经济利益主体，越来越成为减灾投入的重要主体，企业减灾投入的目标主要是减轻企业自身的灾害问题，如强化劳动保护措施以减轻工伤事故的发生及其危害，配备消防设施以减轻火灾及其危害，治理污染以减轻排污费的征收带来的生产成本上升等。个人的减灾投入通常包括家庭内部的减灾投入（如对家用电器配备防护装置、家庭消防投入等）和对社会减灾的投入。在发展中国家，个人直接参与社会的减灾活动较为普遍，如我国乡村的水利工程建设除政府投入资金、材料外，主要依靠乡村劳动力的人力投入来完成。在许多地方发生较大自然灾害后，还往往通过以工代赈的形式来建设减灾工程。因此，个人投入自古以来就是减灾投入的重要渠道，但在发达社会里会逐步退化到家庭内部的减灾活动和配合社会化的减灾活动上。除上述投入主体外，某些社会公共组织也会有相应的减灾投入，一些减灾工程则可能采取混合形式的筹资制度。

根据减灾投入的不同要素，其结构可用图 7-2 表示。

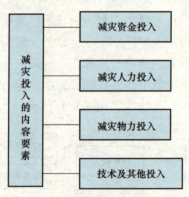

图 7-2　减灾投入的结构（二）

图 7-2 表明，减灾投入的内容是复杂的，开展任何减灾活动都需要投入相应的资金、物力、人力、技术等，即资金、物力、人力、技术等都是减灾活动的基本要素，各种减灾投入在时段上都包括了灾前防范投入、灾时抗灾投入和灾后救援投入。

1）资金投入是减灾投入中最基本的经济基础，资金投入的强度往往直接决定减灾工程的规模与综合效能。在市场经济条件下，由于人力与物力等可以通过资金投入来替代或转换（如本国或本地的减灾物力不足可以通过向国外或外地购置来替代，本国或本地的减灾人力不足也可以通过国外或外地的劳务输入来解决），直接的减灾资金投入水平决定着其他减灾投入和整个减灾活动的规模与效果，而资金投入的大小又决定于各减灾主体的财力状况并与财力状况呈现正相关的关系。

2）人力投入是减灾投入的基本要素，它包括减灾活动的设计或策划人员、施工或运作人员、管理与检测人员以及其他相关人员，这些人员的投入都是减灾活动所必要的，且都是可以通过人员支出（如工资或费用支付）进行货币计价的减灾投入。

3）物力投入是指为减灾而投入的施工设备、原材料等，它们是以物化资金投入的形态出现的，从而在本质上可以归入资金投入类别。

4）技术及其他投入则在不同的减灾活动中表现出不同的重要性，如工程减灾不仅离不开技术投入，而且减灾工程的成败在很大程度上取决于技术水平的高低；非工程减灾，如气象预报更是需要依赖技术要素。需要指出的是，尽管减灾资金投入能够影响乃至支配其他减灾投入，但其他投入也可以直接影响资金投入。例如，在减灾活动中，高素质的劳动力、先进的施工设备和先进的减灾工程技术等的投入必定能够节省减灾资金投入，反之则必然造成减灾资金的浪费；同时，各项减灾投入要素的相互组合及内部组合是否合理、科学、优化，也直接影响减灾资金的使用和整个减灾活动的效果。

由此可见，在减灾投入的要素结构中，决定减灾主体财力的资金投入是最关键的要素，但物力、人力、技术投入等也是必要的基本要素，在减灾实践中应当得到合理的配置。

二、减灾投入与常规经济投入的差异

与常规经济投入一样，减灾投入是一种经济投资行为，但减灾投入又与常规经济投入存在着巨大的差异，这种差异性使常规经济学无法包容减灾投入经济问题。减灾投入与常规经济投入的差异，见表7-1。

表7-1 减灾投入与常规经济投入的差异

	减灾投入	常规经济投入
主要目的	减轻灾害事故损失，保护现有财富，维护既得利益	扩大社会再生产，增加社会财富，最大限度地满足社会需求
基本条件	灾害事故危害经济发展与居民正常生活秩序，危害可以减轻	经济短缺或市场需求大于市场供给，有直接利益可图
投资方式	直接投资为主，极少采取间接融资的方式	直接投资与间接投资并重，如发行股票、债券为常见方式
投资对象	各种减灾工程，包括各种工程减灾与非工程减灾	各种赢利性项目，包括一、二、三产业中的各类项目
投资成果	减少灾害事故发生的频率，减轻灾害事故的危害，通过减损来实现投资效益	增加产品供给与劳务供给，以获取利润为直接动力和评价投资成果的主要标志
主要制约因素	灾情大小与灾种差异，投入主体的财力、技术水平，法制规范	市场供求关系，价值规律，竞争规律

由表 7-1 可见，常规经济投入的目标在于获得直接的经济产出和财富的增长，它受制于市场供求规律、价值规律与竞争规律，并以利润为原动力和最主要的考核指标；减灾投入则不是以直接的经济产出为目标，它一般不会直接增加财富，它追求的是如何减少现有财富的损失，在减损中实现自己的投资效益。

当然，减灾投入与常规经济投入的差异还不止表 7-1 所示的内容，但表 7-1 揭示了减灾投入与常规经济投入之间的差异，其差异说明对待减灾投入需要运用有别于常规经济投入的思维方式与考核方法。

三、减灾投入的影响因素分析

对减灾投入而言，既不存在市场供求关系问题，也不能以赢利水平为出发点，即使是在发达的市场经济条件下，减灾投入也不会完全受市场行为支配，影响减灾投入的因素通常具有多元性和复杂性的特点。

1) 灾害因素。在现实生活中，由于竞争的激烈性和对经济利益的追求，居安思危在多数情况下只是一种理想而已。实际生活中则是灾害的危害越大、减灾的力度越大，反之越小。灾害问题的性质与程度往往对减灾活动产生直接的甚至是起支配作用的影响。在大灾之后，即使财力不足，也会重视减灾工作；而在无灾或只有小灾之时，人们便会思想麻痹，即使具备财力，也往往优先考虑常规经济投入或其他投入。与此同时，对自然灾害的防范会优于对人为事故的防范，对水灾的防范又要优于对其他自然灾害的防范；在人为事故中，对火灾、交通事故和工伤事故等的防范往往较对于建筑事故、产品事故等更能够引起重视；在交通事故中，航空事故是最引人关注的，航空界的安全管理也往往是最严格的；可见，减灾活动需要考虑灾害事故的性质与程度，并在很大的程度上取决于灾害事故的性质与程度。

2) 财力因素。减灾以投入相应的财力、物力、人力及技术等为必要条件，但在市场经济条件下，财力的大小通常决定其他减灾投入。在财力雄厚的情况下，减灾活动便具备了相应的财政基础，各种减灾工程也会如期完成，防御灾害事故的能力也会不断得到增强；反之，即使是灾情严重，也会因缺乏财力而无法实施减灾工程，防灾能力的增强通常要依靠经济的发展和财力的积累来逐步地、滞后地解决。发达国家凭借其雄厚的财力具备了比发展中国家更强的减灾能力，所以灾害导致的损害后果往往较发展中国家要轻（尤其是表现在人员伤亡方面）。

3) 利益因素。对企业等微观减灾主体而言，减灾若能够带来直接或间接的经济利益，便会积极开展减灾活动；反之，若减灾只能带来社会效益或公众利益，其积极性便会受挫。因此，一般减灾主体的减灾投入都会以相应的经济核算为依据并受直接或间接经济利益的约束。政府作为特殊的减灾主体，虽然要高度重视公众利益与社会效益，但也并非不关注经济利益，它同样需要追求减灾对经济发展的直接效益，减灾工程的开展还需要受本国或本地经济发展需要的制约。因此，政府在开展减灾活动时往往会侧重于那些既能够减轻灾害又能够有利于经济发展的减灾工程（如水利工程等），对仅有社会或公众效益的减灾活动的积极性则相对较低。由于企业既是受灾的主要主体，也是造成灾害事故的重要致灾源，政府可以通过适当的经济政策引导来促使其积极开展相应的减灾活动，如对安全管理不良的企业实行较严厉的经济处罚政策，对致污企业征收较高的排污费等，即能够促使企业重视安全管理与治污投入，进而达到减轻灾害事故危害的效果。

4）观念因素。一是直接减灾观念的影响，例如，防重于救有利于开展减灾活动，重救不重防则不利于开展减灾活动。二是全局观念的影响，具有兼顾全局（或公众）的观念往往推动减灾活动，缺乏全局观念则容易拖减灾活动的后腿。例如，江河中上游地区不顾中下游地区的生产与居民生活而排放污染物，乡村工业不顾乡村水资源、土地被污染而只顾发展自己的生产等，均不可能开展有效的减灾活动；反之，则能够在兼顾自身利益和全局利益的条件下积极开展治污、减污的减灾活动。三是近、中、长期利益观念，兼顾近、中、长期利益的观念会指导人们在追求近期发展目标时兼顾中、长期发展目标并在即期发展中注重减灾问题；只顾近期利益而忽略中、长期发展的观念则不可能在即期发展中重视减灾问题。

5）法制规范与强制干预。在经济利益主体多元化的条件下，靠受灾主体的自觉性来开展减灾活动是远远不够的，尤其是某些危及公众利益及全局利益的灾害事故，更是需要国家通过相应的减灾法制规范与行政强制干预才能取得良好的减灾效果。因此，在当代社会的减灾活动中，国家需要有相应的减灾法制来规范和约束各地的减灾行为和企业的减灾行为，如防洪、防震法规和企业生产安全管理法规等的制定，对减灾投入的财税政策（如排污费与治污费）规范等，都是开展减灾活动的法律依据；同时，还需要有强制干预手段，专门的管理监督机构、专业的管理监督人员、专业的技术监督手段等，这是确保法规制度得以实施的保证。例如，国家建立环境保护相关部门，开展对污染的日常监测与管理工作，即能够推动企业、社会各方的减灾活动；若减灾法制不健全，强制干预的力度不够，则全社会的减灾投入必定受到影响。

此外，减灾社会效益或长远利益等也会直接影响减灾主体的减灾投入。良好的社会效益和可能实现的长远利益，同样会成为吸引减灾主体扩大减灾投入的重要因素。例如，在工程减灾方面，水利工程与环保工程都能带来良好的社会效益和长远利益，从而始终是减灾工程中的重要组成部分。随着经济、社会的发展，包括生态保护、治理污染、绿色食品、垃圾处理、生态农业等在内的环保工程日益受到政府与社会各界的重视，减灾主体对这些工程的投入力度将在未来得到进一步增强。

总之，减灾投入是经济发展的必要组成部分，是现有财富的必要扣除，而要进行减灾投入并想取得较理想的投入效果，就必须全面考虑上述影响因素。在市场经济条件下，尤其要注重发挥市场机制的作用，并将其与强制干预有机结合，以尽可能提高减灾投入的效率为目标。

第三节 减灾决策分析

一、减灾决策的经济价值

减灾是一项独特的经济活动,它需要有科学的决策。减灾决策即是为了实现灾害危害和灾害损失最小化的目标,而对应采取的减灾行动方案进行选择。

尽管减灾活动不是以市场供求关系和直接的赢利水平为出发点的,但同样需要重视减灾活动的经济效益与价值规律的导向作用。正确的减灾决策,不仅能够保证减灾工程的完善实施,避免减灾活动中的不必要的浪费或损失,而且能够实现用较小的投入减轻相应的灾害问题或用同样的经济投入来减少更多的灾害损失的经济目标;错误的减灾决策,不仅会导致减灾计划目标本身的失误,造成减灾过程中的资金、物力和人力浪费或损失,有时甚至还会引起新的灾害问题,使减灾工程成为"增灾"工程。因此,减灾决策的经济价值在于,它既可能因决策的正确而避免减灾实践中的浪费和直接增大减灾工程的效益,也可能因决策的失误而造成减灾实践中的浪费和直接放大灾害的损害后果。

二、减灾方案的制定与优选

减灾决策的依据是减灾方案,科学的减灾方案制定需要经过若干程序。通常的减灾决策程序如图 7-3 所示。

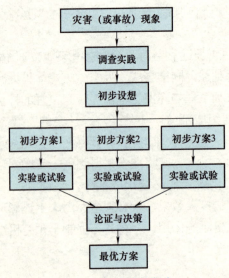

图 7-3 减灾决策程序

图7-3 所示是减灾决策的一般程序，它以灾害事故现象的客观存在和通过相应的措施得到减轻为基本出发点，在调查实践的基础上提出初步设想，并设计出若干初步方案，同时进行必要的实验或试验（对工程减灾方案尤应如此），再经过充分的论证与决策，最终确定最优的减灾方案。不过，不同减灾领域的减灾决策又存在着不同程度的差异。减灾决策作为一种经济决策，可供选择的减灾方案不能是唯一的，而应当是多个，但只能择最优而行，最优减灾方案只能在比较中产生；同时，减灾决策还是对减灾投入与减灾效果的总体考察，它同样需要追求尽可能多的效益（包括直接效益与间接效益）。

三、宏观的减灾决策

在减灾决策实践中，宏观减灾决策与微观减灾决策尽管在程序上具有相通性，但在具体运作中又存在着客观差异性。宏观减灾决策更注重对全局利益的保护和社会或公众利益及中、长期利益，而微观减灾决策则侧重于维护局部或个体利益或近期利益；宏观减灾决策包括法制建设与系统的减灾机制，而微观减灾决策则往往局限于自身的安全管理；宏观减灾决策侧重于大型工程减灾和具有公众意义的非工程减灾，而微观减灾则强调小型工程减灾和内部成员的减灾意识与减灾技能。因此，对处于宏观层面的国家或政府而言，其减灾决策的效果往往对全局产生影响，而微观减灾决策的效果则对具体的减灾主体产生直接的影响。

在遵循减灾决策一般程序的条件下，宏观减灾决策的内容通常体现在相应的减灾法规与政策的制定和重大减灾工程的决策等方面。

结合减灾实践，可以将宏观减灾决策的内容概括为以下几个方面：

1）相应的减灾法律、法规制度。它由国家立法或地方立法机关完成，是对减灾活动的最高层次上的规范。例如，我国已经颁布的《中华人民共和国防震减灾法》《中华人民共和国环境保护法》《中华人民共和国水法》《中华人民共和国水污染防治法》等法律均可以视为减灾法律，在《中华人民共和国民用航空法》等法律中也有相应的减灾规定。此外，还有一批由国家职能部门制定并颁布的法规或规章。

2）宏观产业政策。宏观产业政策是指用国家的宏观产业政策及相应的经济投入引导整个社会的减灾行动。例如，加大高新技术产业、环保产业、绿色产业、水利产业等的发展力度，逐步淘汰污染严重的工业，支持"三废"利用等。将减灾与国家产业发展政策有机地结合起来，并利用产业发展政策来推进减灾活动，应当成为宏观减灾决策中的重要内容。

3）重点减灾领域。在区域层级上，国家一级的重点减灾领域应当是大江、大河、大湖流域的减灾行动和涉及跨越省界的减灾行动，地方各级政府的减灾重点领域可依此类推；在减灾对象上，应当根据本国或本地区的灾害组合规律，抓住主要灾种，如我国的灾害种类繁多，但主要灾种是水灾、干旱、台风、地震等自然灾害和火灾、道路交通事故、采矿事故等人为事故，这些灾害事故无疑应当成为我国的重点减灾领域，但各地区因灾害组合存在着区域差异性而需要据实确定本地的重点减灾对象。对重点领域加大减灾投入的力度与强度，并取得重要的减灾成果。

4）地区协调。确定不同地区间的协调行动并加以管理监督，以及尽力平衡各地区或行业减灾行动应当成为宏观减灾决策中的重要内容。一方面，灾害问题的全面化与深刻化，需要在地区间采取协调的行动；另一方面，由于某些灾害的致因是人为因素，在宏观上考虑致灾地区对受灾地区的经济补偿具有必要性，如蓄洪区、泄洪区的损失就不能只是由蓄洪区、泄洪区自己来承担，它需要由受益地区乃至全国来分担。因此，宏观决策不仅包括减灾法规政策的制定与重大减灾工程的实施，还应当包括地区间的减灾行动协调与减灾利益调整问题。

5）筹资政策。减灾投入是所有减灾活动的基础，而确定合理的减灾资金筹集政策又是减灾投入的基础。一是要确定减灾投入与社会经济发展之间的合理关系和合适比例；二是要采取多元筹资的政策，如政府财政拨款、企业投资、个人出资以及其他筹资方式等，都应当成为规范化的减灾资金筹集渠道，当然，政府拨款与企业投资应当成为主要渠道；三是要采取多维混合筹资模式，明确以货币投入为主，同时辅以相应的物力、人力、技术等投入；四是要确立强制筹资与自愿或自发筹资相结合的政策，明确规范强制筹资，鼓励自愿或自发筹资。

6）重大减灾工程。由于某些重大减灾工程不仅需要投入巨额资金，而且会产生广泛的社会经济影响，从而特别需要慎重决策。例如，我国的三峡工程，因其影响巨大，也是经过长期的、反复的论证后才拿出工程方案，最后由全国人民代表大会表决通过。一项减灾工程的上马由一国的最高立法机关来讨论并表决，表明了国家对三峡工程建设的审慎态度和重视程度。

上述内容都属于宏观减灾决策的内容，都需要由政府出面主持并负责实施。

例如，三峡工程的决策过程。三峡工程由一个梦想到变成一个举世瞩目的巨型防洪水利工程的正式建设，经过了长达数十年的论证。仅最后决策程序，就分为三个层次：第一层次是水利部负责广泛组织再论证，提供决策依据；第二层次则是国务院三峡工程审查委员会重新提出可行性研究报告并提请中央批准；第三层次是提请全国人民代表大会审查通过。从水利部门到国家最高行政机关，再到国家立法机关即最高权力机关，说明这样一项巨型防洪水利工程所引起的空前的重视。与此前提出的各种方案目标相比，通过的三峡方案放弃了单纯的水电工程或防洪工程的目标，代之以防洪为首要目标的综合利用目标。从三峡工程的决策过程来看，影响因素包括灾害因素（长江中下游地区水患日益严重，1991年大水灾有直接影响）、国家财力因素（我国改革开放以来国力增强、基本具备了建设三峡工程的财力条件）、水利技术因素（再三论证，方案趋向成熟），以及决策目标因素（它以减灾为首要目标，但又不是以减灾为唯一目标，而是一项以减灾为首要目标的重大的经济工程）等。

四、微观的减灾决策

微观的减灾决策,主要是指企业、社会公共组织和居民家庭或个人对自己减灾行为的决策,这种决策的主要特色是从减灾主体自身面临的灾害问题出发,并根据自己的财力状况和相关的政策规范进行决策。微观减灾决策的指导思想是通过减灾活动减轻自身的灾害事故损失和增进自身经济效益。微观减灾决策的方针是积极防范、安全管理和依靠科技减灾。

微观减灾决策的影响因素,主要包括受灾体面临的灾情状况(灾害种类、性质、损失情况等)、相关法制的规范(如污染防治、环境保护、劳动保护、安全管理规定等)、自身财力状况(可供投入的财力及其可能带来的经济影响)、减灾效果(可能带来的直接或间接效益)等。

微观减灾决策的程序:灾害问题存在—减灾调查与评估—初步方案设计—通过比较优选确定最优方案。

微观减灾决策的方法是:利益—成本分析决策法,即根据减灾投入的利益大小作为方案优选依据的方法。在这种方法下,先计算自身在不开展减灾活动条件下的灾害事故发生率和损失状况,再计算各种减灾方案实施后的灾害事故发生概率,然后计算采取减灾行动所需要的投资,最后从投资的多寡与效果的大小比较中选择最优减灾方案。

在此,可以借鉴安全经济学中的安全经济投资决策方法,则微观决策有如下步骤:

第一,计算减灾方案的效果,公式为

$$\text{减灾方案的效果 } R = \text{灾害事故损失期望 } U \times \text{事故概率 } P$$

第二,计算减灾方案的利益,公式为

$$\text{减灾方案的利益 } B = R_0 - R_i$$

第三,计算减灾的效益,公式为

$$\text{减灾效益 } E = B/C$$

在上述公式中,C 是减灾方案的投资。这样,减灾案的优选决策步骤为:

1)用相关危险分析技术计算原始状态下的灾害事故发生概率 P_0。

2)用有关危险分析技术分别计算出各种减灾措施方案实施后的事故发生概率 $P_1(i)$,$i = 1, 2, 3 \cdots$。

3)在灾害事故损失期望 U 已知(可通过调查统计、分析获得)的情况下,计算减灾措施前的事故后果,公式为

$$R_0 = U \times P_0$$

4)计算各种减灾措施实施后的灾害事故效果,公式为

$$R_1(i) = U \times P_1(i)$$

5)计算各种减灾方案实施后的减灾利益,公式为

$$B(i) = R_0 - R_1(i)$$

6)计算各种减灾方案实施后的减灾效益,公式为

$$E(i) = B(i)/C(i)$$

7) 根据 $E(i)$ 值进行减灾方案的优选,最优减灾方案为
$$\max E(i)$$

例如,某企业的一个生产系统每发生一次事故的经济损失约为 5 万元。该系统未改进前的事故概率见表 7-2,企业经过调查分析,拟订了三个改进系统的减灾方案,改进后的系统的事故概率见表 7-2 中,对这三种方案进行分析对比,做出优选。

表 7-2 某企业生产系统改进前后的事故概率及投资

基本事件	原始事故概率	拟采取方案后的事故概率和所需投资		
		方案一	方案二	方案三
x_1	0.01	0.001	(0.01)	(0.01)
x_2	0.02	(0.02)	0.002	(0.02)
x_3	0.03	(0.03)	(0.03)	0.003
所需安全投资 C(万元)		0.4	0.2	0.3

根据利益—成本决策方法及上述技术步骤,计算出各减灾方案实施后的结果见表 7-3。

表 7-3 某企业采用减灾方案后的结果

项目	方案一	方案二	方案三
减灾效果 R	2.47	15.97	11.47
减灾利益 B	22.23	8.73	13.23
减灾效益 E	55.58	43.65	44.10
减灾效率	90	35.3	53.56

从表 7-2 和表 7-3 可见,该企业拟采取的减灾方案一的费用较高,但能够使该生产系统的事故发生率得以较大幅度的下降,且综合效益值明显高于方案二和方案三。因此,只要技术上有实现的可能,应以方案一作为最优减灾方案。

在现实经济活动中,相当多的企业等微观组织并未对减灾问题引起重视,一些并不需要多大投入的减灾活动未开展,后果便往往是灾害事故损失的扩大,并最终造成微观组织的重大损害。

例如,1989 年 8 月发生在我国北方的黄岛油库爆炸事件,就是一次因平时减灾工作做得不够的特大型企业火灾事件。尽管出动了 2200 多名干警、消防车 147 辆、各种船只 10 艘,以及水上飞机、直升机等参与扑救,但大火还是燃烧了 104 个小时,共烧毁原油 3.486 万 t、烧毁油罐 5 座,上述损失达 3450 万元,有 19 位干警在扑救大火中丧生,630t 原油流入海中造成 70% 的胶州湾水域被油膜覆盖,污染的海岸长达 80km,附近海域的海产养殖损失达 80%。致灾的原因一方面是天灾,即落地雷引起 5 号油罐爆炸并燃烧后迅速蔓延,另一方面则是受灾企业对减灾工作的不重视所致,如用非金属

结构制作大型油罐、油罐间距未按要求建设、未接受当地公安部门的"火险隐患通知书"等。在两个方面的原因中,人为的原因是主要的,如果在建设、管理中重视减灾,该起事故是可以避免的。在本案中,避免该次事故灾害的成本与该次事故造成的损失相比较,成本显然是较低的,但企业并未采取减灾措施,结果即是灾害事故的损失惨重;同时,受灾体并不能因此而减少减灾成本,因为为了避免发生类似的事故,仍需要采取相应的防灾减灾措施。

第四节 减灾效益的评价

一、减灾效益的经济学分析

效益通常是指社会经济活动中投入量与产出量的对比关系。减灾作为一种灾害经济活动,一方面是以减灾投入为前提,另一方面则要求有减灾效益。不过,减灾效益与常规经济投入所获取的产出效益是两个不同的概念,前者的效益主要表现为灾害事故造成的损失的减少,后者的效益则通常体现在社会财富的增加或经济的增长上。从减灾效益的经济意义出发,可以对减灾效益定义为:减灾效益是减灾投入与减灾成果的比较,它主要体现为损失减少额减去减灾投入额后的数额,即任何减灾活动都需要有投入,任何减灾活动都会有相应的成果,减灾成果的大小乃至减灾成果的性质取决于减灾工程本身的科学性、先进性和规模。尽管许多减灾活动一般会带来社会效益、环境效益和经济效益等综合效益,但作为一门经济学,灾害经济学关注的仍然是它的经济效益。

尽管某些减灾活动也能够直接创造社会财富,如防洪工程提供电力能源,"三废"利用能将废物转化为新的原材料或新的产品,但这种效果往往是减灾活动的次要成果,因为减灾追求的根本目标只能是努力减少各种灾害事故的损失。减少灾害事故损失作为灾害经济中的经济效益,并不具备常规经济学论及的物的使用价值和价值,而是通过替代现有财富及人力的投入等形式使减少的损失具有经济效益。例如,某地发生地震灾害,但某幢房屋因事先进行了抗震加固工程(花费1万元),在地震中未受任何损失,而其他未加固的同等级房屋却普遍受损,受损额平均为10万元。在此,受灾体对该房屋的减灾措施使其减少了9万元的地震灾害损失,这9万元并不具有使用价值与价值,但若该房屋未事先加固,地震后仍需要花费9万元的材料与人工费用才能恢复原状,这样减少的9万元灾害损失,事实上替代了地震灾害后对受灾房屋的再投入,这就是通过减少损失避免再耗费的途径实现经济效益,它客观地体现了灾害经济学中的"负负得正"原理。可见,对减灾经济效益的评价,不能使用评价常规经济效益的财富增量方法与相关指标(如产品、利润指标等),纯粹的减灾活动也不能用收回投资之类的概念来衡量其效益。

作为有别于常规经济活动的减灾活动,主要的效益考核指标应当包括:

1)减灾效益——减灾活动的总效益,即开展减灾活动所取得的综合效益,其计算公式为

$$减灾效益 = 减损效益 + 扩展效益$$

公式中,减损效益应当是减灾活动的基本出发点和减灾效益的主体构成部分,而扩展效益则是减灾活动获得的附加增值。

2)减损效益——减少灾害事故损失的绝对额,即减灾活动开展后的灾害事故损失与原状态下的可能灾害事故损失相比较的绝对差额,计算公式为

$$减损效益 = 原状态下的可能灾害事故损失 - 采取减灾措施后的灾害事故损失 - 减灾投入$$

公式中,原状态下的可能灾害事故损失是在未开展减灾活动的条件下可能遭受的灾害事故损失,它可以根据以往的灾害事故损失数据和实践经验进行估算;采取减灾措施后的灾害事故损失是指开展减灾活动后,仍然发生灾害事故所导致的经济损失,它可以根据实际损失进行计量;而减灾投入则包括减灾活动的最初投入总额和正常使用寿命期间的维修、管理费用等。如果上述公式的计算结果即减损效益为正数,则表示减灾获取的是正效益,数额越大,效益越大;如果计算结果为负数,则表示减灾活动获取的是负效益,即减灾不仅未减少灾害事故的损失,反而导致灾害事故损失的增加,从而可以视为减灾活动的失败。例如,盲目治污会带来加倍的经济损失,不按科学规则施药会造成农作物的更大经济损失等。当然,对于某些减灾工程而言,计算时限应当根据该工程的使用寿命合理确定。如防洪工程一般投入较大,但使用寿命较长,它在使用时期所减少的灾害损失之和即是其减少的灾害损失绝对额;但考虑到某些防洪工程的寿命具有长期性(如中国四川的都江堰迄今2000多年仍然在发挥作用,当然修建都江堰后历代都有维修、管理费用等方面的投入),在理论上还需要确定各种减灾工程的正常使用寿命期,如对相应的防洪减灾工程的寿命规定为50年等。

3)扩展效益——即减灾工程所获取的财富增加效益,计算公式为

$$扩展效益 = 减灾投入后的收益额 - 减灾投入前的收益额$$

公式中,扩展效益实质上包括减灾投入后的新增社会财富,以及资源与生产或经营费用的节约额。它有三种状态:①计算结果为0,表明减灾无扩展效益,即减灾工程只有减损效益而未新增社会财富,也未带来资源与生产费用的节约;②计算结果为正数,表明减灾出现了扩展效益,即新增了社会财富和节省了能源与相关费用;③计算结果为负数,表明减灾带来的是负的扩展效益,即减损效益的取得是以牺牲原有经济利益为代价的。除无扩展效益外,无论是哪一种结果,都是减灾总效益的组成部分,并事实上增加或减少减灾活动的总效益。例如,某企业兴建废水处理工程,投资5000万元。该减灾工程建成投入使用后,取得如下效益:一是使该企业年均避免环境污染罚款500万元;二是年均减少污染造成的厂内财产损失1000万元;三是因污染得到了控制,年均减少职工医疗费用100万元;四是废水经过处理后还可供利用,由此年均可节省企业用水费200万元。此例子中,前三项是减损效益,最后一项是该企业采取减灾活动后的扩展效益。它们共同构成了该项减灾工程的经济效益。

4）相对效益——即不同减灾工程的相对效益，是各种减灾活动的效益比较，其标志是同样的费用投入所取得的不同减灾效果，适用于同类减灾工程的比较。例如，同样规模的防洪水利工程，A 工程较 B 工程花费较多而效益相同乃至较小，可以判定 A 工程的相对效益差，而 B 工程的相对效益好。因此，相对效益指标包括不同减灾工程的投入与实现的效益的比较，它虽然不是减灾效益的组成部分，但却是检验和衡量不同减灾工程经济效益差别的重要指标。

从减灾活动的实践效果来看，减灾效益还可以做如下划分：一是直接减灾效益与间接减灾效益，二是即期或近期减灾效益与长期减灾效益。对政府而言，在关注直接减灾效益与即期或近期减灾效益的同时，也会高度关注间接减灾效益与长期减灾效益；而对企业等微观减灾主体而言，则侧重于直接减灾效益和即期或近期减灾效益。

例如，某地兴建一项防洪工程，总投资 5 亿元，该地区以往每年都要遭受洪水袭击，年均损失在 2 亿元左右；工程建成后，每年需要花费维修、管理费用 0.2 亿元，但该地区不再遭受洪水袭击。按以往年度洪水灾害损失计算，每年减少的洪水灾害损失即为 1 亿元左右。假定该防洪工程可使用 50 年，则总投入成本约 25 亿元（含首期投入、维修与管理费用及相应的利息收益等），可减少的洪水灾害损失为 100 亿元，其直接减灾效益总额即为 75 亿元。这还未考虑该地区随着经济的发展而必然出现的财富积聚和人口剧增，以及在这种条件下出现以往洪水灾害时的损失扩大化。在该项减灾工程中，减少洪水灾害的损失是其取得的直接减灾效益，由于防洪工程的建成使受益地区每年不需要再投入相应的人力、物力、财力防汛而能够正常生产所创造的经济效益则为该项减灾工程所取得的间接效益；该工程当年或完工后的 5 年内取得的效益可视为即期或近期减灾效益，但 5 年以后取得的减灾效益则可视为一种长期的减灾效益。

此外，还有如下四点值得关注：

第一，减灾设施在客观上会形成新的社会固定资产，如大坝及建筑物等，它们是社会财富的增加，这种财富首先用来减灾，但也可能用于发电等生产，从而也可以纳入常规经济学中的效益评价体系进行评价。

第二，减灾工程可能导致的负效益问题，即减灾工程因决策失误或考虑不周或影响因素发生巨变而导致完全失败，这是开展减灾活动时应当努力避免的现象。

第三，减灾工程中的非经济性效益影响减灾决策问题。尽管某些减灾工程从纯经济观点角度来衡量是不合算，即减灾投入很难取得大于其投入的直接经济效益，但由于会取得较大的非经济性效益，这也会促使减灾主体做出减灾决策。当然，减灾活动的非经济性效益好坏，反过来又必然影响减灾的经济效益。因此，研究减灾时的出发点是减灾经济效益，但也必须考虑非经济性效益。

第四，减灾活动中可能出现的风险倍增效应。有的减灾工程虽然能够带来近期效益，但又可能带来未来时期更大的灾害后果。例如，在洪水灾害多发区兴建防洪工程，能够在即期乃至近、中期实现减少或控制洪水灾害损失的目标，但也刺激人们进一步向洪水灾害多发区迁移，洪水灾害多发区的人口会因防洪或水利工程的兴建而急剧增加，物质财富也会因防洪或水利工程的兴建而积聚。因为人们不仅相信防洪或水利工程的防灾功能，更重要的是对政府高度信任，而一旦该地区发生更加严重的洪水灾害并超过了防洪或水利工程的防灾承受能力，造成的损失就会比兴建防洪或水利工程之前大得多。以 1991 年发生在我国东部的江淮大水灾为例，之所以造成近 800 亿元财富损失和一些人员伤亡，是因为当时的重灾区是长江三角洲地区，是我国最富饶的地区之一，该地区的人口密度是全国平均人口密度的 9 倍，其农业产值约占全国农业总产值的 12.8%，这种人口密度与富饶都是新中国成立后随着长江中下游地区防洪体系的不断完善而逐步发展起来的。因此，在减灾中，还应当特别关注这样一种循环现象，即灾害多发地区—减灾工程有成效—人口增长与物质财富积累加快—灾害损失后果更加严重。

当然，关注减灾的近期效益仍将是人类社会开展减灾活动时的基本出发点，因为在利益主体多元化的市场经济条件下，竞争越来越激烈必然促使人们会更多地考虑即期利益，如果减灾活动不能取得近期效益就难以开展。因此，减灾的直接目标往往是追求即期和近期的经济效益，但适当地将减灾的近期效益与长远效益、经济效益与非经济效益结合起来，应当成为当代社会开展减灾活动的发展方向。

二、减灾效益的非经济学思考

除了从效益的计算与考核角度分析减灾效益并由此比较常规经济活动与减灾经济活动的差异外，还可以从如下角度考察：

1）非经济性损失与非经济性效益问题。非经济性损失是指灾害事故中造成的因灾失业（灾害事故造成有关厂商的设施不得不永久关闭）、无家可归，乃至精神恐慌、社会失控等，它是灾害事故造成的一种经常性的、非经济性的损害后果；非经济性效益是指不能以价值来直接衡量或替代衡量的效益，通常可以称为社会效益、环境效益等，减灾中的非经济效益即是通过减灾活动的经济效益（减少灾害事故的危害及其损失）来维护社会秩序稳定、公众精神稳定和被灾害事故破坏的秩序尽快得到恢复，它是一种公众利益的体现。与此相适应，减灾效益中也必然包括非经济性的效益，如地震因房屋抗震而减少人员伤亡，必定降低社会的恐慌度，灾区秩序不会因地震而失控，此即房屋抗震所带来的非经济性效益。

2）减灾活动中的非经济性效益必然要大于常规经济活动中的非经济性效益。由于任何灾害事故都是经济、社会发展进程中的破坏性因素，且这种破坏性因素造成的后果不仅是直接的经济损失，而且包括人口失业、社会动荡、精神恐慌等各种非经济性的损失，减灾活动必然需要通过相应的减灾措施来减少灾害事故的破坏性和危害程度，达到减轻灾害造成的经济损失和非经济性损失的目标，在此，追求非经济性效益也是减灾活动中重要的子目标；而常规经济活动则往往从营利性出发，考虑的是投资回报率，追求的也是直接的经济效益，尽管有时也会考虑社会效益等，也会产生一定的非经济性效益，但非经济性效益仅是在其不影响追求经济效益的过程中实现的一种客观后果。因此，常规经济活动的非经济性效益一般小于减灾中的非经济性效益。非经济性效益有时可能成为减灾决策的决定性因素，即在经济核算不利的情况下某些减灾工程仍必须上马;但在常规经济活动中,非经济性效益不可能成为决定性因素,甚至也不可能成为重要的影响因素,通常是在有利于促进经济效益的前提下才考虑。

3)制约减灾效益的因素既包括了经济因素,也包括了非经济性因素。可以将减灾效益的制约或影响因素概括为:供求关系——减灾投入的实力(供应)与减灾需要(如资金需要、人力需要等)的对应关系,效益核算——减灾活动的所费与所得,减灾机制——市场机制与政府行为的结合方式,政策法规的约束,减灾决策的科学性,以及减灾实践中诸因素的发展变化等。上述因素在不同的程度上决定减灾活动的效益,其中供求关系、效益核算等属于经济因素,而减灾机制、政策法规、决策过程和各因素之间的互动等属于非经济性因素。对减灾而言,经济因素是减灾效益的基础性决定因素,非经济性因素则往往是关键性决定因素。

4)要重视非经济性效益的转化,使减灾的社会效益促进减灾的直接效益或放大减灾的经济效益。

思 考 题

1. 简述减灾目标及其经济学意义。
2. 简述在标本兼治的条件下,减灾能够产生的经济效果。
3. 什么是工程减灾?举例说明。
4. 什么是非工程减灾?举例说明。
5. 简述工程减灾与非工程减灾的差异性。
6. 简述减灾投入基本要素。
7. 简述减灾投入与常规经济投入的差异性。
8. 减灾投入的影响因素有哪些?
9. 简述宏观减灾决策的主要内容。
10. 什么是微观减灾决策?简述其影响因素。
11. 简述微观减灾决策的程序和方法。
12. 减灾活动主要的效益考核指标有哪些?

第八章

灾害风险与转移经济学分析

 本章主要知识点

灾害风险的理解，主要包括：风险的概念、风险的分类、灾害风险、风险的变化、风险与灾害及人类行为的关系；灾害风险态度分析，主要包括：灾害风险的期望效应、风险态度；灾害风险转移的经济学分析，主要包括：灾害风险转移的途径、灾害保险的个体购买行为分析。

本章重点和难点

风险与灾害及人类行为的关系；灾害风险的期望效应、风险态度；灾害风险转移的途径。

人类经历工业化、城镇化、市场化、信息化、全球化等发展进程，极大地促进了社会经济的发展，但也同时增加了人类社会遭受各种灾害的风险。随着财富不断积累，人口不断增加，各地区遭受巨大财产损失的风险不断提高。此外，地区间相互依赖的程度提高，加剧了原本严峻的灾害风险形势。人类越来越依赖于发展中带来的技术成就，随之而来的复杂系统和基础设施的风险加大，客观上也加大了区域性乃至全球性重特大灾害事件发生的风险。

第一节 灾害风险的理解

一、风险的概念

在远古时期，以打鱼捕捞为生的渔民，每次出海前都要祈祷，祈求神灵保佑自己在出海时能够风平浪静、满载而归。在长期的捕捞实践中，体会到"风"带来的无法预测、无法确定的危险，人们认识到在出海捕捞打鱼的生活中，"风"即意味着"险"，此即"风险"一词的由来。也有人认为，风险是个外来词，汉语中的风险是由英文

"Risk"翻译而来的。英文风险一词，一种说法认为来源于拉丁文 Risicum 或者阿拉伯文 Risq，拉丁文 Risicum 意味着暗礁对水员的挑战，隐含着可能的不利结果；阿拉伯文 Risq 意味着上天赐予而可以从中获得好处的东西，隐含着有利的结果。阿拉伯文 Risq 的希腊语派生词指一般条件下的偶然结果，既没有正面也没有负面的含义。在西方国家中，风险一般仅有负面的意思，按照韦伯词典的说法，风险是"面临的伤害或损失的可能性"。

目前学术界对"风险"一词也没有统一严格的定义。在不同的研究领域甚至在不同的语言环境下，风险都表现出不同的意义。现代意义上的风险一词，已经大大超越"遇到危险"的狭义含义，风险一词越来越被概念化，并随着人类活动的复杂性和深刻性而逐步深化，被赋予哲学、经济学、社会学、统计学甚至文化艺术领域更广泛更深层次的含义，且与人类的决策和行为后果联系越来越紧密，风险也成为人们生活中出现频率很高的词汇。

理论上，对于风险比较有代表性的观点有三种：第一种观点是把风险视为机会，认为风险越大可能获得的回报就越大，相应可能遭受的损失也越大；第二种观点把风险视为危险，认为风险是消极的事件，可能产生损失；第三种观点，认为风险是一种不确定性。实践中，人们从不同的角度对风险进行理解。一般来说，风险的定义主要可分为以下两种。

（1）事件发生的不确定性　人们用风险来描述具有不确定性的结果。对于企业，由于对未来发生的事情难以预测，其经营活动会遭遇许多不确定性，使企业经营者产生恐惧、忧虑，使企业经营的绩效降低。相反，不确定性并非全是风险，也有机遇，为企业经营者带来希望、光明。因此，从主观方面，风险是指在一定情况下的不确定性。此不确定性是指：①发生与否不确定；②发生的时间不确定；③发生的状况不确定；④发生的后果严重性程度不确定。

（2）事件遭受损失的机会　在某些情况下，风险是指期望损失。该观点认为风险是指损失的可能性。例如，某一地区遭受损失的概率为 0～1，若概率为 0，即表示该地区不会遭受损失；若概率为 1，则该地区必定会发生损失；若该地区发生火灾损失的概率为 0.5，则表示该地区遭受火灾损失的风险，可能在未来 2 年中发生一次。因此，损失的概率越大，风险也越大。

二、风险的分类

（一）按照风险的起源以及影响范围分类

按照风险的起源以及影响范围，风险可以分为基本风险和特定风险。

1. 基本风险

基本风险是由非个人的或至少是个人往往不能阻止的因素所引起的，损失通常波及很大范围的风险。该风险一旦发生，任何特定的社会个体都很难在较短的时间内阻止其蔓延。例如，战争是人类社会面临的一项基本风险，自然灾害风险是另外一类基本风险。地震、洪水、飓风都有可能造成数额极大的财产和生命损失。

社会风险是一种导致社会冲突、危及社会稳定和社会秩序的可能性，更直接地说，社会风险意味着爆发社会危机的可能性。一旦这种可能变成现实，社会风险就转变成社会危机，对社会稳定和社会秩序都会造成灾难性的影响。

基本风险不仅会影响一个群体或一个团体，而且会影响很多人群，甚至整个人类社会。

2. 特定风险

特定风险是指由特定的社会个体所引起的，通常是由某些个人或者家庭来承担损失的风险。例如，由家庭火灾、爆炸等所引起的财产损失的风险，属于特定风险。特定风险通常被认为是由个人引起的，在个人的责任范围内，因此它们的管理也主要由个人来完成，如通过保险、损失防范和其他方式来应对这一类风险。

（二）按照风险性质的不同分类

按照风险性质的不同，可以把风险分为纯粹风险和投机风险。

1. 纯粹风险

纯粹风险是指只有损失机会而无获利机会的风险。纯粹风险所产生的后果有两种：损失和无损失。例如，汽车主人面临撞车损失的风险。如果撞车发生，车主即受到经济损失，如果没有撞车，车主也无收益。在灾害经济学中所研究的各种自然灾害和人为灾害也是纯粹风险，如火灾、水灾、疾病、地震等。

2. 投机风险

投机风险是指那些既有损失机会，又有获利可能的风险。投机风险所产生的后果有三种：盈利、损失、既不盈利也无损失。例如，一个企业的扩张就包含损失机会和收益机会。

纯粹风险总是令人厌恶，而投机风险则具有一些诱人的特性。纯粹风险所导致的损失是"绝对"的，即任何个人或团体遭受到纯粹风险损失，就整个社会而言，也遭受同样的损失。例如，一家工厂被火烧毁，业主受到损失，对整个社会来讲，这一财产也就灭失了。投机风险所导致的损失则是"相对"的，即某人虽然遭受损失，他人却可能因此而盈利，就整个社会而言，既无损失也不盈利。一些纯粹风险可重复出现，它的统计规律比较明显，通常都服从大数法则，对其预测有较高的准确率。风险管理以纯粹风险为主要研究对象，管理方法和技术也较为规范。绝大多数投机风险事件的发生变化无常，很难应用大数定律来预测未来损失。

三、灾害风险

从对灾害风险的认识过程看，富尼埃·达尔贝研究自然灾害背景下的风险概念，尽管针对的是火山风险，但理解风险的基本内涵比较完整。他强调风险不仅在于自然现象的强度，而且在于暴露元素的脆弱性。联合国救灾组织在 1991 年定义了自然灾害背景下的风险概念，认为风险是由于某一特定的自然现象、特定风险与风险元素引发的后果所导致的人们生命财产损失和经济活动的期望损失值。2004 年，联合国国际减灾战略把风险的概念扩大到自然灾害和人为灾害，其定义是：自然致灾因子或人为致灾因子与脆弱性条件相互作用而导致的有害结果或期望损失（人员伤亡、财产、生计，经济活动中断，环境破坏）发生的可能性。其在 2009 年术语表中的表述更加简化：事件发生概率与其负面结果的综合，并且定义了灾害风险：未来的特定时期内，特定社区或社会团体在生命、健康状况、生计、资产和服务等方面的潜在灾害损失。

一般来说，风险被定义为致灾因子可能造成的期望损失。期望损失也可以说是损失的期望值。期望值所表达的信息是，平均来看可能发生的损失是多少。计算期望值是将每个可能的结果乘以和它对应的概率，然后加总求和。例如，某一地区每年发生火灾的概率是 0.1%，可能的损失为 1000 万元，那么不发生火灾也就是损失为 0 的概率就是 99.9%。则期望损失 =（0.1%×1000 + 99.9 %×0）万元 =1 万元。上述计算结果说明这一地区每年发生火灾损失的平均值为 1 万元。因此，当说某一地区地震风险很高，是指与其他地区相比，这一地区由于地震而导致的损失的期望值会高一些。

从风险的定义可以看出，风险包含两个因素，即致灾因子和脆弱性。风险的大小不仅与致灾因子有关，而且与人类社会的脆弱性密切相关。首先，风险与致灾因子密切相关，在其他各种因素相同的情况下，致灾因子的强度越大、频率越高，则风险越大。其次，脆弱性不同的人群或地区，即使面临完全相同的致灾因子（如同样强度的地震），期望损失也会不同，即面临不同的风险。例如，同样是横渡大洋的两个人，一人乘坐游艇，而另一人划船，两个人面对同样的风浪，即致灾因子相同，但脆弱性不同，因此两个人发生不幸的风险显然是不同的。所以，即使致灾因子无法改变，只要采取必要的措施减小社会的脆弱性，就会减小致灾因子对社会的影响，达到降低风险和减少损失的目的。

用多种数学表达式来说明风险与这两个因素的关系：

$$风险 = 致灾因子 \times 脆弱性$$

或者：
$$风险 = 概率 \times 损失$$

或者：
$$风险 = 概率 \times 结果$$

把损失的概率和损失的大小两个指标绘制在图上，如图 8-1 所示，可以形象地比较风险的大小。损失概率和损失均较小的为低风险，损失概率虽然较高，但结果轻微的也可以看成低风险，损失概率和损失均较大的则为高风险。对于损失概率较小而损失较大的风险，则要根据不同的情况具体分析。对于巨灾事件，如汶川地震，虽然发生的概率很小，但由于后果严重，就被视为高风险。

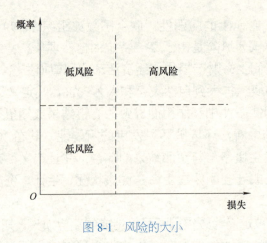

图 8-1 风险的大小

四、风险的变化

风险包含致灾因子和脆弱性两个因素,当致灾因子的强度、频率或人类社会的脆弱性发生改变时,风险水平也会发生变化。在目前的科技发展水平和经济条件下,人类可以通过多种方式改变自然致灾因子和人为致灾因子,降低灾害发生的频率和强度,从而达到降低风险的目的。对一些自然致灾因子,如地震,在现有科技水平下,人类还难以准确地预测和对其进行改变,但可以通过提高人们的风险意识,提高风险管理水平或建立健全建筑法规等方式降低社会的脆弱性,降低风险水平。如图 8-2 所示,即使致灾因子无变化,但脆弱性降低时,风险也会降低。

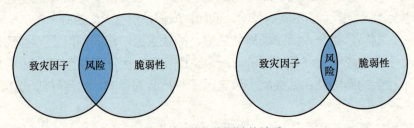

图 8-2 风险与脆弱性的关系

当资本资产或基础设施面临风险时,关注的脆弱性就是这些物质的物理脆弱性,风险就可以包含处于危险环境中的暴露元素,相应的风险公式可以表示为

风险(R)= 致灾因子(H)× 暴露元素(E)× 脆弱性(V)

风险 = f[概率(致灾因子),损失(暴露元素,脆弱性)]

降低物质资产的风险不仅可以通过降低脆弱性的方法实现,也可以通过减少暴露元素的方法来降低致灾因子可能带来的损失。如图 8-3a 所示,用 3 个圆分别代表致灾因子、脆弱性和暴露元素。风险为致灾因子、脆弱性和暴露元素三者的交集,在初始状态下,面积较大,表示资产的风险较高。当暴露元素向右移动,表示暴露在致灾因子中的

资产数量减少，如果脆弱性也随着降低，如图 8-3b 所示，则三者的交集就更小，资产面临损失的风险也就降低。减少危险地区的暴露元素可以通过制定法律法规的方法，限制在易受灾地区进行建设，也可以通过提高风险的社会认知，改变人们在易受灾地区居住和建设的意愿，从而达到减少暴露元素的目的。

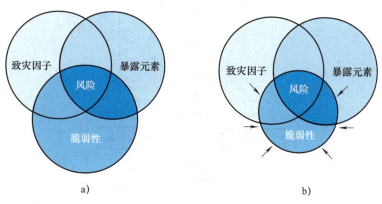

图 8-3　风险的变化

也有学者用风险三角形的形式来说明风险与暴露元素、致灾因子和脆弱性之间的关系，如图 8-4 所示。当暴露元素、致灾因子和脆弱性三者中的任何一个或几个发生变化时，风险都会发生相应的变化。

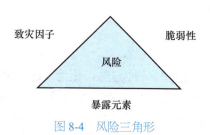

图 8-4　风险三角形

五、风险与灾害及人类行为的关系

风险与灾害及人类行为是相互作用的动态系统，它们的相互关系如图 8-5 所示。

在图 8-5 中，上部框图表示风险，风险水平的高低由脆弱性和致灾因子共同决定，其中，脆弱性受到物理因素、经济因素、社会因素、环境因素的影响，致灾因子由强度和发生的频率等因素决定。下部框图为人类行为，由减灾、准备、响应和恢复等行为组成。人类行为可以影响致灾因子和脆弱性，发生机理如下：当致灾因子与脆弱性的系统相互作用，超过了人们的应对能力时，这时潜在的风险就转化为真正灾害。灾害会对人们的行为产生一定的影响，促使社会采取相应的措施降低脆弱性或影响致灾因子，降低致灾因子发生的强度或频率。

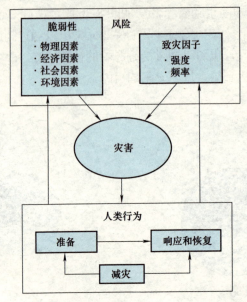

图 8-5　风险与灾害及人类行为的关系

第二节　灾害风险态度分析

一、灾害风险的期望效应

效用函数是描述消费者偏好的一种方法，记为 $U(x)$，其中的变量 x 在经济学中一般是指个体的消费物品组合或者是一个含有各种消费物品消费量的向量。如果应用到灾害风险分析中，x 表示由于风险的存在导致的个体在不同状态下的财富水平。效用函数 $U(x)$ 描述的就是个体对特定的财富水平的满足程度。

在不确定性状态下，探究个体的行为模式最常用的工具是冯·诺曼－摩根斯坦效用函数（Von Neumann - Morgenstem）指每一种可能结果所带来的效用乘以该结果发生的概率后的总和，表达式如下：

$$E(u) = p_1 U(x_1) + p_2 U(x_2) + \cdots + p_n U(x_n)，且 p_1 + p_2 + \cdots + p_n = 1$$

式中　$x_i(i=1, 2, \cdots, n)$——各种可能的收入；

$U(x_i)$——每一种确定性收入下可获得的效用或满足程度；

p_i——获得某种收入的概率。

在期望效用理论被提出以后，瑞士著名的数学家贝努里提出了两个原理，一个是边际效用递减原理，即个人对财富和商品追求的满足程度由相对于他的主观价值——效用价值衡量，财富和商品的效用值随着其绝对数量的增加而增加，但增加的速度则随着绝对数量的增加而减少；另一个就是最大期望效用原理，该原理认为在具有风险和不确定条件下，个体的行为动机和准则是获得最大期望效用而不是获得最大期望金额值。因为期望值原理仅仅是对客观外界环境的把握，而期望效用原理把个体的主观因素和客观环境结合起来考虑，从这个意义上讲，期望效用原理比期望值原理更科学、更合理。

最大期望效用原理可以看作是关于风险决策的评价准则。在个体获得了对外在不确定因素的概率分布规律，以及对其自身偏好结构即效用函数的评估后，把这两个因素综合起来，作为评价决策优劣标准的原则。因此，在存在灾害风险时，防灾商品（例如保险）的交易双方总是根据灾害的发生概率和损失程度以及不同状态下对应的效用来评估自己的期望效用，追求的总是各自的期望效用最大化。这点将在后面进行分析。

二、风险态度

人们对待风险的态度，或者人们的风险倾向是指人们承担风险的意愿。由于个人偏好不同，不同个体对待风险的态度可能不同。假定个体在无风险条件下能够获得的确定性收入与他在有风险条件下所能够获得的期望收入值相等，如果个体对确定性收入的偏好甚于有风险条件下期望收入的偏好，则称个体为风险厌恶者或风险规避者；如果个体面对有风险条件下的期望收入和确定性收入，而选择前者，则该个体是风险偏好者；如果消费者对确定性收入的偏好与对有风险条件下期望收入的偏好是无差别的，则该消费者是风险中性者，即依旧用 $U(x)$ 表示个体的效用函数，x 为个体的初始禀赋（财富），那么如果个体对于任何满足 $E(\varepsilon)=0$，$V_{AR}(\varepsilon)>0$ 的随机变量 ε，有 $E[U(x+\varepsilon)]<U(x)$，则称个体是严格风险厌恶者；$E[U(x+\varepsilon)]>U(x)$，则称个体是风险偏好者；$E[U(x+\varepsilon)]=U(x)$，则称个体是风险中性者。

根据个体的效用函数 $U(x)$，x 代表财富或收入，可知个体效用随着收入的增加而增加，如图8-6所示，效用函数 $U(x)$ 是向右上方倾斜的曲线，即 $U'>0$。个体为风险厌恶（偏好）者的充分必要条件是其效用函数为凹（凸）函数（本部分凹凸性判断与数学教材中的定义相反）。如果个体为风险厌恶者，其效用函数为凹函数（$U''>0$），如图8-6中的 $U_1(x)$；如果个体为风险偏好的，其效用函数为凸函数（$U''<0$），如图8-6中的 $U_2(x)$；如果个体为风险中性的，其效用函数 $U_2(x)$ 则是线性的（$U''=0$），如图8-6中的 $U_3(x)$。

个体的风险态度可以用效用函数的凹（凸）来区别，为了进一步衡量风险态度的程度或比较不用个体之间风险态度的差别，可以用效用曲线的凹（凸）程度来定量地刻画风险态度的程度。一般衡量风险厌恶程度的指标是阿罗-普拉特测度（Arrow-Pratt Measure）绝对风险厌恶系数和相对风险厌恶系数，即

$$Ra(x)=-U''(x)/U'(x)$$
$$Rr(x)=-xU''(x)/U'(x)$$

进而，$T(x)=1/Ra(x)$，被称为风险耐力。从上式中可以看出，当风险指数大（小）于零时，个体为风险厌恶（偏好）型的，且指数的绝对值越大，其厌恶（偏好）风险的程度越大；风险指数等于零或接近于零时，个体为风险中性者。

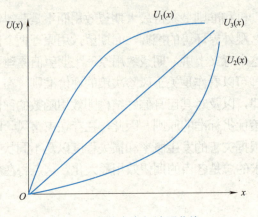

图 8-6 风险态度与效用曲线

对于同一个人在不同财富状态下的风险偏好问题,也可以用 Arrow-Pratt 度量。其主要集中对效用曲线的曲率进行度量。如果 $Ra(x)$ 是 x 的递减函数,那么称效用函数 $U(x)$ 显示出递减绝对风险厌恶。可以用它来解释个体灾害风险偏好的变动情况,在财富达到一定水平的时候,对于个体来讲,即使面对较高的灾害风险时,由于其自保能力越来越强,因而更趋向于自保,灾害风险厌恶程度逐渐减弱。

人们面对灾害时都是风险厌恶的。当个体处于灾害风险之中时,总是最关心或者担心灾害的发生和造成的损失对其生产和生活的影响,也就是说,他总是偏好一个确定的状态,即拥有现有的财富,而不愿意处于任何期望值与该结果相等的不确定状态。但现实总是不确定的,特别是一些自然灾害总是不可避免的,个体为了躲避灾害带来的损失,就可以改变状态,由处于不确定的灾害风险状态逐渐向确定的状态移动,从而提高自身的效用。保险就是这样一种特殊的商品,可以使个体由不确定的状态变成确定的状态。因而风险厌恶者总是有购买防灾商品(保险)的需求。

第三节 灾害风险转移的经济学分析

转移风险是与自担风险相对应的概念。在经济不发达的条件下,自担风险是风险管理的主要形式。随着经济和科学技术的发展,经济主体财产数额增大,自身无力全部承担灾害风险所造成的经济损失,自担风险对经济的保障作用逐渐减退,成为风险管理的次要形式,而转移风险的重要性在市场经济情况下越来越显著,如参加保险已经成了一种普遍的方式。

一、灾害风险转移的途径

既然面对灾害风险时,大多数个体的态度是风险厌恶型。根据灾害风险转移方式的演变过程,微观主体一般采用事后和事前两种风险分摊方式来转移灾害风险。

（一）事后的风险分摊方式

既然个体要把灾害风险分摊和转移出去，那么必然要求市场上有两个或两个以上的主体，交易才能进行。若没有风险交换的市场，则个体只有自担灾害风险。

为了便于分析，使结果更具有比较性，假设面对灾害时，只有两个风险厌恶的个体 A 和 B，且彼此独立，同时假设两者具有相同的初始财富 W 和效用函数 $u(W)$，且面临同样的灾害风险，即在损失概率 π 下遭受同样的损失 L，损失概率 π 是独立的、外生的变量。个体 A(B) 的期望效用为

$$U_0 = \pi u(W-L) + (1-\pi)u(W)$$

相对应的期望收益为

$$V_0 = \pi(W-L) + (1-\pi)W = W - L\pi$$

如表 8-1 所示，根据灾害损失情况，风险厌恶的个体 A 和 B 可能面临四种状态：① A 和 B 均无损失；② A 损失，B 不损失；③ A 不损失，B 损失；④ A 和 B 同时遭受损失。在状态 1 和状态 4 下，A 和 B 不存在分担风险的可能，没有交易。只有在状态 2 和状态 3 下，A 和 B 才能发生交易，两个个体相互承诺在损失发生以后，各自将承担一半的损失。

表 8-1 事后损失分摊的风险交换

序 号	状 态	概 率	交换后 A 或 B 的财富
1	A 和 B 均无损失	$(1-\pi)^2$	W
2	A 损失，B 不损失	$\pi(1-\pi)$	$W-L/2$
3	A 不损失，B 损失	$\pi(1-\pi)$	$W-L/2$
4	A 和 B 同时遭受损失	π^2	$W-L$

显然两者的交易并没有改变各自的期望收益：

$$V_1 = \pi^2(W-L) + 2\pi(1-\pi)\left(W-\frac{L}{2}\right) + (1-\pi)^2 W$$
$$= W - L\pi$$

但是在两者相互承诺之后，各自的期望效用发生了变化：

$$U_1 = \pi^2 u(W-L) + 2\pi(1-\pi)u\left(W-\frac{L}{2}\right) + (1-\pi)^2 u(W)$$

$$U_1 - U_0 = 2\pi(1-\pi)\left[u\left(W-\frac{L}{2}\right) - \frac{u(W)+u(W-L)}{2}\right]$$

由上文可知风险厌恶的效用曲线为凹函数，由凹函数的特点可以证明 $u\left(W-\frac{L}{2}\right) > \frac{u(W)+u(W-L)}{2}$，如图 8-7 所示，进一步可以证明 $U_1-U_0 > 0$。即通过事后分摊损失，各主体的期望效用增加了。显然效用的增加来自风险的降低。两者捆绑并相

互承诺承担相应的损失可以降低各自的风险。

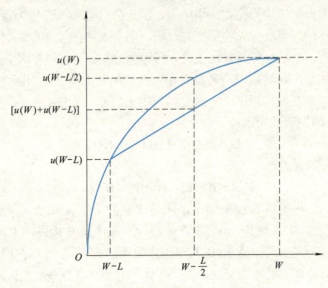

图 8-7 厌恶风险者效用曲线

进一步扩展到 n 个风险厌恶个体。如果每个个体都是独立的，每个个体均承诺在损失发生后均摊损失，那么完全可以降低各自的风险，增加各自的效用。

事后的风险分摊方式只是灾害风险转移的早期形态，它的组织形式可以是社会主体自发建立契约。发生灾害后，人们根据契约分摊损失，是一种互助式的分摊方式。虽然这种方式在理论上具有可行性，但在现实生活中是缺乏执行力的。首先，灾害发生以后，由于信息不对称，个体很难获得其他协议方财产损失的真实信息，从而容易出现道德风险等问题。其次，个体间建立这种契约的交易费用较高，这种交易费用包括建立契约、损失评估、诉讼费用等，并且交易费用会随着参与的个体数量的增加而增加，较高的交易费用，会降低各主体的效用。另外，现实社会中，每个主体的初始财富、灾害风险的厌恶程度都可能存在差别，以及面临的灾害发生概率和损失程度也可能不同，这种个体之间的差异性使得契约的建立较困难，很难保证每个契约参与者的利益是公平的。除此之外，这种方式最大的缺憾是无法解决状态 4 下的个体损失补偿问题，而面对灾害风险时，状态 4 可能是最普遍的情况。如果其他的缺陷可以通过建立相应的制度来弥补，但直接决定了风险厌恶个体间这种事后分摊损失的互助补偿方式并不是最优的风险处理方式。

（二）事前的风险分摊方式

事后风险分摊方式的自身缺陷决定了最终要被事先风险分摊方式取代，因为对于风险厌恶个体采取事后风险分摊方式时的期望收益是：

$$\pi^2(W-L) + 2\pi(1-\pi)\left(W - \frac{L}{2}\right) + (1-\pi)^2 W = W - \pi L$$

虽然公式两端的期望收益相同,但在两种情况下,由风险厌恶的特点决定两者的期望效用存在差异:

$$u(W - \pi L) > \pi^2 u(W - L) + 2\pi(1-\pi)u\left(W - \frac{L}{2}\right) + (1-\pi)^2 u(W)$$

风险厌恶的个体,更偏好确定的 $W-\pi L$,而不是与之收益相等的期望。如表 8-2 所示,风险厌恶的个体完全有可能事先提取一定的费用比 πL 用于风险发生时的损失补偿,并且在不改变期望收益的情况下,解决状态 4 下的个体损失补偿问题。从而进一步增加自身的效用,降低风险。因为相互独立的风险厌恶个体汇集起来,对于风险厌恶的个体而言,是将自身面临的风险转嫁给了整个群体;对于群体而言,则是将可能的损失在群体内部进行分散。

表 8-2 事前损失分摊的风险交换

序 号	状 态	概 率	交换后 A 或 B 的财富
1	A 和 B 均无损失	$(1-\pi)^2$	$W-\pi L$
2	A 损失,B 不损失	$\pi(1-\pi)$	$W-\pi L$
3	A 不损失,B 损失	$\pi(1-\pi)$	$W-\pi L$
4	A 和 B 同时遭受损失	π^2	$W-\pi L$

根据风险分担最优原则,损失的事后分摊就逐渐演变为事前的分摊,而原始的互助式分摊方式也逐渐演变为现代商业保险、普通股股票等方式。结合灾害风险转移,以现代保险方式为例。保险商品作为一种事前损失补偿的特殊商品,不仅能够解决灾害中各主体均受损失时的内部个体损失补偿问题,同时保险人(公司)作为一种专业提供保险商品、保险服务,履行损失补偿职能作用的专业组织,能够在一定程度上弥补事后损失分摊方式的缺陷,如交易费用过高等问题。随着社会分工的演进,市场经济的完善,保险行业的发展也越来越成熟,逐渐成为人们生活和生产中不可或缺的一部分。特别是随着各类自然灾害和人为灾害的频繁爆发,针对各种灾害的险种也应运而生(如地震保险、洪水保险、火灾保险等),为人们转移灾害风险提供了一条有效的途径。

二、灾害保险的个体购买行为分析

保险商品是现代人类转移灾害风险的主要方式。它作为以风险发生规律为基础的一种特殊的劳动商品,和其他商品一样,也要在市场上进行交易,它的特殊性仅仅体现在个体交易的不是有形的商品而是无形的"风险"上。如果存在保险市场,个体可以通过购买保险的方式应付可能发生的灾害,那么在灾害风险状况和经济背景(由初始财富衡量)给定的前提下,个体是否会购买保险商品的行为如下文分析所示。

（一）足额保险的最大可接受保费

保险商品交易是一个复杂的过程，为了便于分析，将在完全信息的假设下分析个体对保险商品的消费行为。以火险为例，假定个体拥有的初始财富为 W，效用函数为 $U(x)$，一旦发生火灾，该个体将遭受财产损失 L，损失发生的概率是 π，个体的行为不改变损失概率。个体将购买保险商品以转嫁风险，保险商品的价格即保险费率为 p，保险金额为 q，即个体预先缴纳 pq 的保险费，在损失发生时得到赔偿的保险金额为 q 的承诺。事件（风险）只有两种可能的状态，S_1 表示火灾导致的损失发生，S_2 表示损失不发生。

假定里，W、L、π 是外生既定的，存在两个变量，保险费率 p 和保险金额 q，分两种情况来讨论，一种情况就是足额保险的最大可接受保费，另一种情况是既定保费下的最优保险商品购买量。

第一种情况，所谓足额保险金额就是 $q = L$。此时，个体购买保险后的财富将确定为 $W - pL$。表 8-3 描述了不同状态下个体财产特有的状况。

表 8-3 不同状态下个体财产特有的状况

状态		发生损失（S_1）	不发生损失（S_2）
购买保险	既定保险费率	$W - L - pq + q$	$W - pq$
	足额保险	$W - pL$	$W - pL$
不购买保险		$W - L$	W
概率		π	$1 - \pi$

如表 8-3 所示，在足额保险金额的情况下，个体在不购买保险时的期望收益和期望效用分别为

$$V_0 = W(1-\pi) + \pi(W-L) = W - L\pi$$
$$U_0 = \pi u(W-L) + (1-\pi)u(W)$$

个体在购买保险时的期望收益和期望效用分别为

$$V_1 = W - pL$$
$$U_1 = u(W - pL)$$

根据期望效用最大化原理，个体购买保险商品的条件是：

$$U_0 \leqslant U_1$$
$$\pi u(W-L) + (1-\pi)u(W) \leqslant u(W-pL)$$

个体只有在认为支付一定的保险费用 pL 用于购买一定的保险商品，由此带来的期望效用大于或等于不购买保险商品的期望效用时，才会购买保险商品。当保险费率 p 高到一定程度，使等号成立时，保与不保的期望效用一样，这时保险对个体没有更大的吸引力了，即个体愿意接受的最高费率 p_{max} 是使上式等号成立时的解，图 8-8 给出了等式的几何描述。如图 8-8 所示，由个体可接受的最高的保险费率 p_{max} 决定的期望效

用为 A 点。

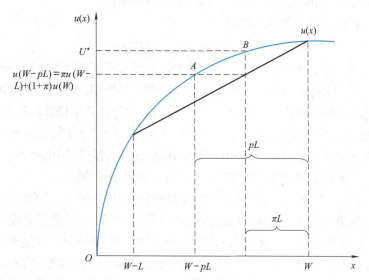

图 8-8 投保人可接受的最高保险费率

（二）既定保费下的保险商品最优购买量

在给定保险费率 p 的情况下，个体的保险商品的最优购买量为 q。依然使用前面的假定。由于此时个体保险商品的购买量 q 为变量，因此与之前相比，个体购买保险之后的期望收益和期望效用都发生了变化。根据表 8-3 可得：

既定费率下，个体在购买保险后的期望收益和期望效用分别为

$$V_1 = \pi(W-L-pq+q) + (1-\pi)(W-pq)$$

$$U_1 = \pi u(W-L-pq+q) + (1-\pi) u(W-pq)$$

若要在 $0 \leq q \leq L$ 的条件下使 U_1 最大化。最大化的保险需求满足一阶条件

$$(1-p)\pi u'(W-L-pq+q) - p(1-\pi) u'(W-pq) = 0$$

以及二阶条件小于 0（个体为风险厌恶，$U''<0$，二阶条件自然满足），保证有唯一的最大值点。

进而可以解出个体的保险商品需求函数：$q = d(W, L, p, \pi)$。

即在给定 W、L、π 的前提下，个体的保险需求将受保险费率 p 的影响，个体总会根据既定的保险费率 p，选择最大的保险需求。

在不同的保险费率区间下，保险需求分为以下几种情况。

1) 当 $p<\pi$ 时，$V_0<V_1$，即低于损失概率的保险费率将使个体从购买商品中获得额外的利益，或者说保险人的利益将受损。因此，保险人一般不会按照低于损失概率的费率提供保险商品。如果按此保险费率进行交易的话，个体将购买足额保险，此时 $q=L$。

2) 当 $p=\pi$ 时，$V_0=V_1$。由于保险的基本原则规定了个体不可能从购买保险商品中

获得额外的利益，那么对于购买保险商品的个体而言，当 $p=\pi$ 时，个体投保后不改变其初始的期望收益，也就是说，保险人的期望收益为零。

进一步，把 $p=\pi$ 代入前式，可得

$$u'(W-L-pq+q) = u'(W-pq)$$

表示灾害损失发生时一单位额外收入的边际效用等于不发生损失时一单位额外收入的边际效用，即个体对于两种状态的交换不会再增加其效用。因此，在这种情况下个体就认为是公平的、最优的选择。把这个保险费率 p'' 称为"公平精算保险费率"。由该费率决定的个体即投保人的最优效用为图 8-8 中的 B 点，此时个体的期望效用为 U^*。

因为期望效用函数严格凹，$U''<0$，$U'(*)$ 单调，这样边际效用相等表示财产量相等，所以有 $q=L$，说明在公平的保险费率下，个体将购买足额保险。

3）当 $p>\pi$ 时，$V_0>V_1$。当面对高于损失概率的保险费率时，个体投保前的期望收益大于投保后的期望收益，此时，保险人将从中受益。但是，只要满足投保前的期望效用小于投保后的期望效用，个体仍有可能接受该费率。也就是说，风险厌恶的个体宁愿多支付一定的费用来换取一个确定的状态。如果此时购买足额保险，将无法实现效用最大化。所以，为了使个体的期望效用最大化，个体可以根据该保险费率来最大化自己的保险需求，此时个体将购买部分保险，即 $q<L$。

思 考 题

1．什么是风险？简述风险的分类。
2．如何理解灾害风险？
3．简述灾害风险的变化。
4．如何理解灾害的事后风险分摊方式。
5．根据风险分担最优原则，简述灾害的事前风险分摊方式。

第九章

灾害与经济的可持续性发展

本章主要知识点

灾害对经济持续发展的制约，主要包括：制约的主要方式与表现、灾害恶化导致制约力的扩张；减灾与经济持续发展，主要包括：适宜的经济发展观、全球统一的减灾行动、可持续发展。

本章重点和难点

灾害恶化导致制约力的扩张、减灾与经济持续发展。

第一节 灾害对经济持续发展的制约

一、制约的主要方式与表现

灾害对经济持续发展的制约，与灾害对经济的制约是有区别的，前者危害的是经济的长期发展问题，是灾害对经济发展在深层次上的危害；后者危害的则是即期的经济发展，它作为一种显性的现实危害，能够引起人们的急切关注。通过对人类社会面临的灾害问题的考察，可以发现它对经济持续发展制约的方式，主要表现在以下几个方面：

1) 正在恶化中的各种自然灾害与人为灾害直接制约着经济的持续发展。例如，水、旱灾害在全球范围内日趋严重，不仅直接造成巨额的物质财富损失，而且在一部分国家动摇着经济持续发展的根基——土地不断沙漠化与贫瘠化，农业生产失去了发展的基础，农业的歉收又必然制约工业生产的发展，最终使一部分国家或地区失去持续发展经济的客观条件；部分发展中国家在现阶段虽然取得了工业化加快发展的经济成就，但由于劳动保护未能跟上，不久将面临职业病群发的直接后果，庞大的职业病患者耗费巨大的开支，必然制约国民经济在下一阶段的持续发展。因此，各种自然灾害与人为事故灾害本身即制约着经济的可持续发展，只不过是在不同国家或地区之间，在不同的受灾体之间,制约的严厉性有轻重之别而已。

2) 灾害问题助长了资源的危机,资源危机又直接制约经济的可持续发展。人类面临的资源危机包括能源危机、矿产资源危机、土地资源危机、水资源危机、生物资源危机等,其致因有三:①发达国家对资源的持续高消耗,如发达国家的人口占全球人口总数的 26%,却消耗着全球 70% 以上的资源,这种格局形成已久且仍在持续之中;②发展中国家仍在走传统的工业化道路,对各种资源的消耗日益扩大,一些资源较丰富的国家或地区也开始出现资源短缺;③对资源的高消耗又反过来形成各种污染,从而对资源的损害日益严重,如工业污染对水资源、土地资源、生物资源的损害已成为这些资源危机的重要致因。以水资源为例,1950—1990 年,北美洲对水的需求增长 2 倍、非洲增长 3 倍、欧洲增长了 5 倍,亚洲水资源已面临灾难性局面,全球性的水资源危机已经爆发;不仅如此,被污染的水资源又直接造成严重的灾变,联合国儿童基金会发表的有关报告中指出有 15 亿人饮用不洁净水,每年有 400 万儿童因饮用被污染的水而死亡。可见,资源危机虽然主要是由于生产的发展和不当的经济增长方式酿成的,但环境灾害的影响却不容低估。因此,资源危机对经济持续发展的制约是最直接的制约,其中由于自然灾变和环境灾变所导致的资源危机则是日益重要的致因。

3) 环境污染的严重化损害着全球经济的可持续发展。尽管有的发达国家宣称已进入后工业时代,但由于传统工业格局仍在发展和现代化的生活方式,污染问题并未得到解决;而发展中国家的环境污染正在不分国别、不分城乡地恶化。环境污染的恶化,不仅直接销蚀着社会财富,而且通过对全球公共地的恶劣影响,破坏着整个人类赖以生存和发展的地球生态环境,包括全球温室效应、臭氧空洞、厄尔尼诺现象、海洋赤潮、酸雨等在内的全球性灾变,几乎都是环境污染的直接恶果,尽管它们对各国经济发展的制约力在现阶段有轻重之别,但从中、长期来看,它将成为全球经济可持续发展的主要的制约因素。

4) 灾害问题造成经济发展的成本上升,收益减少。一方面,灾害问题的恶化,迫使各国不得不加大减灾的力度,从而使扩大防灾减灾的投入成为必需的举措,如国家兴建大型防洪水利工程,企业对污染的治理,家庭为健康付出的代价等,都表明经济发展的成本或代价在不断上升;另一方面,一定时期内的社会财富是额定的,若用于防灾减灾的投入扩大,用于直接发展经济的投入必然减少,社会再生产的发展必然受到制约。因此,从正反两个方面考虑,灾害问题的持续恶化都会导致经济收益的减少,使经济发展速度减缓,对经济持续发展的消极影响显而易见。

二、灾害恶化导致制约力的扩张

全球经济在发展,但灾害问题也在持续恶化。灾害问题的恶化使其对经济可持续发展的制约力不断地扩大。

1. 生态灾变促使资源日趋枯竭

环境与资源是经济持续发展的现实基础，而各种生态灾变又促使资源更加短缺，进而对经济持续发展的制约力不断扩大。一方面，全球人口还在持续增长，经济的发展和居民生活水平的不断提高，导致对资源需求的持续、不断地扩张。例如，美国是世界上最发达的国家之一，其经济发展水平高、国民的消费水平也高，但每生产能量为 1L 的水果和蔬菜需要 2L 的石油能源，每生产 1L 的动物蛋白需要投入 20～80L 的石油，如果全世界都采用美国的食物技术和饮食水平，每年将消耗 5 万亿 L 石油，已经探明的全球石油贮量就只够全球人口用 13 年。另一方面，生态灾变却在持续减少可用资源，并使资源短缺的危机日益严重。根据《2020 年全球森林资源评估》，全球每年有 1000 万公顷的森林消失，过度砍伐森林带来日益严重的水土流失和土地沙漠化灾变，全球每年有 600 多万公顷土地变成沙漠，约有 360 亿 t 土壤流失，森林减少—水土流失、土地沙漠化—更加严重的水、旱灾害在一些国家已经成为一条恶性灾害经济链，直接减少了本来已经严重短缺的森林资源与耕地资源；而各种工业污染（包括污染气体的排放和各种污染事故的发生）的日益严重化，又使水资源、海洋资源和土地资源遭到了严重的损害，进而加重了这些资源的危机。根据有关国际组织提供的统计资料表明，全球每年约发生 200 起严重的化学污染事件，美国的生活垃圾由 20 世纪 60 年代初期年均 8750 万 t 增至 2019 年的 2.6 亿 t，欧共体国家每年倾倒的垃圾则在 20 亿 t 以上；国际范围内的各种油污事故、农药污染事件等层出不穷。

2. 人类健康代价在持续上升

尽管医疗技术在不断发展、进步，尽管人类的预期寿命在不断延长（据联合国开发计划署《人类发展报告》，有 80 多个国家或地区的人均预期寿命已超过 70 岁），但由于灾害问题的影响，人类维持自身健康的经济代价却在持续上升。灾变现象日益严重—人类健康危机日渐加深—医疗费用急剧膨胀—经济发展日益受到制约，已经成为许多国家的又一条具有普遍意义的灾害经济链。其一，生态灾变（如被污染的水、空气和食物等）损害着自然人的身体素质，降低自然人的免疫力，从而不得不为此付出巨大的经济代价；如各种癌症患者的持续倍增即是生态灾变持续恶化的直接结果之一，而一个癌症患者耗费的医疗代价至少是一般人的数十倍。其二，人为事故持续增多，伤残人员耗费着巨额财富。例如，各种工业事故导致的人员伤残每年数以百万计，交通事故导致的人员伤残每年也数以百万计，人类为各种人为事故付出的医疗代价在直线上升。其三，发展中国家正面临着职业病高峰期的来临，可能付出的医疗代价将倍增。一些因灾变而导致人类健康代价持续上升的例子揭示出来的道理是，灾害问题的恶化直接影响自然人的健康，从而使生命的代价不断扩大，进而极大地削弱了经济发展的实力与持续能力，从而成为灾害问题对经济持续发展的一个日益重要的制约因素。

3. 全球性的灾变在持续恶化

前文已述及的全球温室效应、臭氧空洞、厄尔尼诺现象以及酸雨、赤潮等灾变，近

20年来一直在持续恶化，而且随着广大发展中国家的加速工业化还将进一步恶化。全球性灾变的形成与持续恶化，损害的将不仅是个别国家或地区经济的持续发展，而且必然是全球经济的持续发展。例如，在1992年联合国环境与发展首脑会议上签署的联合国气候变化框架公约，虽然已有169个国家和地区参加，但公约规定工业化国家要把二氧化碳的排放量降低到1990年的排放水平，而现实情况是其排放量不仅没有达到，反而持续大幅度增加；在1997年12月召开的京都会议上，经过激烈争吵而达成的议定书，也限定经济发达国家的二氧化碳、甲烷、一氧化碳、氢氟碳、磷氟碳和六氟化硫等六种造成全球性灾变的温室气体的排放总量，2008—2012年要比1990年减少5.2%，其中要求美国减少7%，欧盟减少8%，日本和加拿大减少6%。1982—1983年的厄尔尼诺现象引起了周围地区许多国家的严重水灾、飓风、干旱和火灾，造成全球直接经济损失130多亿美元，其灾害效应还延伸至其后的几年。发生于1997年并持续到1998年的厄尔尼诺现象，使亚太地区的粮食生产大幅度减产、非洲地区普遍干旱、拉美各国的水灾等频发，农业与渔业生产受到严重影响，导致的直接经济损失超过1982—1983年的厄尔尼诺现象。

综上所述，无论是从各种自然灾害与人为事故的直接上升出发，还是从污染带来的生态灾变、健康代价上升以及全球性灾变的持续恶化出发，均说明灾害问题对经济发展尤其是经济持续发展的制约力在不断扩大。

第二节　减灾与经济持续发展

一、适宜的经济发展观

传统工业化道路被界定为非持续发展之路，即传统的经济发展道路是以掠夺资源、消耗子孙后代财富和造成灾害问题日益严峻为代价的发展道路，任其发展下去必然导致灾难性的经济崩溃，从而提出应当走经济持续发展的新型道路。例如，在20世纪70年代，美国麻省理工学院工程和商学院教授、著名未来学家丹尼斯·梅多斯就接连出版了《增长的极限》(1972)、《走向地球的平衡》(1972)以及《有限世界的动态增长》(1974)等著作，主张必须保持全球范围内的生态稳定和经济稳定，争取全球的发展平衡。我国也有一些学者出版或发表了自己的经济持续发展研究成果，如《论持续工业发展》《可持续发展战略读本》《可持续发展经济学》《可持续发展：人类关怀未来》等代表性的著作；我国政府还发表了《中国21世纪议程》，并明确提出："可持续发展对于发达国家和发展中国家同样是必要的战略选择""中国可持续发展建立在资源的可持续利用和良好的生态环境基础上"。一些国家的政府也日益重视经济的可持续发展问题，并在一些领域采取相应的行动，如通过治理污染来保护水资源，通过保护森林和植树造林来防止水土流失，通过农业科技的发展来限制农业污染等。因此，经济可持续发展已经成为越来越多的国家和政府、学术界人士的共识，经济可持续发展作为一种理性的经济发展观正在取代传统的、不可持续的非理性经济发展观。

灾害经济学寻求的是灾害损失的最小化，并借此维护经济的可持续发展。因此，从持续发展的观点出发，灾害经济探索的也是经济持续发展问题，并始终蕴涵于经济发展之中。改善人与自然的关系作为人们普遍认同的持续发展思想，但其只是经济持续发展的理论基础，而要真正实现经济的持续发展在很大的程度上需要依靠减灾与科技发展。

在减灾方面，有两种不同的观念或态度：一是听之任之，必然使损失持续扩大，并对整个经济的持续发展造成深刻的影响；二是积极减灾，必然降低灾害损失率及其对资源、人类健康的危害，从而对整个经济的持续发展起维护与促进作用。如果减轻了自然灾害与人为事故的危害，减轻了污染对各种资源的危害，就赢得了经济持续发展的基本条件，因此人类应当对减灾给予足够的重视，并将其作为经济可持续发展的关键战略措施加以实施。

在科技发展方面，应当切实加强减灾科技和资源替代科技的发展。前者如治污技术、低污染农药、生物技术、防洪水利和抗震工程等各种工程减灾技术、火灾等的扑救技术、医疗保健技术以及各种人为事故的管理、监测技术等，都是值得大力发展的技术，它们的发展不仅减轻了灾害损失，缓和了现实灾害问题，而且还会为经济的持续发展创造更好的条件；后者如核电技术、节能技术等，则可以直接替代相关资源，如石油、煤炭不足可以通过发展核电来替代等。

当然，还可以从其他方面来展示经济的可持续发展，如开源节流，节制生活中的享乐主义，改变经济增长方式等，但减灾与科技发展又确实是其中最重要、最基本的力量。

综上所述，如果说灾害经济学与常规经济学存在巨大的差异，那么在经济走向未来发展的角度上却具有了殊途同归、异曲同工的性质，因为灾害经济学的发展观也是持续发展观。当然，灾害经济学所追求的持续发展观，是减灾与科技发展相结合、进而推动和维护经济的可持续发展。

二、全球统一的减灾行动

国际减灾十年活动，表明减灾活动已经由一国或一地区的行动向国际性的联合行动发展。但迄今为止，灾害问题仍然首先被看成是一国或一地区自身的问题，同时决定了减灾仍然主要是一国或一地区自身的活动。然而，灾害问题的严峻事实及其对整个世界经济持续发展的严重威胁，又分明揭示现阶段的灾害问题既是一国或一地区自身的问题，同时也是国际问题，其依据在于：一是许多灾害问题已经超越了国界而成为人类共同的灾变；二是某些灾害既非本国或本地产生的，也不是本国或本地单方面采取行动即能够见效的；三是即使是一国或一地区出现的灾害问题，最终损害的仍然是全人类；四是国家间发展程度的巨大差异表明了发展中国家需要发达国家的经济、技术援助，而这种援助既是发达国家对以往牺牲发展中国家的某些利益的必要补偿，也是其实现本国经济可持续发展的必要投入，因为经济的全球化已经使各国的经济越来越紧密地联系在一起，相互间的影响已达到了前所未有的程度。例如，发展中国家普遍有发达国家的海外投资和数量庞大的跨国企业，若投资接受国的灾害问题持续恶化，它的生产成本也必然上升，并将不得不和发展中国家一起来承受灾害问题带来的恶果。因此，在强调各国、各地区、各微观组织和城乡居民都应当高度重视减灾工作时，还特别主张采取全球的减灾行动，即在全球范围内按照全球一家、共同谋求持续发展的原则开展减灾合作，并以此作为人类社会继续向前发展的全球战略措施来付诸实施。

具体而言，全球一致的减灾行动应当包括下列基本内容：

1）原则：全球一家，合作而不对抗。地球是人类唯一的村庄，各国都是地球村的组成部分，应当树立全球一家和高度爱护地球村的全球观念，以合作而非对抗的态度来维护全球的公共利益，并按照收益—成本的公式由发达国家在全球减灾活动中承担起主导责任。

2）主题：减轻灾害，谋求共同的经济利益和经济的持续发展。

3）行动目标：通过全球一致的行动，缓和、减轻乃至控制灾害问题，维护经济与社会的可持续发展。首先是调整经济发展速度和经济增长方式，缓和环境污染和生态灾害问题；其次是通过各种减灾工程来缓和自然灾害的恶化趋势；最终实现灾害问题在全球范围得到减轻与控制，使其对经济持续发展的威胁不断弱化。

4）行动方案：除各国制定适合自己国家的国情与灾情的减灾方案外，联合国应当在即将完结的国际减灾十年活动（1990—1999）的基础上，制定全球的减灾行动方案。其内容应包括：确定全球性灾变的致灾因子限制性对策（如二氧化碳排放量的限制、氟利昂的限制使用、全球公共地的保护性措施等），动员发达国家帮助发展中国家发展经济并参与发展中国家的减灾活动，确定全球减灾的重点领域（包括国际减灾十年活动已经确定的主要自然灾害，以及各种主要的人为事故灾害，尤其是环境灾害、职业病等），确定相应的减灾实施步骤等。

5）行动方式：除通过联合国大会加强全球统一的合作外，鼓励国家与国家之间的多边合作与单边合作，以及大国之间合作。在合作过程中需要将经济持续发展和人道主义摆在首要位置上。

6）行动路径：包括减灾科技合作、国际经济合作、灾害救援合作、灾害信息合作，以及经济政策相互借鉴、开展政治对话、消除军事对抗等。例如，固体垃圾是重要的致灾因素，但固体垃圾又是可以利用的资源，我国每年产生的工业固体废弃物中可利用而未利用的资源价值已经远远超过了 300 亿元，每年因再生资源流失而造成的经济损失则达 200 亿～350 亿元，如果对工业固体垃圾进行综合利用，既可以减轻日益严重的环境灾害，还可以节约资源并直接创造新的财富，但在这方面需要国与国之间的技术合作与经济合作；再如在垃圾政策方面，韩国汉城（现首尔）于 1995 年即开始实施垃圾分类并规定居民到指定的商店购买专用塑料袋、对不使用专用垃圾袋的居民进行警告和罚款的政策，1995—1997 年 3 年间即取得了垃圾弃置量逐年减少的效果，减少的垃圾弃置量总计在 1000 万 t 以上，同时可回收的垃圾又不断增加，新的垃圾制度已经带来了 8800 亿韩元的直接经济效益；我国天津市在 1998 年初即开始实行一种有偿回收白色垃圾的措施，该市市容办等四单位联合采取行动，对一次性塑料材质制品垃圾有偿回收（如对一次性塑料饭盒以每千克 2.5 元的价格收购），投入不大而减灾效果却明显；我国上海在 2019 年初步形成生活垃圾回收体系，自 2019 年 7 月 1 日《上海市生活垃圾管理条例》实施以来，上海市各区共回收生活垃圾中的可回收物 114 万 t，覆盖废纸、废塑料、废玻璃、废纺等七大类别。目前，上海市已完成两网融合服务点 12732 个，中转站 170 个，分拣场 9 个，全市可回收物分类量已超过 5900 吨/日，减灾效果十分明显。

7）探索新的减灾措施。例如在减灾筹资机制方面，可以通过消除战争隐患来节省军费开支，通过征收高消费税来抑制人类的私利与生活享乐，在全球范围内按国家财富份额和对环境的污染损害程度征收环境保护费用，以及接受私人部门、非政府组织的捐助等渠道来筹集更多的减灾资金。

8）其他。包括减灾行动的组织形式、运作模式等。在全球日益意识到经济持续发展的重要性和越来越多的国家日益重视灾害问题的条件下，在各国政府积极开展减灾活动和自 1990 年以来开展的国际减灾十年活动的基础上，如果在更深的层次上和更大的范围内进一步对灾害问题采取全球统一的减灾行动，就能够逐步减轻灾害问题的危害，从根本上控制灾害问题的持续恶化，进而维护整个人类社会经济的持续发展。

三、可持续发展

按照 1989 年 5 月举行的第 15 届联合国环境署理事会议通过的《关于可持续的发展的声明》的定义，"可持续的发展，系指满足当前需要而又不削弱子孙后代满足需要之能力的发展"。可持续发展追求的不仅是当代社会的经济发展，而且也是子孙后代的持续发展。可以在理论上对可持续发展作简要的描述：

人口膨胀势头得到有效抑制，人口规模持续保持适度，而全球生活水平持续提高。

灾害问题在得到基本控制的条件下不断减轻，其对经济持续发展的制约作用不断缓解，并稳定在经济发展进程中几乎可以忽略不计的影响因素的地位。

因科技发展带来的可替代资源或控制污染、减轻灾害而消除对资源的损害解决了资源危机，从而确保资源的持续利用，解除经济持续发展的"瓶颈"。

发展中国家得到了全面的发展，最终实现全球共同发展和持续发展。

总之，经济持续发展不仅能够赎回人类以往通过消耗子孙财富和损害公共利益来换取经济发展的罪过，而且能够为子孙后代开辟永无止境的发展之路，其带来的必定是更发达、更进步、更安全、更健康、更富裕、更文明的未来社会。

思 考 题

1. 简述灾害对经济发展制约的主要方式与表现内容。
2. 如何理解灾害恶化导致制约力的扩张。
3. 如何理解灾害应对中的适宜的经济发展观？
4. 简单阐述全球统一的减灾行动的基本内容。

参考文献

[1] 唐彦东，于汐. 灾害经济学 [M]. 2版. 北京：清华大学出版社，2016.

[2] 谢永刚，王建丽. 图解灾害经济学 [M]. 北京：经济科学出版社，2014.

[3] 姚东旻. 灾害的经济学分析：地震、居民储蓄与经济增长 [M]. 北京：社会科学文献出版社，2021.

[4] 何爱平. 中国灾害经济研究报告 [M]. 北京：科学出版社，2017.

[5] 李卫江，温家洪. 自然灾害社会经济影响与风险评估 [M]. 北京：气象出版社，2020.

[6] 汪寿阳. 突发性灾害对我国经济影响与应急管理研究 [M]. 北京：科学出版社，2010.

[7] 周洪建. 巨灾风险形成机制与损失评估方法研究 [M]. 北京：科学出版社，2018.

[8] 吉井博明，田中淳. 灾害与社会：3 灾害危机管理导论 [M]. 何玮，陈文栋，李波，译. 北京：商务印书馆，2020.

[9] 李亦纲. 灾害事故应急管理 [M]. 北京：应急管理出版社，2020.

[10] 于汐，唐彦东. 灾害风险管理 [M]. 北京：清华大学出版社，2017.

[11] 瓦尔奇克，特雷西. 灾害反应与应急管理实例分析 [M]. 荆宇辰，闫厅，译. 北京：中国建筑工业出版社，2017.

[12] 史培军. 综合灾害风险防范凝聚力理论与实践 [M]. 北京：科学出版社，2020.

[13] 童星，张海波. 风险灾害危机研究：第八辑 [M]. 北京：社会科学文献出版社，2018.

[14] 徐玖平. 灾害社会风险治理系统工程 [M]. 北京：科学出版社，2021.

[15] SKIDMORE M, TOYA H. Do natural disasters promote long-run growth? [J]. Economic Inquiry, 2002, 40(4)：664-687.

[16] TOYA H, SKIDMORE M. Economic development and the impacts of natural disasters[J].Economics Letters, 2007, 94(1)：20-25.

[17] HALLEGATTE S, GHIL M. Natural disasters impacting a macroeconomic model with endogenous dynamics[J]. Ecological Economics, 2008, 68(1): 582-592.

[18] CHHIBBER A, LAAJAJ R. Disasters climate change and economic development in Sub-Saharan Africa[J]. J Afr Econ, 2008, 17(2)：7-49.

[19] ALBALA-BERTRAND J'M. Political economy of large natural disasters: with special reference to developing countries[M]. Oxford: Oxford University Press, 1993.

[20] BENSON C, CLAY E. Understanding the economic and financial impacts of natural disasters [M]. Washington D C: World Bank Publications, 2004.

[21] KREIMER A, ARNOLD M. Managing disaster risk in emerging economies[M]. Washington D C: World Bank Publications, 2000.